"中国造隐形冠军"的9个传奇

杨光 辛国奇 等著

企业管理出版社

图书在版编目（CIP）数据

"中国造隐形冠军"的9个传奇 / 杨光，辛国奇著 . —北京：企业管理出版社，2021.3

ISBN 978-7-5164-2338-7

Ⅰ.①中… Ⅱ.①杨②辛… Ⅲ.①企业家—生平事迹—中国—现代 Ⅳ.① K825.38

中国版本图书馆CIP数据核字（2021）第044583号

书　　名：	"中国造隐形冠军"的9个传奇
作　　者：	杨　光　辛国奇
责任编辑：	尚元经　郑小希
书　　号：	ISBN 978-7-5164-2338-7
出版发行：	企业管理出版社
地　　址：	北京市海淀区紫竹院南路17号　邮编：100048
网　　址：	http://www.emph.cn
电　　话：	编辑部（010）68414643　发行部（010）68701816
电子信箱：	qiguan1961@163.com
印　　刷：	北京明恒达印务有限公司
经　　销：	新华书店
规　　格：	170毫米×240毫米　16开本　16印张　197千字
版　　次：	2021年3月第1版　2021年3月第1次印刷
定　　价：	99.00元

版权所有　翻印必究·印装错误　负责调换

序

2021
向中国造隐形冠军学习！

中国造隐形冠军发起人
中外管理传媒社长、总编 杨光

没有比在2021年伊始，来关注、研究、学习中国隐形冠军企业，更合适的时点了。

因为，我们刚刚走过了2019年和2020年。

这绝不是小朋友学数数。过去两年，是我们所有人共同的梦魇。但也正因此，我们才得以在迷乱纷飞后，开始正本清源：终究，企业存亡，国家安危，靠的还是硬实力，凭的还是真本事。只要回归正道，最终我们会因祸得福。

2019年，中美商战阴云翻滚。这一年，我们众多出口型中小企业主，为曹德旺在"第28届中外管理官产学恳谈会"上一句"只要真想活就一定能活"而热泪共振。这一年，我们举国又在高速成长了20年后，猛然掂量出了自己依然有限的真实斤两。之前中兴的停摆与低头，之后华为的承压与备胎，让我们的主流，终于开始从过去十年消费互联网以模式至上、靠PPT狂奔的泡沫中梦醒：终究，到真正掰腕亮剑的时候，那些蒙眼造梦的传说都是百无一用的浮云，而有用的还是真才实干。这一年，中国企业激烈争论了20年的"贸工技"与"技工贸"，终于无可争议地画上了休止符。

2020年，新冠疫情肆虐全球。这一年，雪上加霜。不只是外贸企业，所有人和大批企业都是平生第一次对"活"字有了切身的体验。不论个人还是企业，第一次齐刷刷觉得"活"这个字这么重要，这么迫切，这么焦虑，乃至于绝望……"活"，包括死活的活，也包括干活的活，生活的活——诚如鱼与渔。确实，在过去30年，中国人和中国企业从来没有必要为"活"本身认真操心，我们关心的都是高大上的"发展"和"幸福"，并为拥有支撑它们的"活力"而无比自豪。但2019~2020年，我们真顾不上了，"先有活儿干再说"。活力、活儿和活命，正在撕裂而纠结。这一年，咫尺天涯中问候一句"还活着"，成了一种老板发自肺腑的庆幸，一种企业忐忑不安的自聊。

那么，生死一线下，又有哪些企业，在这两年的惊涛骇浪、雪冻冰封中，居然元气不伤，甚至反而逆势成长呢？现实证明，还真不是业大债多的500强，也不是迷信通吃的独角兽，而是那些独占鳌头的隐形冠军！

任何价值，都需要在严酷的环境历练中，才能检验真正的成色。所以，只有走过2019和2020年，到了2021年，我们才能更加看清和悟透成为和拥有隐形冠军，对企业，对产业，对国家，究竟意味着什么。

为什么德国制造无惧全球风暴？

说起"隐形冠军"，依然有一些朋友感到陌生。这个名字本身，就注定了他们不会如雷贯耳。但这绝不意味着他们不重要，不强悍，不长久。"隐形冠军"这个概念，最早由德国学者赫尔曼·西蒙基于德国中小企业的独有特征提出并著书。但直到2008年全球金融危机之后，"隐形冠军"才引起了全球广泛的关注——因为那时人们发现，全球唯一几乎毫发未损的经济体，就是德国。而德国能够不惧风浪，就是因为他们拥有大批隐形冠军。

所谓"隐形冠军"，就是指这样一类企业——他们营业规模不很大，但是在一个细分行业里凭借长期聚焦的主业专注，扎实领先的核心技术，而拥有极高的市场占有率和足够的行业话语权。中国制造长期的痛点：标准与价格，恰恰正是他们的优势。因此说，他们是冠军。但又因为他们只专注于一个或几个细分市场，注定他们经营规模较难做大，而这些细分市场又往往在工业产业链的中上游，且这些企业更关注长期价值，因而大多不慕上市和鲜有炒作，导致并不为普通大众所熟知。因此说，他们又隐形。

一言蔽之，隐形冠军，就是那些"不为人知"却"无处不在"且"不可替代"

的顶尖中小企业！

而在德国，属于这种类型并且占到"全球细分市场第一"的世界级隐形冠军有2000多家。因为坐拥这样的强悍集群，以及基于此的自足生态，德国经济体才能够不断滋养着诸如西门子、宝马、巴斯夫等显形且长青的工业巨无霸，也才能承受哪怕席卷全球的经济风浪与衰退的冲击而屹立泰然，也才能成为特朗普这类单边沙文主义者因"卡不了脖子"而无从威吓的极个别。

同样一言蔽之，德国之所以成为全球数一数二的制造业顶级强国，就是因为他们拥有全球数量最多、质量最高的隐形冠军集群！

为什么日本制造不怕美国制裁？

与德国接近的是日本。所以，日本也是全球另一个数一数二的全球制造业顶级强国。日本与德国相比，在其隐形冠军基因上除了"强"，更侧重"稳"，他们把隐形冠军企业的另一特征：立足长远，做到了极致。因此他们拥有全球最多的长寿型中小企业集群——"百年老店"达到20000多家！

但与德国略微不同，日本的国情决定了它不如德国"完整"和"平衡"，它在政治上和金融上都有明显短板。但也正因如此，隐形冠军的"强"，在日本产业链中体现得别具一格。那就是越是它存在跛脚的一面，它另外一只脚，就更加需要且能够"独当一面"。

日本制造业的"强"而"稳"，对照中国制造业的"大"而"全"，其价值就更加直观，也更加刺激。说到日本制造，中国70后一定记得松下，而80后一定想起丰田。比起家电，汽车更加集中展示一个国家的工业整体实力。而丰田汽车之强，曾强到在21世纪初其一家净利润比美国三大汽车毛利之和都多的程度；又曾强到敢于直言：对美国三大汽车要"打翻在地，再扶起来，然后再打翻"的地步。而其背后的实力，不仅仅在丰田的整车组装间里，更展现于遍布名古屋丰田市的上万家中小型配套商。

也展现在丰田当年对于中国制造的刻薄评价和展望中。

2006年，丰田如日中天，中国蒸蒸日上。在中国企业实践对接全球管理标杆的领航者——《中外管理》率先发起的"管理全球行"项目在访学丰田时，日本人在酒后私聊中吐了真言："中国经济这几年确实了不起。但中国制造业没有看起来那么了不起。因为你们的制造业普遍不能用管理制造利润——即便是你们的知名大企业也没有管理。因此你们中国企业基本都要依靠银行来维持运转。银行属于金融。而全球金融谁最强？当然是美国人。美国人不打算对付你们时没问题，但一旦他想对付你们，只要在金融上动动歪点子，你们制造业马上就会瘫痪！我们金融业也不行，但我们的制造业有足够利润，完全不依赖金融。所以我们不怕，但你们不行。"

10年后，一语成谶。2019~2020年所发生的，乃至未来的走势，不正是如此吗？

为什么《中外管理》要评"中国第一"？

日本人的判断虽然深刻而有远见，但十多年后，我们中国制造在快速成长中已经今非昔比。在过去十年，主流舆论在为互联网神话而狂欢自嗨时，其实我们的工业制造业，特别是相当一部分志存高远的制造业企业，已经在"强"上悄悄地取得了重大进步，并且相继涌现出了一批我们中国自己的"隐形冠军"！

日本人下判词10年后，我们《中外管理》已经看到：一方面，中国自强复兴，绝不能依靠个别飘渺估值的虚拟"独角兽"，而最终还是要依靠一大批扎扎实实的实体"隐形冠军"来实现；一方面，我们《中外管理》也看到，中国实体企业中确实已经拥有了一批，并且还正在涌现更多优秀的"隐形冠军"和"准隐形冠军"，只是因其固有基因而润物无声，不为人所关注而已；而与此同时，就是我们中国的隐形冠军还不够多，还需要更多倡导成为隐形冠军，还需要更多支持隐形冠军，还需要培育更多的隐形冠军。

为此，2017年年底，《中外管理》率先倡议发起，并联手国内外15位享誉业界的顶尖专家评委，发起了基于公益、立足专业的"中国造隐形冠军"评选。

《中外管理》与评委们一致认为，要想成为"中国造隐形冠军"，就是要实至名归地做到如下几条。

1. 所在细分行业，必须是"中国市场占有率第一"；
2. 主业必须专注经营10年以上；
3. 必须在所在细分市场内的利润占到前三名，并提供纳税证明；
4. 必须立足于技术研发，拥有行业核心技术专利和参与行业标准制定，并持有相关专业人士推荐信；
5. 对于规模，企业主业营收在1亿~300亿人民币。

"中国造隐形冠军"与德国人赫尔曼·西蒙的"隐形冠军"，可以说是一脉相承。主要不同点，是基于中国国情的不同，我们认为参评企业已经上市或准备上市，不妨碍他们被认定为"隐形冠军"。所谓隐形，主要是因为行业产品特性，而不在大众聚光灯下。但重点，还在于他们是实实在在的"冠军"！

"中国造隐形冠军"与工信部几乎同时推出的"专精特新小巨人"以及"制造业单项冠军"名单，可以说是殊途同归，交相呼应。有三大主要互补点：

第一，基于《中外管理》近30年的全球资源底蕴，我们能够组织中外跨文化、跨专业的顶尖专家，以国际化的视角、标准与资源，来审视、验证和赋能这些来自中国的隐形冠军！——"国际化"，既是"中国造隐形冠军"评选的特色，也是"中国造隐形冠军"企业的必选。

第二，基于《中外管理》近30年的深厚官产学底蕴，我们在专业、公正、透明评选出这些隐形冠军之外，还能够给予这些"隐冠企业"（《中外管理》独特的简称）突破近在咫尺的"天花板"，而开启发展曲线第二春，以及也对"隐冠企业"心向往之、奋力可及的广大优秀中小企业，给予多维度、定制化、可持续的智慧支持！——"赋能化"，既是"中国造隐形冠军"评选的使命目标，也是"中国造隐形冠军"企业的现实需要。

同时，基于《中外管理》近30年的深厚专业管理媒体实力及影响力，我们能够深入到"隐冠企业"现场，以一个专业媒体人的视角与能力，还原"隐冠企业"的起伏历程，讲述"隐冠企业"的生动故事，提炼"隐冠企业"的专业亮点，宣传"隐冠企业"的核心价值，升级"隐冠企业"的品牌亮度与响度！——"显性化"，既是"中国造隐形冠军"评选的先天优势，也是"中国造隐形冠军"企业的未来趋势。

为什么"隐冠"能够战胜"新冠"？

从2018年开始到过去的2020年，我们"中国造隐形冠军"评选，已经从一开始与"隐冠企业"处境相近的鲜有关注，在坚定不移、坚持不懈中，包括在新冠疫情冲击下，一路节节提升、逐渐掌声四起中，成功举办了三届。

在这三年里，我们凭借"隐冠企业"所秉持的"工匠精神""长线思维"，和我们自身的"专业良知"，由权威中外评委们背靠背、优选优地在每一年、每一届，只评出"9"（谐音"长久"，矢志可持续发展）家最为实至名归的"中国造隐形冠军"企业，和10家左右紧随其后的"时代匠人"企业。

如今，近50家获奖的"中国造隐形冠军"和"时代匠人"，已然成为一支方阵严整而战力强悍，各怀绝招且脚力稳健的中国制造"王牌军团"！而这个军团，正在继续壮大中。

早在发起"中国造隐形冠军"评选时，《中外管理》作为中国最具影响力的企业管理专业媒体平台，就树立了一个明确的愿景：让这些低调实干的中国隐形冠军企业，自豪地站在聚光灯下的舞台C位，接受来自全中国乃至全世界的尊重与掌声！

如今，适逢第四届"中国造隐形冠军"评选开启之际，正是对过去一年空前磨难最好的检阅时机——"中国造隐形冠军军团"，不仅全体安然经受住了疫情大考，甚至不乏业绩逆势成长之例！2020年，"隐冠"战胜了"新冠"！

如今，适逢"十四五"规划开启之年，正是对过去3年评选最好的盘点时机——中外名家精挑严评出的27家冠军，几乎绽放了"隐冠军团"所能涵盖的各个类型，可谓各表风采，共书传奇！

如今，适逢"中国特色社会主义市场经济道路"30年将近之时，正是对过去30年隐冠之路最好的总览时机——他们的初心，他们的艰险，他们的坚守，他们的应变，他们的过去，他们的今天。

为此，在2021年起，我们从三届隐冠军团中，陆续精选并特邀了其中9家和而不同、各具个性的"中国造隐形冠军"得主，通过《中外管理》所首创的"故事+哲理"模式，让他们逐一走上前台，现身说法，鲜活谈经，娓娓告诉我们——

他们在专精特新方向上，得以雄冠华夏的真正原因是什么？他们在红海滔天中，能够脱颖而出的真正精髓是什么？他们在全球竞争下，担起进口替代的真正法宝是什么？他们在产业链条中，获得共生共赢的真正格局是什么？以及他们在乌卡难测时代里，破解固步自封的真正活力又是什么？

一切为了可持续……

既往，是为了开来。一切制高点，都是可持续发展的新起点。

在2020年，从宏观层面，党中央高瞻远瞩地明确提出"坚持把经济发展的着力点放在实体经济上。要打造有国际竞争力的先进制造业集群，打造自主可控、安全高效并为全国服务的产业链供应链"，到微观层面，"中国造隐形冠军企业"恰恰用自己20~30年所积累的实践底蕴，厚积薄发地在危机之年用自己优良的业绩表现，两个层面共同证明了：中国制造业，走"隐形冠军"道路，既是过去正确的，也是未来必需的！

因此，从2021年开始到可见未来，"中外管理事业"将继续，"隐冠评选事业"将继续，"赋能长青事业"将继续，"产业报国事业"也将继续……

一切为了可持续！

隐形冠军
穿越周期而不衰

中国造隐形冠军评委、浙江大学求是特聘教授、
教育部长江学者特聘教授 吴晓波

新中国成立70余年来，我国制造企业沿着从"二次创新"到"超越追赶"的路径砥砺前行，书写了世界经济发展史上的奇迹。改革开放40余年，释放了蕴藏在民间的巨大创造力和企业家精神。人们在看到龙头企业耀眼成就的同时，亦开始给予在众多细分领域中占据行业领先地位的"隐形冠军"更多的关注和钦佩。近来对"卡脖子技术"的热议，更让人们意识到："隐形冠军"是中国制造业高质量发展，迈向制造强国的关键！

本人在20世纪80年代末从事博士研究时曾深入杭州制氧机厂进行蹲点调研。厂长的话一直让我铭记于心：制氧机不是一只"鸡"（机），而是一群"鸡"（机）。而由成百上千个零部件构成的大型制氧机中真正"卡脖子"的，却是几个小垫圈！随着在调研的三个月里每天跟着工人一起上下班的深入交融，更多的"卡脖子"细节让我对"隐形冠军"有了刻骨铭心的记忆。

通常，"引进、消化吸收、再创新"是很多人对中国制造成长路径的一般认识，而当我们深入实际观察时，却会发现：当你通过"消化吸收"认为有能力进行"再创新"时，已经落入了"追赶陷阱"。因为"技术范式"已经发生了革命性的转变。在杭氧的调研，让我发现：中国制造企业的成功追赶，

乃至超越追赶,并非取决于埋头的消化吸收,而是从"引进"就开始的创新,尽管这些创新显得并不那么起眼。例如,杭氧从德国林德公司引进整套技术后,工程师和工人们通过"逆向工程",在学习掌握新原理的同时,进行了大量本土化的零部件和流程改进,也就是工艺创新。它沿着产品及技术的生命周期不同阶段的演化而动态演进,正是这些通过对引进技术的"二次创新",突破了众多"卡脖子技术",赢得了后发优势,进而成功越过了"范式转变期"的"追赶陷阱",最终实现后来居上,成长为工信部认定的制造业"单项冠军"示范企业。

随着云计算、大数据、人工智能、边缘计算等新技术的全面兴起和广泛渗透,新一轮科技革命正引发着一场前所未有的全球产业链的打散和重构,以及产品和服务边界的交织和融合。在这样的VUCA情境下,"隐形冠军"还能"藏身深闺"或"酒香不怕巷子深"吗?其执着专一的战略需要变革吗?高专注度的"路径依赖"与"穿越周期"的创新变革如何平衡?以视频安防产业龙头企业海康威视为例,从其20年前创业起步之时,到超越松下、霍尼韦尔等巨头企业成为全球第一,本人有幸参与其中,作为顾问与其核心高管从师生成为共同奋斗的知心朋友,直接经历了在高度动态的科技产业中崛起的"穿越周期而成长"新一类隐形冠军成长之路。面对大浪淘沙的科技革命,海康威视在视频以模拟技术为主时,就主动探索和转型数字技术;在数字技术主导时,它又向互联网转进;当互联网风起云涌时,它的目光早已转到了大数据和云计算……它准确地抓住技术生命周期的"范式转变期"之"机会窗口",摆脱追赶中的路径依赖,实现跨越式发展。海康威视连续实现了从"二次创新"向"超越追赶"的成功升级,其连续8年蝉联视频监控行业全球第一的业绩,也被工信部认定为制造业"单项冠军"示范企业。"穿越周期"的创新,就是其成功的秘诀!

义乌双童吸管、杭州诠世减速机、玉环双环齿轮、青岛海丽雅绳缆、宁波永新光学显微镜……我带着研究团队去调研过的众多隐形冠军企业,都有太多了不起的动人故事。而透过他们各显神通的成功之路,共同的成功之道就是"工匠精神+创新超越"！

2018年我们在浙江大学举办了以"互联世界的隐形冠军"为主题的第一届隐形冠军国际研讨会，来自世界各国的学者和企业家欢聚一堂，"隐形冠军之父"赫尔曼教授莅临会议作了主题报告，往日低调务实的隐形冠军企业家和学者们快乐地大声分享着他们成功的经验和"独门秘籍"。我们承担了跨国项目"Hidden Champions in Dynamically Changing Societies and their Management and Leadership Development Needs"（动态变化社会中的隐形冠军及其管理与领导力发展需要）与其他来自21个中东欧国家的24名研究者共同研究隐形冠军的成长和可持续发展之道，亦建立起了良好的国际合作机制。近日，我们更在浙江大学海宁国际校区创建了"浙江大学隐形冠军国际研究中心"，旨在搭建高水平国际研究、教学、共享平台，为全球隐形冠军的发展注入更多精神活力。

受《中外管理》总编杨光先生的邀请，我有幸从2018年起担任"中国造隐形冠军"评选的评委。感谢此前三届的评选机会，让我和这些各怀绝招且脚力稳健的中国制造"先锋队"结下了不解之缘，为它们的故事动容、为它们的成就骄傲！亦让我与更多关注"隐形冠军"的学者和专家们相识恨晚，感受到"同道中人"的乐趣和工作意义。

植根于中国的情境，尤其是第一代制造业隐形冠军企业，往往是在资源极其匮乏的条件下依赖于OEM代工模式一步步由小到大、由大到强，在"工匠精神+创新超越"中脱颖而出的。然而，相比于以德国为代表的发达制造业国家，经济转型过程中的高动态变化、非均衡发展既是中国制造业隐形冠军企业所面临的特殊发展情境，亦是其成功的特殊内在动力。面对当今新阶段中的企业资源能力基础以及全球宏观环境的动态性，加上第三、第四次工业革命的叠加，中国制造业隐形冠军企业增长的"持续性"，面临着更大的挑战和更大的战略机遇。

本书从前三届27家入选隐形冠军企业中精选了9家各具典型意义的鲜活案例。从它们身上可以看到：优秀到卓越的提升，从来不是一蹴而就。在成长为隐形冠军的"长征"中，并无事先精心准备的宏伟而完备的计划，也没有一劳永逸的创新，也少有侥幸的突破和从天而降的奇迹，只有决不可少的不屈不挠和执着。书中既有隐形冠军企业成长中的"扑打和呛水"，也有它们"比别人多走一步""多努力一点儿"的执着，更有"先低头学习，再昂头赶超"的不服输与韧劲。

开卷有益，榜样的力量是无限的！相信这本书能帮助大家揭开"隐形冠军"的神秘面纱，从不同的角度学习它们，乃至超越它们，为成为穿越周期而不衰的"钢筋铁骨"式隐形冠军而萌发出新的发展思路；也为更多的研究者提供更多新的视角和鲜活的素材。

让我们共同努力，为中华民族的伟大复兴而奋斗！

2021年2月于浙江大学求是园

目录

p1　2021　向中国造隐形冠军学习！

p8　隐形冠军　穿越周期而不衰

p001　中国造隐形冠军的9个传奇

p002　艾华集团
"扫"出来的电容器冠军

从3700元起步的手工作坊发展为拥有完整产业链的上市公司，从几度陷入绝境到逆势突围成为世界级霸主，为何这家公司总能在困境中找到企业发展的第二曲线、第二生产力？看似简单的"大扫除"，为何在这里却能持久赚钱？

p024　晨光生物
"吃干榨净"的世界第一

从小县城的"四无"作坊起步，创造多个"不可思议"，乃至世界第一；起初完全不懂的"门外汉"，竟然绕过了"技术壁垒"，反给外国同行制造了"技术壁垒"。而更令人不可思议的是，这一切居然都是通过一个理念换来的。

p043　富美服饰
乐在其中的帽子生意经

这家企业在别人"看不上"的帽饰行业极致生根，并钻研出一套独特的"玩法"。为何他们对于"做大"并无冲动，而喜欢"按自己的节奏自由生长"？他们为什么始终坚定地认为：利润不是目标，而是服务好客户的自然结果？

p060　海佳机械
先低头学习再昂头赶超

一个镇上都做织机，为何唯独他们成功了？从跟随到技术创新，再到技术领先，他们是如何做到的？为什么他们的客户，一旦合作就必将永久合作，以至在全球市场做到客户"零流失率"？为客户免费维修同行故障产品的背后，又是出于怎样的考虑？

目录 2

金则利特种合金
有"水平"的细分霸主 p075

让自己的产品,在国内"垄断"供货,这家公司究竟是如何做到的,又有哪些成功秘诀?10年10倍增长的底气,源自哪里?夹缝求生存,为何在这里反而成为主动为之的战略?为何他们能默不作声地稳坐钓鱼台,等着客户们主动"送上门"?

双童吸管
自成一家的"做小"哲学 p092

这家公司不要大客户,不做大集团,甚至把公司"瓜分"成一块块小的创业矩阵,其中有何玄妙?其掌门人,要让自己的思维活力永远保持在25岁,他究竟是如何想的又是如何做的?"利他就是利己"这句话背后的商业哲学,在这里又怎样充分实践?

森鹰窗业
甘当"偏执狂",只为一扇窗 p110

为何他们本可以做暴利的房地产,却果断放弃,甚至始终认为这是一个最正确的决定?为何他们在发展初期不断做减法,后期却反过来做了加法?即便在细分行业内已常年独占鳌头,但其掌门人为何还会说:前10年我不懂管理,后10年我不懂营销和用人?

新远科技
"学霸型"隐形冠军的制胜哲学 p128

这家"边学边玩"、轻轻松松拿第一的隐形冠军,究竟有何独门秘籍?"敌进我退、敌驻我扰、敌疲我打、敌退我追"的独特销售策略,在这里是如何充分实践的?"跟跑"世界一流,竟然就能让自己拥有"一米宽、万米深"的优势?

之江有机硅
如何吃掉巨头的地盘 p142

曾经的寡头们怎么也不会料到,一家不起眼的草根"小公司"竟然逐步攻占了市场城池,重新定义了行业市场版图。从模仿者变为领跑者,从夹缝中生存到叱咤全球,他们究竟是如何做到的?"不得与经销商争利",为何在这里成为必须遵守的明文规定?

p	
158	**SINO FOREIGN MANAGEMENT** **中外管理** 中国造隐形冠军评选

p	
159	关于 **隐形冠军的多年思考**

p	
159	**未来5年我们该关注谁？** "隐形冠军"将支撑中国的明天

p	
162	**中国造隐形冠军，高光亮出来！** 未来它们的粉丝，将决定我们的未来

p	
165	**做独角兽，还是做隐形冠军？** 想过把瘾就死，还是要基业长青？

p	
171	首届 **中国造隐形冠军评选**

p	
173	杨光 **避免联想式尴尬，我们需要他们！**

p	
176	张云 **做500强不如做500年！**

p	
179	**解开隐形冠军的多元化之惑**

目录 4

第二届
中国造隐形冠军评选　p 183

杨光
**互联网时代永远不缺独角兽
但中国更需要隐形冠军**　p 193

王忠明
**隐形冠军，除了要天道
酬勤还要"天道酬善"**　p 195

卢秋田
**面对百年未遇之大变局，
我们该如何站稳脚跟？**　p 198

陈春花
领先企业都在坚定地做四件事　p 200

后藤俊夫
长寿企业大国日本的秘密　p 204

张跃
**成功的企业家
就是按照自己的愿望做事**　p 209

p 211	第三届 **中国造隐形冠军评选**
p 219	杨光 **成为不怕被他国制裁 的制造业强国！**
p 223	印建安 **IBM去哪儿啦？**
p 227	曲道奎 **数字化变革与 智能制造势不可挡！**
p 230	常修泽 **培育"专精特新" 关键在"四线"与"三化"**
p 234	未来 **培育"中国隐冠森林"**

中国造隐形冠军的 9 个传奇

艾华集团
晨光生物
富美服饰
海佳机械
金则利特种合金
双童吸管
森鹰窗业
新远科技
之江有机硅

艾华集团
"扫"出来的电容器冠军

从3700元起步的手工作坊发展为拥有完整产业链的上市公司,从几度陷入绝境到逆势突围成为世界级霸主,为何这家公司总能在困境中找到企业发展的第二曲线、第二生产力?看似简单的"大扫除",为何在这里却能持久赚钱?

文:中外管理 辛国奇

艾华集团
"扫"出来的电容器冠军

铝电解电容器，有些人听起来或许是一个比较生僻的名词，但它却会出现在你生活的方方面面：电视、空调、电脑、手机充电器、5G 通讯……

位于湖南益阳的艾华集团，主营铝电解电容器生产与销售，短短的几十年里，从"跟跑"到"领跑"，艾华集团已成为铝电容器领域的绝对霸主，占有照明、电源、充电器等市场的绝对优势，成为中国第一、全球前四的铝电容器制造商。

受2020年新冠肺炎疫情冲击，供应链中断，导致许多中小电容器厂家面临无米下锅的尴尬局面。《中外管理》发起主办的第二届"中国造隐形冠军"得主艾华集团却能应对自如，他们以世界少有的"腐蚀箔+化成箔+电解液+铝电解电容器"完整产业链，实现了疫情期间的稳定供给。

"我们基本没有银行借贷，公司手持现金充足。这一切让我们在面临疫情冲击时有底气、有信心能走得更稳、更远。"艾华集团董事长艾立华说。

动荡飘摇中泰然自若，艾华集团2020年的业绩依然迎来了逆势大涨。这一幕，2008年全球金融危机时也出现过，当年，在行业整体下滑30%的情况下，艾华集团却保持了25%的增长。

从3700元起步的手工作坊到拥有完整产业链的上市公司，从几度陷入绝境到逆势突围成为世界级霸主，艾华集团究竟做对了什么？为何他们总能找到企业发展的第二曲线、第二生产力，继而始终保持加速度增长？为何他们不赚胜可知而不可为的快钱，而是有木石心、具云水趣般痴心于实业？为何他们虽是上市公司，却一直不增发不并购、不搞市值管理？

突围："农村包围城市"的营销策略

1958年出生的艾立华，1975年高中毕业后，进入湖南益阳电容器厂，凭借一股钻进和超强的领悟能力，成为一个技术好手，不久就当上了车间主任。

随后，同乡、现任艾华集团副董事长王安安也进了电容器厂。1984年，"厂花"嫁给了车间主任。

1985年，艾立华独立完成的一项创新成果因获得市场丰厚的回报，政府发放了1万元奖金，但工厂只奖励了艾立华一个几块钱的饭盒。

而艾立华为了钻研技术，曾经花自己一个月的工资购买实验材料。他有些心灰意冷，想到了自主创业，妻子王安安十分支持他。此时是1985年，比第一批创业的"84派"只晚一年，当时出来创业，多被遭遇冷眼，并且只能是"个体户"。

要干当然继续干老本行。1970年代，原益阳县主管部门创办了当地第一家电容器生产企业。经过多年发展，既远离市场又远离原料的赫山区竟然发展成为"中国电容器之乡"，而艾立华显然是其中起步最早的一位。

艾立华和妻子找了两名合伙人，东拼西凑了3700元，租赁了两间面积不足50平方米的废弃小平房，又从长沙购置了两套破烂不堪的旧手工设备，同时雇用了4名工人，艾华公司就这样起步了。那时，艾立华和王安安既是老板也是工人，纯手工制作电容器，不分白天黑夜吃住在车间。还好，付出终见回报，艾立华对自己的"第一桶金"印象深刻：卖了9800元钱，赚了7000元的利润，第一笔订单就收回了投资。

卖了产品买材料，买了材料做产品，就这么日积月累、周而复始，三年时间里，艾立华和王安安将"小作坊"的营业额从27万做到了270万。回想这段经历，艾立华对《中外管理》感慨："创业这么多年，我没有一年是亏损的。坚持做好自己的主业太重要了，我就专注于做好电容器这一件事，产品最便宜时只卖2分钱，从默默无闻的小工厂成为行业的龙头企业，营业收入比创业时增长1万多倍，靠的就是持之以恒的坚守、绝不中断的创新。"

1990年，手工作坊终于变成了工厂，"资江电子组件厂"的牌子被挂了出来，专门为电视机、收音机等厂家提供电容器。

但发展势头好了，人心也就不齐了。另两位股东想及时分钱，而艾立华和王安安却想着继续把公司做大。1992年，正是工厂形势喜人的时候，由于理念不合，另两位股东要求退股、分家。其中一位股东负责销售，还带走了所有的客户，公司一时陷入了困境。

留给艾立华和王安安的是一个极为被动的烂摊子：现金流断裂，销售渠道全失，130多名等着发工资的员工和一些旧设备。

别无选择下，艾立华夫妇开始了第二次创业，夫妻俩明确分工：艾立华负责生产和技术，从未出过远门的王安安扛起了销售的重任——这一决定，维持了将近30年。目前，王安安还负责着艾华集团的营销工作。

小企业也要有策略。艾立华始终觉得，办工厂，就是打江山。而毛泽东打江山的两条策略最伟大：一个是枪杆子里面出政权，另一个就是农村包围城市。

而对企业来说，质量就是枪杆子。质量好，走到哪里都不怕。对于名气还不大的企业来说，就得使用"农村包围城市"——从多个小客户开始，逐步向高水平的大客户进军的销售打法。

"因为在附近大家都知道你是个体户，即便质量好可能对方还不太相信。但走远了，客户在并不熟悉你的情况下，就只用质量说话了。"王安安告诉《中外管理》。

在艾立华的两条策略下，公司熬过了"苦闷期"，营销局面有了起色。

一直吃"技术饭"的艾立华，也不断发现了新的商机。有一次，公司的电话机坏了，喜欢捣鼓的艾立华把电话机拆开一看，心中一喜后大叫一声：哇！里面有17个钽电容！

当时，铝电容还属于技术含量较高的产品，但成本是钽电容的一半。如果用铝电容替代钽电容，电容器的使用数量也会减少，所以就能直接提升终端产品的性价比。

艾立华立即让王安安联系电话机的生产厂家，但王安安并不着急，她觉得口说无凭，得有人做个检测报告才有说服力——凭着这一当时朴素的认证意识，王安安只身来到了北京，找到电话机检测中心去做实验。

王安安绘声绘色地说起当时的场景："当时纯粹是陌生拜访，人家也不让我进，说我们是检测电话机的，你拿电容器给我们干吗？我就坚持说公司搞了一个新产品，可以取代电话机上的钽电容，不信你们可以做实验。"

检测中心的人，将信将疑地接下王安安送来的电容器。最后经过性能测试、对比，对方回复王安安说：恭喜你！你们的产品完全可以替代钽电容。

王安安立即追着说："你们得给我出个报告。"就这样，电话机检测中心将这一技术申报了成果，并且相关人员还拿了奖，而王安安获得了背书性极高的报告。

"接下来联系电话机厂商，成本降低，效果一样，当然一打一个准。那时一台电话机的利润也就不到十块钱，而用我们的铝电容，一下就可以节省五块钱。你说能不好卖吗？"王安安说。

艾华公司凭借以铝电容替代钽电容的技术，获得了丰厚的利润，一下子翻了身。

破局："你砍我来"的悖论

随着公司体量逐渐增大，艾立华逐步从"农村"走向"城市"，他觉得只有与大企业同行才能得到更大的发展。

于是，艾立华夫妇将营销目标锁定在当时的中国第一品牌：四川长虹——彼时的长虹，就像今天的华为，在产业界拥有如日中天的地位。当王安安费尽周折，见到长虹的营销部经理时，对方拿出一支当时只有日本企业才能生产出来的铝电解电容器，对她说："能生产出这个，达到日本产品的水准，就和你签订单。"

这是一个市场容量较小的电容器产品，艾立华觉得这是一个获得大客户的突破口，必须拿下！在艾立华的牵头下，经过反复研制，艾华公司终于交出了自己的"作品"。

当王安安把产品送到长虹公司做试验时才发现，实际上有六七家公司都在"竞标"。试验之后，长虹给各相关公司发布了试验结果，并附上了一段话：这个产品我们一直依赖于日本企业，此次试验只有一个合格单位：艾华公司。

如此，艾华将产品打入了长虹，一年超过1000万元的合同随之签下。

"现在看起来，这个产品就是'小儿科'了，但当时情况下，是很难的事情。我们那次做得最好，所以就抓住了机会。"艾立华回忆说。

不料，和长虹合作仅一年多后，危机又来了。

1997年，受亚洲金融危机冲击，四川长虹准备大幅精简供应商，要对9个电容器供应商进行缩减，砍掉5个，抓大放小。

当时，艾华公司在这9家供应商里面是规模最小的，还是唯一的民营企业。

如果不采取行动，第一个砍掉的肯定就是艾华。好不容易才谈下来的客户，才一年就要泡汤，艾立华当然不情愿。而且一旦失去这个大客户，企业可能又将陷入绝境。

艾立华和王安安一起商量，他反问王安安：你知道悖论吗？悖论就是反过来做，我们要依托名牌办品牌，他们要砍掉我们，我们就要背水一战，去四川绵阳就地办厂，就地服务！

艾立华倾其所有，带着有限的资金来到绵阳，当地政府听说有投资来了极为欢迎。艾立华也加快速度，一天时间就完成了选址征地和工商税务手续，"四川绵阳资江电子元件有限公司"很快就有了雏形。

四川长虹听说艾华竟然"上门办厂"，被艾立华的诚意所打动，还是把艾华的供应商资格保留了下来。

"他要砍，我要来。艾华身为最小的企业没有被砍掉，现在其他8家企业有的已经倒闭，有的全部加起来，还没有艾华的实力和名气大。我们就稳稳当当地站住了脚跟，目前长虹80%的电容器都是出自艾华。"艾立华感慨说，这是他这辈子最重要的一个决定。如果不走出益阳，可能就像井底之蛙，跳到井外，才知道外面的天地有多大。

但开工之后，艾立华还是有些彷徨：一个规模尚小的工厂，长虹怎么会轻易用你的产品？这么大的名牌，怎么会把产品质量押在你身上呢？

果不其然，合作又陷入了僵局。"长虹换了一个机型，就不用我们的产品，我们去调整。结果再换一个机型，又不用了。"艾立华陷进了深深的苦恼中。

彼时，亚洲金融危机影响着整个产业链。覆巢之下，焉有完卵，"四川资江公司"亏损严重，甚至连湖南益阳的"大本营"，也都净亏了1400多万元，公司甚至有倒闭的风险。

艾立华的女儿、艾华集团CEO艾亮经常听父母说起这段惊心动魄的往事："当年是负资产1400万，不是一般人可以承受的。但艾董事长为了保障员工的收入，并没有下达车间停工的指令，因为一旦停工，对他们收入的影响是非常大的。"

因此，有员工当时发现，公司在不停地下订单，不停地生产，但好像却卖不出货。

艾立华承受的压力可想而知，情绪一度极其低落。生死存亡之下，王安安只好用最快的速度，在全国范围内寻找客户。"一天当两天用，最多的一天跑了5座城市，谈了5家客户。"王安安说，幸运的是，公司最后还是"缓过来了这口气"，当年营收恢复到2000万元以上，最后奇迹般地没有出现亏损。

给《中外管理》讲述完这段"非常时刻"后，艾立华喝了口水润润嗓子，感慨说道："在四川绵阳建厂给了我四年的磨难，但所有的'坎'我都迈过去了，最后也变成特别大的一个收获。从那之后，我也搞明白了：企业之间合作一定要对等，文化要对等，规模要对等，否则就会很痛苦。那个时候我们还是个小孩，长虹是个大人，为什么小孩非要只和大人一块玩呢？"

当时长虹一年的电容器需求大概是两个亿，而中国电容器市场有200亿。为什么只抓着这1%不放，剩下的99%却放弃？想清这个道理后，艾华公司就多找了一些"小朋友"来玩，这样"童年"就过得舒服了，越做越好，慢慢成长起来。反过头来，再做长虹的订单也就越来越轻松。

后面的发展，顺风顺水，尤其是艾华集团在2015年成功上市后，公司更迈进了发展的快车道。

"扫除道+"：全面提升核心竞争力

走进艾华集团总部，第一感觉就是干净、有序。如果不进入楼内的车间，根本觉察不到这是一家生产制造型企业。听不到机器轰鸣声，花园绿化得就像公园，道路干净无尘，连墙外空调机箱的外壳看起来都一尘不染。简洁现代的员工餐厅里桌椅摆放得整齐划一，白色的椅子上没有任何油点，地面看不出有污渍，加上餐厅前一片"枯山水"式的园林景致，宛若置身于一家高档星级餐厅……

这一切，都让人不禁纳闷：这真的是一家工厂吗？

在艾华集团，帮你安装鞋套的机器无处不在，甚至连上厕所都需要换上专用的拖鞋。艾华员工进入车间，都要换上布鞋套，整个车间清爽整洁，一尘不染。车间的地面斜着头望过去，没有任何脚印。《中外管理》注意到，在车间，不少员工随身携带抹布，工作间隙会随手把机台擦得干干净净，以至于机器的每个螺丝钉都是干净的，地板也随时拖得像一个"镜面"。

"我们工厂是一尘不染的，所有地方都干干净净，全部要求达到五星级标准。我觉得财神爷是不会到邋遢的地方去的，一定会到干净的地方去。有一位客户，来艾华集团参观，看到整洁无比的车间后叹了一口气说：同样的价钱，不买艾华的产品吃亏了。"艾立华在对外介绍独有的"扫除道"时，经常这么说。

而从艾立华了解扫除道，到践行扫除道，继而结合企业实际摸索出自己独创的"扫除道与企业管理"，前后不到半年时间。

2018年底，华为公司副总宗润哲来到艾华集团参观，他发现艾华的工厂很干净，于是就给艾立华推荐了一本由"日本清扫学习会"创办人键山秀三郎所写的《扫除道》，这是一本探讨"清扫哲学"的书籍，其基本精神就是"凡事彻底""感恩惜福"。

艾立华用"你砍我来"的悖论，保住了四川长虹这一大客户。而在绵阳磨难建厂，最后也变成极大的收获

　　作者键山秀三郎秉承匠人精神，创立一套完备的扫除流程与模式，致力提高作业效率和质量。在键山秀三郎的发起下，日本成立了130多个扫除活动基地，几乎每天都有扫除活动举行，他坚持了60年扫除，唤起了风靡日本的"厕所革命"，改变了整个日本社会。键山秀三郎曾说过："邪恶滋生于肮脏之所。"打扫很干净的地方自然散发一种正气。

拿到《扫除道》一书之后，艾立华很激动，以至于连续几个晚上睡不着觉。"键山秀三郎打扫了60年，我打扫了45年，但这45年里我没有总结成方法，只是今天说一说，明天做一做，没想到还有一本书专门来讲述'扫除'这个看似不起眼的事情。"

事实上，在看这本书之前，艾立华就十分在意车间的整洁度。因为电容器作为一种大规模、批量化、定制性生产的电子元器件，对生产环境清洁度的要求很高。被带入车间的杂质会造成元器件良品率大幅度下降，给下游客户和公司股东带来损失。

"排我们前面的全是日本公司，为了赶上他们，艾华一定要做得更好，否则客户一来看，生产环境比不上日本企业，怎么放心把订单交给你做？"艾立华说。

同时，艾立华认为"企业是从家庭开始的"，所以要求家里也要达到"5S标准"，以至于因此帮助留学澳大利亚的女儿艾亮当年成功租到了房子。

"大女儿艾亮当时和我视频聊天，我就说车间要搞5S，家庭也要达到5S，你房间的卫生间、卧室、走廊等，都得用5S的标准来进行'管理'。"艾立华回忆说。

在国外，租房子是为了更好地保护房子，部分洋房东甚至对中国留学生有了些许偏见，所以有一些不注重整洁的留学生迟迟没有租到房子。

"那一年我换了一个地方住，找了一周也没有人愿意租给我，艾董事长就让我把之前租房居住的照片拿给房东看，他们看了之后立即就跟我签合同了。"艾亮告诉《中外管理》。

不仅如此要求子女，艾立华更是以身作则，严于律己，在出差时，他会把宾馆恢复成"好像没住过人一样"。"被子叠整齐，口杯放回原位，如果连续住几天，我会专门写张纸条：今天不退房，牙膏还可以用，请不要更换。"

了解了这些背景，我们便可以理解为何艾立华接触到日本人所写的《扫除道》后，会如此激动不已。

艾立华准备践行扫除道，并摸索出自己的一套独有模式。就像产品也要做试验一样，他起初并没有"声张"，而是"偷偷摸摸"地在艾华集团的五厂进行试点。艾立华与五厂时任负责人赵新国——也是艾华扫除道培养出的第一位"道长"，亲自去打扫车间、厕所，并且擦拭机器。试点几个月后发现，整个人的精神面貌和车间的环境都有了提升。

在车间和家庭亲身践行数月后，艾立华有了新的感悟，他觉得扫除道可以有五大"功效"：成为细心的人、成为谦虚的人、培养感动之心、萌生感恩之心、磨砺心性。

但扫除道只是工具，并不能完全照搬日本的扫除道。如果扫除道再加上企业管理，那么无疑对员工的敬业度和家庭和谐都会有极大促进。

艾立华下决心在全公司推广扫除道，他通过自身体悟确立了《扫除道与企业管理》十二条：1、营造和谐的人与人的关系；2、提升团结协作的团队精神；3、打造积极向上的氛围；4、理顺工作条理，提高工作效率；5、减少人员，提高在职员工的工资；6、创造和改善优质的工作环境；7、减少费用，节约成本；8、改变工作态度；9、减少工作场地使用面积；10、锻炼身体延长寿命；11、提升家庭幸福指数；12、扫除道是一项一辈子可做的快乐工作。

乍一看，这和稻盛和夫的经营12条有相通之处。

一开始，有员工心存疑惑，从小就在学校搞大扫除，到了公司还要搞，做这事到底有多大意义呢？还有人说，艾立华不务正业，不去搞大战略，打扫什么卫生？

但看着老板带头去打扫厕所，不少员工也就没有了抵触心理，自愿跟随去做。

"扫除道有一个核心点，它要求的是自上而下，老板首先要以身作则俯下身去打扫。"艾立华说，自上而下的"扫除道"行动，从内到外洗涤员工思想，让员工切实感受井然有序干净整洁的魅力，追求极致工作状态，最终提高公司产能。

"艾华扫除道"的精髓在于，从家庭开始打扫，再到企业生产设备和车间、食堂、员工宿舍等。艾立华觉得，从家庭的改变到环境的改变，再到幸福指数的改变，这一道理对企业管理也适用。企业管理的核心，是培养好的工作习惯、减少浪费、提高效率。而这和扫除道的目的——丢弃、整理、去污是完全相通的。

而艾立华一直认为，扫除道不能成为墙上的标语和嘴中的口号。"知道没有力量，做到才有力量；做到没有力量，坚持做到才有力量；学习扫除没有力量，亲身体验才有力量！同时，扫除是在扫心，心不扫，也是白扫。扫除道，其实是扫心之道。扫除，实为明心。"

按照艾立华的"分配"，扫除道应该30%在家里，10%在工厂，60%在企业管理,所以打扫卫生其实是最其次的,更主要的是用在企业管理的"打扫"上。

《中外管理》看到,艾华集团的扫除道责任清单上,详细标注了需打扫物品的区域、数量、打扫频率、主要使用工具、责任人等,而打扫时间主要集中在早上上班前及中午休息时间,时长大多为十多分钟。

"我们提倡的是十分钟扫除道,从思想到行动,扫除一切不必要、清除一切不良品。把家庭工作环境变为优越,把产品品质带向卓越。"艾立华说,"每天打扫十分钟就足够了,不用抽出专门的时间,否则有可能会影响正常工作,员工也容易产生畏难情绪,不容易坚持下去。"

艾亮觉得,扫除道极具磨砺心志的"功效":"厕所那么脏的地方,你都可以俯下身去清扫,还有什么是你不能够俯下身去做的?还有什么做不好,还有什么放不下的?艾董事长就是希望大家去做最难的事情、最辛苦的事情、别人做不了的事情、最有挑战的事情。"

因此,不再有做不了的事,不再有开不了的口。"有的员工之前觉得公司领导高高在上的,结果发现公司领导也要同大家一起去打扫厕所,这样就没有什么心理距离了。有些话以前不敢讲的,现在都敢说,有些不敢提的,现在随便提。更不会有什么所谓的办公室政治了。"艾亮告诉《中外管理》。

艾立华还独创了扫除道"分享会"的模式,并成立了艾华扫除道志愿者团队。

而加入这一团队,有着严格的审核流程,在艾华,能加入这个志愿者团队已成为一种至高荣誉,艾立华会亲自给每一位志愿者"授徽"。

"如果你的衣服上带着志愿者标志,可以说你的人品和能力都是被尊敬的。"艾亮说。

而扫除道志愿者的至高荣誉,便是被艾立华请进装修典雅的公司餐厅包间,享受美食,艾立华会亲自做厨师,感谢每一位扫除道志愿者。"估计在全国的上市公司里面,上市公司老总请'打扫卫生的'吃饭的可能只有我一个人。"艾立华笑着说。

艾华的扫除道分享会每月都会召开。而开分享会的初衷,就是不断给扫除道成员们"加油""充电",同时产生互动,激发热情,更重要的则是让普通员工在大雅之堂展现自己,体现一个有价值的人生。

艾华集团的高管,几乎每个人都去打扫过公司的厕所。而最后大家发现，厕所不用去安排专人打扫了，因为始终处于"被打扫"的状态。

艾华集团有近4000名员工，原来每个车间就配有四五位保洁员，而现在全集团只有4位保洁员。在艾华园区的3栋厂房里，只配备了一个卫生员——这在外界，肯定是无法想象的事情。

目前，艾华集团的扫除道文化早已不局限于集团内部，更伸向了周边城镇。"我现在捐了50多万元在附近的村里推广扫除道。"在艾立华的设想中，扫除道可以"+"很多东西，加号后面可以是企业、学校、机关、农村等。所以艾华的扫除道分享会，会邀请很多来自学校或农村的"旁听"人士，以不断影响他们，有一次，艾立华就请了130多个村干部来旁听。

在一次分享会后，一位三年级的小学生，竟然写出了自己学习扫除道的12条方法，第一条是建立良好的同学关系。艾立华知道后，很受启发，就让这位小同学来分享会分享，同时建议所有人撰写自己版本的"扫除道12条"。

近几年，已有3000余人来艾华集团学习扫除道，艾立华不收分文，他希望把这项事业做成慈善，让更多的企业、更多的人从"扫除道与企业管理"中获益。

采访中，艾立华反复强调艾华集团独创的"扫除道与企业管理"模式与日本扫除道的不同。"中国传统文化里，就提倡打扫，还有'一屋不扫何以扫天下'的古训。本来我想把这个'道'去掉，就叫'扫除与企业管理'。但我看日本每年还在增加汉字，那为什么我们不能继续用这几个字呢？虽然艾华的做法已经完全不一样了。"

扫除就能赚钱!

设备就是制造企业打仗的武器，这个"武器"的维护保养，无疑决定着最后的成败。

数年前，艾立华在日本札幌一家企业参观时，问对方眼前的轧机用了多少年，对方说："应该和你的年龄差不多，60多年了。"这让艾立华大为感慨，别人的机器为什么能用这么久，中国企业为什么不可以？

扫除道文化中有一项很重要的指标，就是"还原"。运用在生产上，即培养工人们"随时归位"的机械保养习惯。

通过扫除道，一些设备本来使用10年就该淘汰了，但在艾华完全可以继续使用。

"机器保养得当,它的使用寿命就会延长,产能也更有保障,质量也会更加过硬。我们要做到所有设备丢弃的那一天不少一个螺丝钉。"艾立华给《中外管理》算了一笔账,打个比方,假设艾华集团含设备在内的固定资产近15个亿,如果设备使用寿命再延长十年,每年可以为企业带来近1.5个亿以上的利润。而通过扫除道减少浪费减少垃圾的理念每年为公司节约成本300万元以上。

也就是说,做扫除就能赚钱!

艾亮向《中外管理》讲述了一个故事:照明事业部的员工邓凤玲刚入职时,只能操作四台机器,通过一年的勤学苦练、日积月累后,达到了一人操作八台机器的技能水准。但她认为还可以再增加,她的目标是操作十台机器,那么怎样才能突破瓶颈提升到十台机器?

艾华集团推行《扫除道与企业管理十二条》后,其中的第四条给邓凤玲带来了思考——理顺工作条理,提高工作效率。

邓凤玲对工作方法进行了改进,对好用的机台与不好用的机台进行分解,保障运转顺利的机台创造出最大的效率,然后再来处理有故障的机台。她发现,开胶机容易接触胶水,长时间结痂就容易造成不良品,邓凤玲随时准备酒精抹布,对设备重要部位进行擦拭。细心的邓凤玲还做了统计:卫生干净的机台效率比卫生差的机台效率要多做 2000 支产品。

坚持践行扫除道一年后,邓凤玲顺利通过工作效率、品质、成本评估,拿到A+级技能证书,可以同时操控十台机器。

"扫除道,已经成为我们的第二生产力!"艾立华说,通过扫除道,艾华员工变得更加"正能量",提高了共同作业的集体意识和相互配合的协调性,公司内部的人际关系显著提升,职场气氛变得和谐。而和谐的工作环境有助于心灵浮躁的消失,员工能微笑面对一切,家庭氛围也能更和谐。"幸福指数改变了,工厂的浪费减少了,设备损耗降低了……扫除的目的不只是打扫卫生,而是挖掘从根本上改变人的强大力量。"

《中外管理》注意到,在艾华集团的车间里,摆放了很多"废品分类收集柜",里面有各种不合格的废品。

这也是艾立华的一个创意,他觉得,废品是最好的教育方式,废品也是财富,只是放错了位置。所以,不能把废品白白扔掉,如果仔细分析废品产生的原因就会避免再次犯错。

除了扫除道的志愿者，艾华集团还有废品管理的志愿者，他们用扫除道的精神将所有的废品分类，继而改善提高。

"不理解扫除道就以为是抹桌子扫地，其实'扫除'废品、分析废品，也是其中一项重要的工作。要把废品当老师！"艾立华说。

名曰打扫，实为管理，艾华的扫除道要达到管理的目的，而长期坚持下去是其中最难的事情。艾立华觉得，中国有些企业没有做好，就是因为没有坚守的定力。往往是头脑一热，坚持几天，之后就坚持不下去了。

"有一家江苏的企业来艾华学习扫除道，回去之后激动得不得了，老板也亲自打扫卫生、擦马桶。但一个星期后，可能就没几个人继续了，一个月后再去看，根本没人做了。"艾立华说，"这些企业就是没有学到真谛，只学到皮毛，他们真的以为扫除道就是打扫卫生。其实打扫卫生只是一张电影票而已，后面的电影才是最精彩、最重要的。"

磨砺出来的管理理论

有一年，艾立华经常在公司仓库里转悠，他发现很多不需要的产品生产了一大堆，而紧俏的产品总是没有货。

同时，艾立华发现员工的工资忽高忽低，虽然实行了多劳多得制，但他感觉员工的工资仍然存在不平衡的现象。而且每一次评选先进，总是那几张熟面孔，没有新面孔。工厂需要的是人人先进，而不是"先进一个人，落后一大堆"。

艾立华想找到一个办法，把优秀员工的结构从"正三角"变为"倒三角"，同时解决掉库存积压的问题。他就开始分析先进员工的特点，有的确实手脚快、技术好，而有的则是和班组长关系维护得好，会"挑"产品去做，比如选择速度较快的机器，有意避开速度慢的机器。

在这种情况下，实行多劳多得的计件工资制，显然不合理。在此背景下，艾立华创造性地提出了国内首创的"定量管理模式"：对于生产增加计划性，需要多少产品，当天完成多少产品就可以了，如果增加则需要提出申请。而只要计划完成，不论做了多少工资都是一样的，完成任务后就可以下班。

"定量管理就是让员工们有序地做工作，是有计划地保证每一个人按照指令完成任务。每一天大家都可以把自己的劳动成果拿回去，员工们可以自己设定工作时长和同时看管机器的数量。"艾立华说，"在艾华可以不用考勤，自己的时间自己做主。对于机器不需要连续运转的产业，完全可以进行复制。"

艾亮告诉《中外管理》："通过团队组合，员工们之间还出现了互帮互助、去短板的状态，今天的产量如果因为某种原因没有完成，下一个班组的人会替上一个班组去补做。因为完成任务了整个团队的工资也会提升。"

通过定量管理，艾华集团有效减轻了生产管理的难度，也减少了原材料浪费现象，实现了生产效率与员工收入的双升双赢。

如此，艾华员工的工资也稳定了，优秀员工也越来越多了，员工的凝聚力、归属感和主动性都有了突破性的转变。

"定量管理"生产体系的另一个好处是，让艾华比同行具有明显的成本优势。

业界也在纳闷，为什么艾华集团在全球铝电解电容器行业产量能高居第一，并且利润也能排名前列？

王安安将之归功于夫妻之间的默契配合。"艾总有40多年生产经验，而我则有30多年的销售经验，艾总能把成本控制到最低，而我能把性价比高的产品卖得最好。"王安安半开玩笑地告诉《中外管理》。

而艾立华觉得，艾华集团成本低、利润高则另有"秘密"。他有一句名言：工厂是设计出来的。凡事先算账，算完账再设计，把成本压到最低。

在艾立华的设计下，艾华集团可以做到满负荷生产。"假如说这个平台一天可以做1000万只产品，那么管理费用就按照1000万只来设计。如果一天只做800万只产品，那么成本自然高了。"艾立华说，"而有的企业则是今天300万，明天800，后天600万。产量一旦不稳定，成本显然是完全不一样的。"

这些管理理论，都是艾立华在多年管理实践中悟出来的。他也十分擅长从日常生活、旅游中总结悟道，并马上能用在实处。

2000年，艾立华到江西临安的天目山游玩，上面有一大片原始森林。导游说，里面有一个树王，因为这种树的树皮可以入药，所以100多年前人们都去剥这个树皮，结果树王就倒下了。

而艾立华发现，周边的树木都长得郁郁葱葱，树王旁边的两棵树加起来肯定要比树王的体积大。

艾立华就悟出一个道理：有意识地分开，才会长得更好。他将之命名为"天目山原理"，回来之后就把整个集团看成一棵大树，其他分厂都看成一棵棵小树。

"从那时起我们就推行了分厂制，不要求所有分厂的管理一致，反而要求必须存在个性。于是就搞了很多不一样的管理，引导大家比、学、赶、帮、超。"艾立华告诉《中外管理》。

"不用我去定目标、下任务，完成多少任务，都是各个分厂自行决定。除了销售、财务统一管理外，其他都是自由的。就好比分散了几个羊群，他们都在规定的领地里吃草。我的工作就是看羊，只要不跑出来就可以了。"艾立华说。在"自治"模式下，每一个分厂都发展得很好。

"企业家不是培养出来的，是磨砺出来、努力出来的，不然，企业家如果可以培养出来，我们需要1000个就可以培养1000个。"艾立华说。

除此之外，艾立华还把"二八理论"用于生产管理，做计划的时候就是将80%的订单服务于20%的客户，同时把80%的利润留给20%的产品。

同时，艾华集团还提供"中药铺"式的供给，客户一来按照"方子"拿药即可，如有特殊需求再特殊照顾。

目前，艾华集团在经营模式上提出集技术、产品、物流、售后为一体的服务模式，灵活满足客户的差异化以及快速响应的要求。通过准确识别客户需要，第一时间提出元件最佳匹配方案，交货周期大为缩减。

成功传承：从小就开始做"热身"

"这是今年我第15次来公司，之前都是几个老客户来访才来的。"采访开始前，艾立华如此对《中外管理》说。

而在2020年1月艾华集团的"春晚"上，艾立华的女儿艾亮，说了一番动情的话："我来自湖南益阳艾华集团，我是一名80后，我将为艾华集团服务18年。"

为什么是18年？艾亮告诉《中外管理》，说这番话时，她并没有和父亲艾立华商量。艾立华事后也如此反问道。

"因为18年后我55岁了，就可以退休了。我觉得如果18年以后，艾华还没有发现比我更优秀的人才，如果在那个时候我还不能够退下来的话，那说明艾华还不足够优秀。就像艾华的技术一样，如果不能够在老一辈的基础上翻倍式地迭代，那艾华的技术又叫作什么？"艾亮语气中带着一股笃定。

艾华集团为外人津津乐道的，一个是其独创的"扫除道+企业管理"，第二个便是其颇为成功的传承。

殊不知，为了2020年1月的那一时刻，艾立华足足准备了几十年。"交班方面，我从50岁就开始准备了，培养女儿的意识和思维，帮她做热身运动。犯小错的话就让她犯，这样才能历练出来，摔几个跟头没事儿的。"

也许正是因为有长期的心理准备，面对《中外管理》提出的接班时，正是新冠肺炎疫情开始在全球肆虐的时候，"危难之际"有没有感到压力的问题，艾亮坦然一笑："没有特别的担心，感觉这都是顺水推舟、水到渠成的事情。可以说，从我有意识开始，我就知道并决定服务于艾华集团。"

艾立华在女儿们还小的时候，就经常对她们说："按理说应该男孩穷养、女孩富养，但爸爸没有男孩子，只能按照男孩来'穷养'了。"

可能受在银行工作的母亲影响，艾立华有着超强的数字意识和成本意识，他计算电容器的成本可以细到以"毫"为单位。"母亲经常跟我讲一句话，油是挤出来的，钱是算出来的，这句话对我影响重大。我也经常对女儿讲，一个不会算账的老板，赚钱不知道怎么赚的，亏损不知道是怎么亏的，那迟早要倒闭。企业家首先要学会算账，数字概念都不清楚，还做什么企业？"

女儿们上大学后，艾立华要求他们每到一个新地方，必须先记一个月的流水账，接下来就开始分类，分析哪些合理、哪些不合理。第二个月，就必须把不合理的全部减掉，做到合理开支。如果第三个月和计划一模一样，那第四个月就不用再记账了，一直按照计划支出就可以。

而女儿们上大学时每月的生活费，艾立华"抠门"地只给1000元。以至于女儿们当时给家里打电话，都要响一声就挂断，让家里人再回拨过来，以节约长途电话费。

"这就是要让她们有全盘的数字概念，现在你管理的是1000元，以后1个亿，100个亿，可能都需要这么去管理。"艾立华说。

艾亮印象中，艾立华很少发脾气，但只有一次例外。还在上大学的艾亮和妹妹，在看到家里的床铺被亲戚的小孩尿床尿湿后，私下决定去外面的宾馆住。刚要躺下睡着，结果最后被艾立华强硬地叫了回来。

艾立华父女在2019年"第28届中外管理官产学恳谈会"《如何成就"创二代"？》论坛中，分享了他们的接班故事、相处情感和传承信念

艾立华大发雷霆：去住宾馆要两三百块钱，为什么不想着去买一套床单被子？一个是纯粹的支出，一个是流动资金变成固定资产。钱要用得恰到好处，用到有价值的地方。就因为家里做生意有了些成绩，就可以铺张浪费吗？

"父亲当时要求我们深刻地反省，并写下检讨书。我觉得一生最大的收获，就是父母给我建立起来的人生观和价值观。"艾亮说。

艾亮接班后，艾立华也没有忘记"扶上马送一程"，王安安继续负责着艾华的营销工作，替艾亮分担一些压力。

"其实在整个公司的内控方面，比如人力资源的布局，我觉得完全可以交班了。她（艾亮）现在还要补课的是品质管理体系，因为你不专业的话，别人反映的问题就会听不懂。"王安安说。

王安安经常给女儿打气：作为一个CEO，你就是总指挥，要指挥千军万马去打仗的，能不能打赢，就是取决于总指挥。所以要有纵览全过程、全体系管理的视野，从内控管理、技术管理到生产管理、品质管理、财务管理，必须样样精通。

而作为总指挥，艾亮在接班之初就面临两场硬仗：服务好华为和韩国三星两个顶级客户——这两家公司对于核心供应商的要求相当苛刻，容不得有半点缺陷，稍有不慎的话就全盘皆输。所以要确保万无一失，要把工作做得更精更细。

面对压力，艾亮的应对方式就是沟通。"在接班的过程中，两代人要有充分的沟通。'创二代'一定要认清定位，在公司的定位就是一名职业经理人，职业经理人要对公司业绩负责任，必须要对得起公司。"

艾亮告诉《中外管理》，艾华集团倡导"用爱去管理"，但不是人性化管理的概念，追求的是科学的、换位思考型的管理。所以，这也可能是成功传承的一个必备因素。

艾亮曾和父亲开玩笑说："这个世界上谁能读懂你，除了我，还有谁？如果是站在你的基础上超越你，除了我，还有谁？"

所以，艾亮已然有了更高的目标。"爸爸给我创造了一个中国第一，我一个人比不上爸爸，但到时候我们肯定一定会超过爸爸，做到世界第一。"

采访期间，《中外管理》和艾立华畅聊了整整一下午，期间没有任何人打扰，没有任何电话。从这个角度看，他确实成功交班了。

而艾立华的布局似乎更长远，他的外孙2020年已上小学，本来在益阳的贵族学校学习，但艾立华的女婿发现，孩子在那里似乎并不开心。"因为外孙是在我们集团内部幼儿园长大的，在这里和员工的孩子们打成一片。所以女婿就建议我，还是把外孙接回到艾华集团捐建的普通学校，继续和员工的孩子们一同成长。"

"我想想也对，说不定他的同学——这些员工的孩子里将来会有公司的高管呢！"艾立华意味深长地说。

未来：为"国产替代、自主可控"发力

综合来看，艾华的第一桶金，是耐超高纹波和耐超强冲击电流的铝电容器技术，以其领先世界水平受到飞利浦、欧司朗、GE等世界级照明客户的肯定，颠覆了照明用铝电容一直由日本企业统领的局面。目前，艾华在全球中高端照明市场占有率达到65%左右。"每个艾华人，不管去到世界上的

哪个城市,只要看到万家灯火,他们都会由衷地自豪,因为有光的地方就有艾华。"艾立华如是说。

艾华的第二桶金,是以缩体、抗雷击、长寿命的铝电容器领先技术,获得两大手机巨头及三星、OPPO、VIVO、小米等客户的青睐,成为全球智能手机快充市场占有率最大的企业。

艾华集团在新材料、新技术方面掌握主动权,形成了"腐蚀箔+化成箔+电解液+铝电解电容器"的完整产业链,增强了公司对上下游产业链条的垂直整合能力。

中国在中高档铝电解电容器产品方面,仍主要依赖进口日本产品。随着2019年一系列"断供"事件刺激,下游主要大客户意识到,供应链断货风险会直接影响企业正常经营,甚至造成生产停摆。

华为以往一直采购日本企业生产的电容器,"断供"事件发生后,他们开始储备"战略备胎"。华为公司专门派人前往艾华集团进行相关辅导,助力艾华制造自己需要的电容器。

目前,艾华已有超过130个规格的电容器产品送样至华为技术,主要用在手机充电头、通信基站电源、服务器等领域。在完成相关的检测、认证等程序后,艾华将会对下游主要大客户批量供货。

而为了实现国产替代和自主可控,艾华集团成立了"基础材料研究院""产品研究院""工业装备研究院""产品应用研究院",这为艾华集团发展持续助力,提升产品性能的同时降低了生产成本。

艾立华想打造基业长青的百年企业,他觉得想基业长青就要学恐龙同时代的蟑螂,恐龙灭亡了,但不断调整自己、适应各种环境的蟑螂却一直活着。做企业,也如是。

方法论

1. 常怀危机,日日忧患

艾华集团董事长艾立华经常向外界阐述他的危机观:"我们是一家时刻心怀危机感的企业,这种危机感伴随我们穿越市场波动,直到成长为今天的艾华集团。"

正是心中常怀危机感，在实际经营中把危机感转化为全员的责任感，艾华集团打通电容器上下游产业链，与供应商、设备商、员工一道结成了牢固的命运共同体。在2020年新冠肺炎疫情袭来的时刻，这一产业链命运共同体发挥出强有力的作用，有效抵御了多方面的冲击。

而每年春节后上班的第三天，艾华集团专门设有一个"忧患日"，同时每季度也设有"忧患日"。他们将所有内外危机都清理一遍，比如关税、原材料涨价、安全消防等，并找到应对解决办法。

显然，始终保有忧患意识，是企业长寿的必备基因。

2. 让"二代"扑打和呛水，方能"会当击水三千里"

改革开放40余年，第一批企业家渐渐步入老年，越来越多的民营企业进入交接班的历史时刻。外界眼中的"二代"们，有着更好的教育背景和国际化视野，甚至截然不同的管理风格。再加上与上一代存在巨大差异的经济环境和产业阶段，因此在交接班过程中，需要克服重重困难是必然现象。

但在艾华这里，似乎难度大为下降。提前设计和谋划，大胆放权让"二代"摸爬滚打，都成为艾华传承的成功因素。艾立华对后代的要求是：先到外面打工两到三年，然后再回到企业后从基层干起。他曾把小女儿放到工厂最差的地方去劳动，女儿体验了一周的辛苦之后，抱着父亲大哭，当着父亲的面做了三条承诺：第一，尽最大努力改善环境；第二，大力改善工厂的设备能力，让工作变得轻松；第三，尽最大能力给工人涨工资。可见，二代顺利接班，除了需要基本的知识和技能之外，还要培养他们正确的价值观，更重要的是对企业的热爱。

所以，请提前放手，提前布局，今天的扑打和呛水，都是为了明天的"自信人生两百年，会当击水三千里"。

3. 远离诱惑，清醒认知

为了努力做好实业，艾立华坚持两个关键词：传统和创新。传统指的是坚守主业，他坚决不做金融，不投房地产。艾华集团对面有一块土地，本来可以用来投资做房地产，但他坚决不要，退给了政府。艾立华觉得，只要沾了房地产，就不会再踏实去做几分钱一个的电容器，两者的价值观是冲突的，人心会变得极为浮躁。"很多人一上市就不认识自己了，就好像无所不能了，什么都可以做了。其实跨一行，你就是小学生。我就是不忘初心，做好主业，我们甚至不做专门的市值管理，就用真正的竞争力说话。"

产业链企业点评

深圳新宙邦科技股份有限公司

艾华公司是全球著名的电容制造商，也是国内第一大电容器企业，新宙邦与艾华集团是战略合作伙伴，长期友好合作，共同为国内电容器事业发展助力。在与艾华集团打交道时，我们对于艾华的企业文化、企业愿景、发展历程、管理理念以及研发投入等，都十分钦佩。艾华集团的隐形冠军特质，体现在公司独特的企业文化以及工匠精神多个方面。

艾华的产品是行业的领导者，独树一帜，领先同行，他们产品系列非常全面，各方面都代表着行业的领先水准。在技术实力、市场营销、管理体系等方面，艾华集团的整体综合实力都非常强大，远远强于同行，其技术实力非常雄厚，研发投入力度很大，营销和管理体系是行业的标杆，这些都倾注了艾华人的心血和汗水。祝愿艾华集团蒸蒸日上，越来越牛。

评委点评

企业长寿并拥有规模，源于敢于进入一个广阔行业的持续攻坚精神。

——中国造隐形冠军评委、北京大学国家发展研究院BiMBA商学院院长 陈春花

在节能照明和手机快充等领域，艾华拥有在全球同行中领先的技术优势和最大市场份额。把产业链做深，也是隐形冠军加固企业"护城河"比较普遍的经验。

——中国造隐形冠军评委、《专注——解读中国隐形冠军企业》作者 邓 地

晨光生物
"吃干榨净"的世界第一

从小县城的"四无"作坊起步，创造多个"不可思议"，乃至世界第一；起初完全不懂的"门外汉"，竟然绕过了"技术壁垒"，反给外国同行制造了"技术壁垒"。而更令人不可思议的是，这一切居然都是通过一个理念换来的。

文：中外管理 辛国奇

在河北省邯郸市曲周县流传着一个故事，县城里的龙头企业——晨光生物科技集团，一位门卫大爷在董事长卢庆国的"鼓动"下，入了公司仅仅38万元总股本的一小部分。后来，晨光生物成功上市，门卫大爷的身家翻了好几百倍——成了当地"史上最牛"门卫。

这的确是真事。尤其当你看到晨光生物门口影壁墙上赫然醒目的"人与企业共发展"几个大字时，更加会相信这是真的。

1990年代末，晨光生物的前身还是一家濒临破产的小型五金厂，对于生物提取堪称"四无"：无资金、无技术、无人才、无市场。而如今的晨光生物早已不再偏安一隅，发展成为世界天然色素行业领军企业、国际重要的植物提取物供应商，成就了辣椒红、辣椒精、叶黄素三个产品的世界第一，让我国自主生产的辣椒红色素在国际市场的占有率由不足2%增加到80%以上——于是2020年大疫之下，依然能够理直气壮地在由《中外管理》发起主办的第三届"中国造隐形冠军"评选中金榜得名。按照卢庆国的设想，未来他们还要打造出更多的世界第一，并且卡位"植物有效成分提取和分离"这一独特领域，进军大健康产业……

这天翻地覆的变化，并无区位优势的晨光生物究竟是如何做到的？是什么让这家公司处处在变化、时时在进步；又是什么让他们拥有澎湃的加速度，成为名副其实的"隐形冠军"？这家公司的成长飞轮，凭借什么力量，转动得如此之快？

起步：会算账的"门外汉"

1991年，卢庆国出任曲周县五金厂厂长。日子过得很紧，把产品卖出去，再去买材料，资金已所剩无几，往往发不出工资。就这么战战兢兢地过了好几年，1997年时，同是县办集体企业的一家色素厂濒临破产，上级主管领导希望卢庆国能够接下这个"烂摊子"。

卢庆国一打听，色素厂的经营一塌糊涂，还不如五金厂的日子好过。另外，自己完全是色素行业的"门外汉"，对于这一行完全不懂。接收，还是回绝，成为摆在卢庆国面前的难题。

在关键的十字路口，先去探探路再做决断，可能是最好的选择。身为外行的卢庆国，就开始从零学起，了解色素行业到底是怎么一回事。他还专程去青岛跑了一趟，了解到辣椒色素其实还是很有市场需求的，不愁订单，利润也还可观。

彼时,全国天然色素企业基本上都是小作坊,工艺设备落后,生产效率低下,辣椒红色素每年的总产量不超过百吨,国内市场其实处于供不应求的状态。但因为产品品质问题,国内企业使用辣椒红色素需要进口,这一市场被印度和西班牙几个巨头垄断。

潜力可谓巨大,卢庆国决定放手一搏。他召集了五金厂的人马,紧锣密鼓地恢复生产。这位学机械制造的中专生当时只是想试一试,但他绝没有想到,自己往后的职业生涯,就此将与色素行业结下不解情缘;他更不会想到,自己可以在这个领域,做到世界第一!

万事开头难。因为没有经验,现在看似"小儿科"的问题,当时感觉都像是天大的难题,卢庆国只能带着大家去一步步摸索。

有一个故事,卢庆国记忆犹新——他经常讲给入职公司的新员工,以至于晨光生物行政管理部主管陈晓伟,也能说得绘声绘色:在提取辣椒红色素的过程中,有一步是使用溶剂并搅拌使色素和辣素分层。刚开始他们试了很多种办法,更换溶剂不行,反复搅拌也不行,连续好几天,大家都没信心了!干到入夜,依然毫无进展,大家带着些许泄气的心情,伴着明亮的月光,在楼外抽烟歇了一会儿。结果等回来一看,嘿!分层了!熬了好几宿都没成功,原来不是工艺有问题,只是需要一些耐心。

这似乎有些不可思议,一群"技术小白",竟然当初就是这样起早贪黑、没日没夜地捣鼓和摸索着,让色素厂恢复了正常生产。这听着很有些像稻盛和夫的创业故事。只不过,卢庆国比稻盛的专业起点要低得多。

传奇往往就是这样的,看起来不可能的事,轮不到你的事儿,但你最后却能把它做成。有志者事竟成这句老话,往往应验在这些"必然中的偶然"和"无厘头的运气"里。

回想起这段经历,卢庆国常用"四无"来概括:无资金、无技术、无人才、无市场。

在一片"荒芜"之下,没有捷径,只有付出更多的努力,去开垦、去耕耘。"天然色素行业是新兴行业,对技术的依赖性很强。虽然刚开始我是个门外汉,但我相信,只要充分利用科技创新这个手段,就能占领行业制高点。"在这个底层思维下,短短几个月,卢庆国硬是让自己从外行变成了内行,色素厂也终于生产出了符合标准的产品。

产品生产出来后，怎么卖又成了问题。为了打开市场，卢庆国只好采取薄利多销的策略，起初他甚至将产品低价卖给了同行。

"我们总比别人卖的低，这样同行也挺高兴，刚生产出来的色素马上就转给他们。"卢庆国自己开着松花江面包车，一桶桶地往同行那里送。因为刚生产出来，这些色素产品甚至还带着温度。

起初，色素厂也只有20多人，为了节约成本，只能一岗多职，比如会计兼着出纳，采购兼着司机。如此这般，即便卖得比别人便宜，也总还有利润可赚。同时，卢庆国定下了"快进快出"的策略，快速滚雪球，让同一笔资金在一年里转了好几圈——这无疑也提升了色素厂的营收。

就这样，靠着最原始的做法，色素厂逐渐打开了市场，树立了口碑。

色素厂恢复生产时，恰恰赶上了1997年亚洲金融危机，也恰逢国企改革。在彼时人才大流动的"机遇"下，色素厂"因祸得福"地从国有企业挖来了几位优秀员工，又幸运地招聘到了几名中专生——这几位后期做到晨光生物副总的关键人才，对于晨光生物的发展起到了至关重要的作用。

经过几年摸索后，2000年，原曲周县五金厂正式改制为股份制公司——曲周县晨光天然色素有限公司（晨光生物前身）注册成立。当时，为了筹集公司股本金，卢庆国费尽了脑筋，一方面找朋友出资，一方面又得说服员工将欠发的工资折合入股。

尽管有了起色，但企业何去何从还是未知数，一开始愿意主动入股的人并不多。最终，面对已筹来的38万元，卢庆国倍感责任重大："我告诉大家，投资这个项目是有风险的，但项目是好的，关键看我们怎么干。他们信任我，才敢出钱，才不怕苦累跟着我干，我不能辜负他们的信任！"

提取辣椒红色素这一行业，有着非常明显的淡季和旺季。往往是秋天收购辣椒，加工提取色素，一直做到第二年的春天，但由于辣椒褪色很快，干半年歇半年成为行业内的常态。旺季时，所有同行都会撸起袖子突击生产，但进入"惨淡"的淡季，不少企业便干脆放假，彻底停产"睡大觉"，等到来年再恢复生产。

卢庆国发现这个情况后，做出了一个足以影响晨光生物命运的决定。他提出，必须在淡季有所作为，在生产工艺上必须每年上一个台阶。

于是，现代版"龟兔赛跑"出现了。当同行休息时，卢庆国却带着大家做各种检修和提升工作。"之前感觉哪个生产环节有些问题，就在设备检修时，顺便去做提升，最终目的是千方百计地提升辣椒红色素的获取率。"卢庆国回忆说。

为此，晨光生物专门制定了《合理化建议奖励制度》，鼓励员工针对生产上存在的问题提出技改建议和方案，以此确保每一条生产线在淡季之后，都有提升。

这种最初很朦胧的技术创新意识，让晨光生物大为获益。当时，国内完全没有成熟的工艺、技术和设备，晨光生物通过一个又一个的淡季，持续创新改进，最终让色素获得率大幅提升，生产消耗相应大幅下降，生产效率也因此成倍提升。"这样，我们的生产成本比别人低，原材料比别人也便宜，利润空间自然就大了。"卢庆国说得顺理成章。

事实上，当时的辣椒红色素产业，根本就没有人去计算提取率——收了多少辣椒，产了多少色素，消耗了多少原料，都是一笔糊涂账，甚至最后是亏了还是盈利了都搞不清楚。而"会算账"的卢庆国，将之量化，并不断提升。

企业家算账，可谓是基本功，没有这个基本功就无法做正确的决策。"算账在企业的经营管理中确实非常重要，没有这些数据，可能连问题都发现不了，就更谈不上解决了。"卢庆国记得，有一年，他突然想道：提取辣椒红色素的溶剂，每次都同废渣一块倒掉，难道没有重复利用的可能吗？

于是，研发人员就反复试验，从废渣里把溶剂提取出来，最终做到了溶剂的有效回收利用。如此，晨光生物生产时的溶剂消耗，也就"腰斩"般地下降了。

每过一年，总有进步。晨光生物的"年度改造"模式，卢庆国将之总结为"苦干加巧干"，这一方法长期被坚持了下来，并延续至今。"别的同行每年就是在进行简单的重复劳动，但晨光却是每年都在不断改进，相当于每年创造一个升级版。"

有一年，经过不断摸索，晨光生物又有了一个里程碑式的创新，那就是在业界首创了"辣椒带柄"加工工艺。起初，所有企业提取辣椒红素，必不可少的一个环节是，人工摘去辣椒的"柄"，并采用罐组式间歇提取的方式，这样效率自然很低下。当时，"辣椒不去柄就不能加工辣椒红"是行业共识，这一制约辣椒加工行业发展的"屏障"，似乎每个人都默认了，没有人想过，到底能不能改变？

卢庆国觉得，凡墙皆是门，他带领团队向这一"不可能"挑战。经过反复研发、试验，终于攻克了"带柄提取"的世界性难题，打破了困扰业界多年的产量瓶颈。自此，晨光生物采用辣椒带柄加工粉造粒技术，使产能有了几何式增长。

机遇并不是仅仅偏爱有准备的人，而更是偏爱有想法而有准备的人。成本低、效率高、产能大、运转速度快，溶剂可回收、技术持续改进，这些都造就了晨光生物强大的市场竞争力和商业护城河。没过几年，管理粗放、缺乏规划、不重视创新的竞争对手相继倒闭关门。

晨光生物的事业开始蒸蒸日上，而卢庆国出身"五金加工"的跨界思维，却始终能带来奇思妙想。2003年时，他想自主研发一条全新的辣椒加工生产线，但没有现成的经验可供借鉴，干脆自己开动脑筋：烘干辣椒环节，可以使用给蔬菜脱水的设备；分离辣椒的籽和皮，农业选种机也许能派上用场；粉碎、造粒，可以借鉴饲料生产设备；磨粉，加工面粉的机器肯定可以。

这还是让人感到有些不可思议，卢庆国想到的这些"设备"，无一属于精细化工行业。但他带领团队，硬是把这些行业内从未出现过的"土家伙"，通过集成创新、技术改造，化腐为奇般变成了一条世界先进的生产线。

试验成功后，卢庆国提议立即上马。如果建成，这将是国内第一条、也将是全球首条连续化、规模化的密闭型辣椒加工、萃取生产线，晨光生物的产能将进一步扩大，生产效率将提高上百倍，行业地位定会显著提升。

但卢庆国万万没想到，这件事，却遭到了很多股东的反对。

关键时刻的决断：一封信扭转乾坤

因为，这条先进的生产线，要投资上千万元，大部分股东觉得公司刚刚有起色，一下投资这么多钱，怕"伤了元气"。

有人说这样负担太重，有人说这样不值得，风险太大。卢庆国开始动之以情、晓之以理，分别去做股东的工作。在他的据理力争下，结果从"不投入"变为了"少投入"——大部分股东不同意上"日投料"50吨的生产线，但同意上"日投料"25吨的。

2000年注册成立时，卢庆国便将公司搞成了规范的"股份制"。所以虽然起初企业规模不大，但公司的大事必须董事会投票通过，方可执行。

于是，两套方案被提交董事会表决。"其实50吨的生产线和25吨的生产线，两个方案的成本就差80万元，但产能却相差一倍。"卢庆国苦口婆心地说。

结果还是让人着急，第一次投票，7个董事里5个反对。卢庆国大为苦恼，因为他已经"算好账"了，扩大的产能正好满足晨光的增量市场，这项投资的投入产出比无疑很划算。

为此，卢庆国带领大家多次开会讨论，但当时有几位董事的魄力似乎仍显不足。口头劝说无效，讲道理也讲不通，"走投无路"的卢庆国最后孤注一掷地花了三天时间，给董事们写了一封真诚到剖心而又果决到铿锵的长信。

现在CEO写信颇为风行，但在当时还属少见。多年后，卢庆国还保留着这封破釜沉舟而扭转乾坤的信。《中外管理》看到，上面写着："三年过去了，今天的晨光生物和三年前相比，已不可同日而语。我记得1999年年初投产，年产4吨色素……估计2003年产量可超过60吨。预计到2003年6月底，总利润可超过500万元，这些数字，局外人根本不可能相信，就连我们自己也心存疑惑，这是否是真的？但这的确是事实，是实实在在的数字。"

卢庆国苦恼于自己和决策班子已经想明白了，这是一项稳赚不赔的投资，但董事们为何还是不信任？他接着写道："……仍不能得到各位董事的信任，这使我百思不得其解。我认为正常情况，不要轻易对决策班子的意见进行否决，因为决策班子在一线工作，掌握大量其他人无法全部知道的种种千丝万缕的信息，可以让其讲清每一个事情的详细依据，拿不出依据的当然不行，但拿出了依据就是不信，这活儿怎么干？"

"当时我怎么也想不明白，总投资上千万元，怎么就差那80万元，一定要选择小一半规模的呢，况且还准备下一步再扩产的。"卢庆国至今回忆这段往事，依然情绪激动。

事实上，卢庆国是在和小富即安、偏安一隅的习惯思维作斗争。甘心继续在一个小县城里做一家四平八稳的小企业，还是成为一家海内外知名的伟大企业？当时的部分董事和卢庆国显然不在同一个"频道"上。

彼时，依据现有的基础和平台，卢庆国已然对公司下一步的发展踌躇满志、雄心勃勃。在他的设想下，晨光在辣椒红方面的全新萃取工艺，完全可以冲击全国第一、世界一流。只要日投料50吨的生产线上马顺利，晨光生物的总加工能力可大幅提升，总营收将达到1至2个亿。

卢庆国的信中，勾画了他的设想："让晨光生物成为国际上有名的天然色素公司。同时再开发其他品种的天然色素及天然产品。如甘蓝红、天然香

卢庆国坚信凡墙皆是门。其出身"五金加工"的跨界思维，始终能为"发展"带来奇思妙想

料、芝麻油脂等。利用5年的时间，建成综合性天然植物提取大公司，为上市做准备……如果将以上设想只是看作痴心妄想，看作天方夜谭，那么努力和心血将变得分文不值。"

事实证明，卢庆国的设想并非"妄想"，后来全部都提前实现了。但当时，可能是因为发展得太快，原有的董事们有些"不敢相信"，反而心里没底。

在信的结尾，卢庆国措辞强烈："作为董事长，作为最大的出资者，作为经营者，我感到无力说服大家按我的思路去发展，我觉得太累，太累！"甚至，他提出，如果意见不合，实在不行就分开，决策团队将另起炉灶上马新的生产线。

卢庆国写信"强硬"要求董事们跟上公司发展步伐的经历，同稻盛和夫在管理京瓷时的一个故事，颇为相似。

当年，京瓷在稻盛和夫的带领之下，刚刚有了起色，但谁知，有10余名员工突然来到了稻盛和夫的面前，联名写下了血书，要求稻盛和夫改善待遇："进厂时，原以为是一家不错的公司，谁知道是个刚刚成立的、弱不禁风的小企业。必须给出保证，不然我们集体辞职。"

员工如此逼迫稻盛和夫，可能一般的管理者，会当面打打太极，适当给予安抚。但稻盛和夫并没有这么做。他把员工带到自己的家里，让他们看看自己的生活环境也很窘迫。但个别员工还是铁了心不予通融，最后被逼到绝境的稻盛和夫随即拿了一把刀子往桌上一拍说："我要用我的生命做赌注，为了大家过上好日子我会维护好这个公司。如果我是为了自己的私心杂念而经营公司，你们可以砍死我！"凭借提刀誓言，稻盛才过了这一关，才有了后来的传奇事业，以及慈眉善目的标志微笑。

公司如人生，看似道路很长，但关键的只有那几步。领导者非常时刻的决断力和预判力，往往决定了得失成败。

而做正确的事情并不难，难的是在一片质疑、反对声中坚定地做正确的事情。快20年过去，当《中外管理》记者逐字逐句阅读这封影响着晨光生物命运的信时，仍能感受到一位隐冠企业当家人的洞察力和领导力，及其包裹下的火热之心。如果不是卢庆国心中的宏大目标及"算准"后的力推与坚守，如果不是这封信最终推动了这一重大决策，如果晨光生物选择了"小打小闹"的25吨生产线，或许，就没有现如今的"世界第一"了。

凡事往远看：一份诚信赢得市场

2002年，当时的河北省化工厅组织企业到巴黎参加欧洲食品配料展。这是卢庆国第一次踏进国际市场，为了节省资金，晨光生物只花费5000元租赁了1/8个展位。虽然一句英语不会说，卢庆国靠着比划，用真诚和极高的产品性价比打动了斯洛伐克的一位客商，当场签下了一笔3500美元的辣椒红色素出口订单。

虽然当时晨光生物还是曲周县城的一个小企业，但他们提前布局，早就办好了出口许可证，只要有订单，立即可以让产品出口。

卢庆国如今回想说：这个订单的钱虽不是太多，但意义重大，它坚定了晨光生物"走出去"的信心。

此后，晨光良好的企业信誉、过硬的产品质量、周到的营销服务引来众多海外客商，到2019年，其出口创汇已达上亿美元。如今，晨光生物的产品远销欧洲、美洲、澳洲及俄、日、韩、东南亚部分国家和地区，成为顶益集团、味好美、埃特亚、自然之宝等国际著名厂商的重要伙伴。

而"用诚信经营赢得市场"，正是卢庆国的一个核心经营理念，晨光生物也因此受益匪浅。

2003年，在偶然得知西班牙的一家大公司——埃特亚公司需要中国辣椒后，晨光生物与对方谈好了辣椒的数量和价位，并专程赶到山西收购。

当晨光生物按照约定把50吨辣椒准备好后，对方却并未如期而至。由于天气变热，部分辣椒褪色变成花皮辣椒。姗姗来迟的埃特亚公司采购人员看了之后，面露难色。卢庆国没有过多解释，他对这位采购人员说："你代表公司利益来采购，肯定希望买到最好的原料，这样才能更好地交差。如果你觉得辣椒品质不好，或者性价比不够，可以不要，免得无法交差。"

埃特亚公司的采购人员立马神色放松了。为此，晨光生物付出了10万元的代价，但诚恳的态度深深赢得了对方的好感。没过多久，埃特亚订购了晨光生物10吨辣椒红色素，这几乎相当于他们当时全年的产量。显然，这个超级大客户，不是用10万元"买"来的，而是被卢庆国的诚信感染而来的。

"企业能做多大的事，信誉就值多少钱！"卢庆国这样认为。晨光生物刚起步时，中国的辣椒油树脂主要从印度进口，国内生产辣椒油树脂的企业只有晨光生物一家。他们的产品既卖给终端客户，也卖给同行，但同行却把他们的产品稀释，从而售价比晨光生物还要低。晨光生物不为利益所动，依然坚持按标准含量销售。几年后，晨光生物的市场份额大幅提升。

还有一件事，让卢庆国经常感慨诚信带来的价值。2008年金融危机时，辣椒大获丰收，价格暴跌，同行企业都想"玩命"般大量收购，但苦于资金严重不足。此时，晨光生物还没有上市，也出现了资金短缺的问题。原料这么便宜，此时如果不出手购买就太可惜了，卢庆国就找到供应商商量，看可否赊账购买一部分原料。没想到，由于晨光生物的诚信口碑，供应商爽快答应了。最终，当年规模还不算大的晨光生物，赊欠1.4亿元购置了大量低成本原料。

也有同行想如法炮制，但因为有的企业连欠款都还没结清，自然只能眼巴巴地看着晨光生物在这场"收购战"中，大获全胜。第二年，晨光生物返还供应商欠款时还加付了部分利息，让供应商非常感动。后来几年，辣椒原料价格持续上涨，晨光生物凭借诚信打了一场漂亮仗。

2020年，在《中外管理》承办的第二届黄山发展大会——黄山"专精特新"民营经济发展恳谈会上，卢庆国作为"中国造隐形冠军"代表，又讲述了一个晨光生物的诚信故事：已是植物提取行业领军企业的晨光生物，为了稳定市场，提前预售了上亿克叶黄素产品，为客户锁定价格。2020年，叶黄素预售价格为0.79元/克，但受天气影响，原料大幅减产，导致产品市场价格暴涨至3元/克。如果晨光生物还是按照预售价售卖，自然会少赚上亿元。市场风云变幻，巨大的诱惑摆在面前，所有同行都在质疑，晨光生物肯定无法按照预售价格兑现——即便涨价了，这也无可非议，毕竟市场行情水涨船高。但令人没有想到的是，晨光生物依然坚守诚信，说到做到，还是按照原价为客户提供产品。

以清末陕西女首富周莹为原型的电视剧《那年花开月正圆》，反映出了中国商人的三硬："人硬、货硬、脾气硬"。重义又硬气，在晨光生物这里充分体现——这也是隐冠企业的共有特质之一。毕竟，凡事考虑长远，而非追求短期利益，才有稳健经营的根基。

吃干榨净：一个理念占据制高点

晨光生物做的是植物有效成分提取和分离的事业，但分离出去的物质，难道就没有价值了吗，只能成为工业废料吗？任何物质都是一种资源，浪费可惜，应该让它发挥最大价值，节约资源后，本身就有效益。在这样的理念下，卢庆国在植物提取行业率先提出实现植物原料"吃干榨净"的理念。

2006年，"处处留意商机"的卢庆国在新疆考察时发现，戈壁滩上随处可以看到废弃的制作番茄酱的下脚料——番茄皮籽，当地牧民用它来喂羊。卢庆国突发奇想：能不能利用皮籽提取番茄红素。新疆是世界三大番茄生产基地之一，每年种植近百万亩。如果可行，这无疑将带来巨大利润。

在有些人看来，这无疑又是一个天方夜谭。以色列有一家生产番茄红素的国际巨头，他们也只是从番茄果肉里提取，从未想过番茄皮还有什么利用价值。但卢庆国觉得，没有什么不可能，只是没有找对方向。

经过化验，番茄皮里的番茄红素含量也不低！但番茄干燥后，颜色很快褪去，需要有一种不同以往的工艺，把其中的色素提取出来。晨光生物的技术团队反复探索和尝试，在工艺、技术、装备上不断改进，从2007年开始立项研究，直到2015年，晨光生物终于实现了从番茄皮籽里提取番茄红素的大规模产业化生产！而凭借皮渣番茄红素工业化高效制备这一关键技术，晨光生物就此真正实现了我们如今常说但通常只是"畅想"的"换道超车"。

如今，晨光生物的番茄红素产销量已位居世界第二，更重要的是，产品已然实现了零成本！

晨光生物利用番茄皮渣提取番茄红素的技术，在中国、美国都拥有专利，前文提及的以色列巨头，专程来到晨光生物参观，看到之后大为吃惊。"技术壁垒"，终于留给了对方。

在"吃干榨净"方面，卢庆国带领团队打破"辣椒红和辣椒精不能同步提取"这一禁锢的故事，更有意思。

早在当年生产辣椒红色素时，卢庆国就一直在琢磨："辣椒已经被利用了400多年，吃的就是辣味儿，可在提取辣椒红时辣味素被白白扔掉了。能不能把辣椒红色素和辣味素两种产品同时提取？"

受限于当时的技术水平和工艺设备，这也成为"不可能"的事情。

卢庆国提议，尝试开发一种混合的溶剂，可同时提取这两种物质，并且能保证安全可靠。主管研发的副总连运河就去广泛筛选，"排查式"地做实验，后来就配比出一种溶剂，既能将辣椒的色素提取得较彻底，也能把辣味分离出来。但缺点是，非常昂贵，溶剂消耗量很高，导致实际生产中"用不起"——技术上可行，而商业上不行，是很多高新技术最终被遗忘的核心。

可不可行，是干出来的。接下来，晨光研发团队的着力点放在了如何降低溶剂消耗量上。又经过一段时间的摸索，终于有了成效。但同时，又出现了大问题，连运河查阅资料发现，这种溶剂在使用过程中会产生过氧化物，积累到一定程度可能会引起爆炸。

研发团队成员们觉得这是一个"一票否决"的问题。但卢庆国觉得，已经走到这一步，遇见障碍不能轻言放弃，再高的大山横在眼前，也得把它看成"坎儿"一样，迈过去！

卢庆国给大家罗列了全国在此领域擅长的权威科研机构，让他们分头去"登门拜师"，寻找解决方案。

功夫不负有心人，研发团队最后在北京一家高等学府那里受到思路启发，最终还是找到了解决方案。

晨光生物苦苦研发出的"同步提取"工艺，进入产业化生产后，辣椒红色素可比原来多提取4%~5%，辣椒精提取率也由原来的35%提高到95%以上，成本下降了近一半。如今，晨光生物从辣椒中同时提取的辣椒红色素和辣椒精两种产品，其产量都已达到世界第一。

"如果当时一说不行就放弃，那就没有后面的成果了。"卢庆国在给《中外管理》讲述这段经历时，说了一句极富哲理的话，"这其实是一个思维方式的问题，很多时候，做企业就是在不确定、没有路的时候找到路，如果轻易地说这样不行，那样不行，那你什么也干不了。"

事实上，在管理学上有这样的观念：在谁都没主意的情况下，主意本身就最有价值。谁都不知道往哪儿走、谁都看不清楚的时候，先走开再说。在关键时刻，企业掌门人一定是在信息不完整、不明确的时候决策，先拍板了再说。拍板就有方向，有方向就能凝聚力量，有力量就可能干成！

将辣椒红色素提取和分离的核心技术运用到整个天然植物提取行业，并将原料中有效成分一并提取，卢庆国把"吃干榨净"、综合利用的理念贯穿到每一类产品的开发上，通过副产品的价值抵扣，都增加了产品的利润率。

比如，晨光生物用国外企业几乎不用的葡萄籽（生产葡萄酒的下脚料）为原料，提取多酚、葡萄籽油，在国内做到了产能最大；在甜菊糖苷生产废水中，他们发现了极具开发价值的黄酮和绿原酸；晨光生物还把棉籽做成短绒棉、棉籽壳、棉蛋白、棉籽油等产品，开发出棉籽低聚糖、棉酚等附加值极高的产品；甚至，所有原料在提取完有效成分后，废渣可以做成饲料或有机肥，完全"物尽其用"。让废料二次变原料，仅凭这一个观念，就让晨光生物站在了行业的制高点。

"通过不断查出原料、废料的成分，从一个工艺做一个产品，变为一个工艺做多个产品，只要再出来一个产品就都是利润。这么做，对社会是有意义的，对于企业来说，更是实实在在的经济效益。"卢庆国如是说。

上市经验：小树苗长直才能成参天大树

在卢庆国给董事们写的那封信中，他给大家阐述了未来的目标之一，便是要上市。只是当时，有人将其视为"天方夜谭"。

卢庆国告诉《中外管理》，从公司起步伊始，他就给大家鼓劲说："我们也可以做一个上市公司。"诸位同事都以为卢庆国是随口说说，也都没有太在意。但卢庆国却严格按照上市公司的规范，在管理着公司。

从那时起，晨光生物就一边如实申报利润，一边按政策申请减免税，严格遵章守制、规范管理。

卢庆国印象很深刻，2001年1月20日，仅有20多人的晨光生物，就通过了ISO9000认证，以至于当时的评审人员说：你们可能是制造业里搞ISO9000认证人数最少的企业。

2002年时，卢庆国就要求会计花1万元购买用友的"财务通"软件，当时就让财务管理及仓储、销售实现了计算机软件管理。有人说你才几百万的流水，用得着这么"高级"的软件吗？但卢庆国很笃定，他觉得，就像小树苗一样，成长初期就得让企业长直长规范了，否则后面越来越难改。一家企业从创业初期就必须规规矩矩的，否则永远长不成参天大树。"我最后发现，这些事情做得越早成本越低。"

当时有股东看到晨光生物交税多，开始"质问"卢庆国：公司怎么交那么多的税？卢庆国回答他：必须按规范交，但按照政策可以优惠减免的，我们一定也会争取。

那时，不少企业为了偷税漏税，费尽心机地做上两本账，公司的短期利润看似增多了，但价值观却发生扭曲，整个企业的成长根基就动摇了。

2008年前后，晨光生物保持着每年50%的增长速度，卢庆国觉得上市时机差不多了，于是找到券商咨询。当时创业板还没有开通，只能冲击主板。券商反馈晨光生物的营收和净利，距离主板可能还有一些距离，但发展势头非常好，同时手里握有多个自己的核心技术，又有科技进步奖和多项专利，他们建议晨光生物可以再等几年，找合适的时机。

没想到，2009年，创业板开通了，晨光生物完全符合冲击创业板的条件。

很多企业在上市前要补交大量的税款，但晨光生物没有这个"纠结"，少了这一个重要的环节，自然流程就会加快。用卢庆国的话说就是："整个上市过程一路绿灯"。

彼时，一位国内知名的会计事务所审计师来晨光生物做上市前的现场审计工作，惊讶地说：想不到在一个县城里有这么规范的企业。

"公司从一开始就守法经营、规矩做事，后续就没有任何隐患。急功近利者，反而最慢。"卢庆国感慨说。

2010年成功上市后，恰逢原料低点，现金流充沛的晨光生物大量吃进，又跨越了一大步。有时，企业成长就是一环扣一环。

走出去策略：先形成生态关系，再深入扎进去

2005年，卢庆国第一次去新疆旅游，发现新疆辣椒不但产量高，品质也非常好，辣椒红色素的含量也比较高。但如果把新疆的原料运回河北生产，仅物流费就很高昂。

算来算去，卢庆国决定在新疆建厂，这是晨光生物走出河北的第一步。2006年，晨光生物在新疆巴州建立的第一家子公司开业，极大地带动了当地的辣椒种植。随后，同行们纷纷效仿，都在新疆建厂，但距离领跑的晨光生物越来越远。

到了2008年，晨光生物拿下辣椒红色素世界第一的"宝座"。此时，卢庆国有了一个宏大的构想，他要在全球配置优势资源，"把原料基地建在世界有资源优势的地方，把最优质的产品出口到世界各地。"

出口市场已经开拓得不错，如何在海外布局子公司，成为晨光生物的下一目标。

2010年成功上市后，晨光生物实现了从单一产品提取向植物提取系列产品的转型，卢庆国开始落地自己的想法，"世界第一"准备顶破横在自己头上的天花板。

民营企业与国有企业出海大为不同，起步初期尤为艰难。为了选择合适的建厂地点，行政管理部主管陈晓伟和花书杰绕着印度的中南部地区考察了一大圈，最后发现一位给晨光生物提供原料的供应商，正好有一块地理位置不错的闲置土地。

于是，晨光生物抓紧在印度注册公司。但没想到，注册下来就花了大半年时间。而工厂建围墙时，也发生了让人啼笑皆非的事情。"印度人分工很细，建一个围墙，把砖运到厂子里面，就需要三个人，一个人往盆里垒砖，一个人把盆顶在头上走过去，然后另一个人负责把砖取下来。我们说不能一个人一次搬过去吗？不行，他们就必须这样分工。"陈晓伟哭笑不得地向《中外管理》描述。

2012年，晨光生物在印度建立的海外第一家子公司开始投产，利用当地高辣度的优质辣椒生产辣椒油树脂。但印度人的种姓制度和铁定喝下午茶的习惯，一度让晨光生物的中国籍员工难以适从。"但我们想起卢总所提的'人与企业共发展'理念，到了当地，必须互相融合，互相改变，让当地人感受到更好的发展前景，这样才能真正落地生根。"陈晓伟说，慢慢地，他们尊重了印度当地的特殊文化和风俗，印度员工也改变了不少，现在印度晨光公司的主要管理人员已经由本地人担任。

先形成一个生态关系，然后再深入地扎进去，将"人与企业共发展"理念带到海外，从而利用当地的资源优势和区位优势，成为晨光生物海外建厂的独特经验。

天然色素这个行业，成本是竞争焦点。它起源于美国，后来因为人工成本问题，转移到欧洲，继而转移到印度、中国。随着中国人力成本的提升，晨光生物也在布局未来，除了目前在印度建立的两个工厂，他们也在非洲的赞比亚建立了原料种植基地和工厂，作为战略"备胎"。

同时，晨光生物还将触角伸到了美国。美国有一定的原料优势，就地生产可以就地销售，而且如福耀玻璃董事长曹德旺所说，水电、天然气等都不贵，只是人力昂贵。为了扬长避短，晨光生物准备在美国工厂里打造自动化程度最高的生产线。"加工制造业要在美国立足，必须采用黑灯车间。"卢庆国说。

如何激励远离家乡的海外团队，也是卢庆国长期思考的问题。海外工作的员工肯定思乡心切，如果再让他们拿固定收入，待不了几年就跑回来了。为此，卢庆国提出，海外团队创造出的利润，其中的30%全部留给团队成员，并且至少保持五年不改变。

这下，海外员工的斗志被完全激发了。"员工们真把公司的事，就当成自己的事。因为前几年有些种植的基础工作，不少员工看到马上就要收获盈利了，就准备在海外多干几年。"卢庆国说。

显然，这又是一个"晨光经验"，又是"人与企业共发展"理念的一个落地体现。

2009年前后，晨光生物制定了"三步走"发展战略：第一步，辣椒红色素产销量做到世界第一，公司实现上市；第二步，做成十个左右世界第一或前列的产品，建设世界天然提取物产业基地；第三步，做大做强保健品、中药提取等大健康产业，为人类健康做贡献。

目前，第一个目标晨光生物已经达成。而从"3个世界第一"变为"10个世界第一"，卢庆国觉得，完全可以复制之前的经验，这只是时间的问题。

至于第三步，则是继续发挥"提取与分离"的技术优势，在做大做强植物提取物产业的基础上，向保健品、中药提取等大健康产业进军，从只做原料开始向做终端产品延伸——这是一个全新的领域，对晨光生物来说，可谓机遇和挑战并存。然而，对于一个创造过多个"不可思议"的公司来说，他们不会轻言"不可能"或"不行"。

方法论

1.隐冠之路，唯有勤奋

知名作家路遥曾说："只有初恋般的热情和宗教般的意志，人才有可能成就某种事业。"晨光生物董事长卢庆国，是公认的工作狂，每天骑自行车上下班，十几年如一日朝七晚八、不周休、不过节，一年工作4000多个小时。就算是过春节，卢庆国都要到国外的子公司和海外员工们在一起，并顺便考察国外的各类产品，番茄红素、葡萄籽提取物就是他有心发现的产品。正是这种对事业孜孜不倦的追求，他方能引领一家濒临破产的小型色素厂，成就了多个传奇。

卢庆国说：中国的隐形冠军企业，可以说没有活得很潇洒的，不是"没事儿就爬山"的行业。做制造业的艰辛，外人是体会不到的。

当同行们每年淡季休息时，却是晨光生物最忙的时候，多少个技术革新，就是此时诞生的。正是这样持续的创新"小步快跑"，才使晨光生物"一年几大步，几年一层楼"，成为了世界天然植物提取行业的翘楚。而在《中外管理》采访中，因为晨光生物每周五下午有雷打不动的中高层管理培训会，采访被迫中断。可见，卢庆国以身作则的勤奋带动了整个晨光生物，继而让这家企业持续保持着奋斗的文化。

2.持续创新：不简单重复别人做的事

创新产生核心竞争力，晨光生物的发展历程，体现出科技创新对企业竞争力提升的重要意义。21世纪初，天然色素提取产业在中国还非常落后，在这种状况下，晨光生物不是简单重复别人做的事，而是在工艺、技术、装备上不断创新，他们每年用于研发的投入占到总收入的5%。晨光生物从只有辣椒红色素一种单品发展到80多种产品，从只在原料中提取一种成分到多种有效成分一并提取，背后正是200多项国家专利技术和两项国家科技进步二等奖在"加持"。具体到创新方法上，晨光生物也探索出实验室经济模式，变小试、中试、大生产"三步走"为小试、小中试、大中试、批量生产、大规模生产"五步走"，可谓"精准研发"。

而有的中小企业不思进取，始终制造低附加值的产品，当这个产品兴旺的时候，企业就兴盛，当产品衰亡的时候，企业就灭亡，甚至只能打价格战恶性竞争，如此，造成中国的企业普遍寿命很短，树立百年基业只能是一种奢望。另外，还造成同类的企业竞争，重复建设，甚至是恶性竞争。

3. 善用每一次"危机"

1997年亚洲金融危机，2008年世界金融危机，2020年新冠肺炎疫情，每次危机过后，晨光生物反而在逆境中愈发强壮，并能在其中寻找到机会，补充人才，弯道超车。仅从人才上看，1997年，晨光生物借机招到了数位后来立下汗马功劳的中专生，2008年，他们招聘到了数十名硕士研究生。而2020年，晨光生物更是提前布局、积极谋划，一次性招聘了硕士、本科学历员工上百名，为科技创新储备了大量人才。同时，他们启动了28个技改或新建项目，继续提升竞争力，抢占行业制高点。

产业链企业点评

凯斯克（上海）贸易有限公司

作为快消品行业的供应商，企业最看重的是食品安全、产品性价比和供货稳定性，晨光生物除了满足上述条件外，还具备如下特质：诚信、高效、对市场了解深刻、对公司定位清晰，具备创新意识，不断为企业注入长期活力。

晨光生物是Kalsec凯斯克每年供应商评级的最优供货商，他们为中国食品添加剂行业树立了榜样，参与了众多产品标准的制定，在遇到客户特殊需求和应对外贸环境变化时，能主动为客户着想，是不可多得的合作伙伴。

在和晨光生物合作的十年中，Kalsec与晨光生物共同应对过很多危机。2012年，由于辣椒红出口税号变更，导致国内众多企业在很长时间内无法出口，有一些企业顶不住压力选择变更合同价格。晨光生物作为行业龙头，一方面积极为相关企业申诉，另一方面积极与Kalsec沟通，已经做好自己承担损失的准备以确保我们没有库存压力。税号变更的问题最终圆满解决，Kalsec与晨光生物的信任也得以加深。2018年，特朗普政府向中国出口美国辣椒红开始征收惩罚性关税。晨光生物也同Kalsec积极合作，发挥创造力寻找出路。

令人印象深刻的例子不胜枚举，但回想过往，最使人动容的实际上是晨光十年如一日的"客户至上"宗旨。所有客户需求的满足、困难的应对归根结底都是对这条宗旨的完美实践。

晨光生物的隐形冠军特质，体现在对市场的把握、对产品的执着和对信念的坚持上。实际上，晨光生物是整个行业公认的王者。

晨光生物重视研发方面的投入，以不断加深对产品的理解，这些知识与经验在提高产品品质和优化产品成本方面都至关重要。其对技术的投入在行业内有目共睹，检测设备、人才队伍、与顶级实验室的合作，恰恰是这些表面上看来不能直接创造价值的投入，使晨光生物的产品区别于其他供应商。生产方面，晨光生物的提取能力大，质量稳定。市场营销方面，晨光生物在精准把握市场信息的同时，能够控制营销成本，最大程度地让利客户。管理体系方面，反应迅速，相当高效。

评委点评

晨光生物的独到之处，是在自身"四无"背景下，却敢于坚定地通过"技术攻坚"来探索企业的生存道路，甚至在一个产品技术就耐心用10年去攻克。这在20世纪末到21世纪初的中国，是不主流，更是很难做到的——但晨光做到了，做成了。中国企业需要更多地敢于在"笨功夫"上执着钻研。此外，晨光能够做成的另一法宝，就是对于"诚信"的笃定坚守。对一硬一软的坚持不懈，成就了这家世界第一的高精尖企业。

—— 中国造隐形冠军评委、中外管理传媒社长、总编 杨 光

123456789

富美服饰
乐在其中的帽子生意经

这家企业在别人"看不上"的帽饰行业极致生根,并钻研出一套独特的"玩法"。为何他们对于"做大"并无冲动,而喜欢"按自己的节奏自由生长"?他们为什么始终坚定地认为:利润不是目标,而是服务好客户的自然结果?

文:中外管理 史亚娟

人生最大的幸运，莫过于把兴趣爱好经营成一项事业。

在由《中外管理》发起主办的首届"中国造隐形冠军"评选上摘得桂冠的南通富美服饰公司（以下简称"富美"），其董事长孙建华，就是这样一位幸运儿。

创业二十余载，他默默深耕着自己戏称"头等大事"的小众行业：帽子，从20平方米、四五个人的"作坊"起家，带领团队一步步做成全国品类最全、最具文化与艺术内核，集设计、研发、生产、销售于一体的全能型帽饰企业。

帽子行业，怎么看也不是一个可以产生巨无霸的地方。而孙建华对于"做大"也并无冲动。他喜欢"按自己的节奏自由生长"，坚信"任何行业都可以做好并极致生根"。

而对于"永争一流"，孙建华又有着一股难以克制的执念——坚持差异化，用艺术和美，为冰冷的工业制造注入灵魂，做出一些真正能够触动内心的东西，成为帽子行业人人称羡的翘楚。

"我不希望在帽子界，第一的事情让别人先完成……理想是做全球帽子品牌的整合者，'为未来收藏今天'，给所有爱帽子的人一个因爱而结缘的地方。"孙建华的情怀别人不一定懂，做一些不同寻常的事，给世界一个惊喜，与有缘人分享快乐——这就是他的价值观。

坚持差异化：用艺术和美为工业制造注入灵魂

1996年，孙建华创建富美，从外贸做起，给阿玛尼、G-star等大品牌做贴牌生产。

随后，孙建华发现，做代工、OEM，永远无法发挥自己的核心竞争力。于是，从1998年开始，富美选择从布帽打样间做起，坚持自己设计，并把积累的经验逐渐应用到工厂中。2004年，富美终于有了自己的设计师团队，并迅速扩充针织帽、草帽、呢毡帽、运动帽等全品类生产线。4年后，富美的自有品牌——帽仕汇HATTERS' HUB，在上海成立。

"据我所知，帽子行业是没有排名的，如果硬要排出个名次来，那就是按照营业额，但是很多企业的营业额是保密的……坦白讲，论市场规模，富美并不是业内最大的，之所以被有些同行列为标杆，或许因为我们把文化艺术和帽子结合得比较好。"孙建华这样告诉《中外管理》。

孙建华坦言：我本身喜欢文化、艺术，也常去博物馆和艺术馆看展览……文化要的就是一种震撼人心的力量，有些艺术品你不需要懂，看了之后能够震撼心灵就可以了。慢慢地，对于艺术和文化，你就有了发言权，也会不自觉地把这种艺术感觉应用到企业管理中去，为"冰冷制造"注入一些人性温度。

在此理念之下，酷爱艺术，又"玩性不减"的孙建华开启了自己的"帽子收藏之旅"。

孙建华在全国各地到处飞，每到一个地方就停下来玩儿两天。有一次，在天津某市场，他发现了一顶民国时期的帽子，就兴奋地到处问：有没有老帽子，有没有老帽子？

除了发现宝贝的兴奋之情，让孙建华心驰神往的，不仅是那一顶顶造型独特、工艺精美的帽子，还有帽子背后隐藏的历史故事，以及传递出来的生活态度。

不仅限于国内，孙建华还隔三岔五地往国外跑，法国、日本、意大利……淘回来的藏品也越来越多。而且出手越来越阔绰，少则几千块，多则几十万、上百万。

为了更好地存放这些"宝贝"，孙建华顺势打造了一个专属于帽子的博物馆——"中国国际帽饰艺术中心"。不知不觉间，他为这座国内品类最齐全的博物馆，已经投入了三四千万元。

走入孙建华的博物馆，古今中外的帽子，在绚丽灯光的照耀下显得格外耀眼——从久远的辽代高翅铜鎏金女冠到清代的银点翠七凤冠，再到现当代设计名家的经典之作；从巴拿马草帽到印第安鹰羽帽，再到中国各民族的帽饰；从各类帽架、帽盒到顶戴花翎、眉勒，再到各色荷包、暖耳、云肩……350平方米的艺术大厅里，来自世界各地、仅占他十分之一收藏的近400件精品帽饰汇聚一堂，潜移默化地传递着这家制造业企业的文化软实力。

"我们不仅收藏老的帽子，也是在为未来收藏今天。"孙建华说，"为未来收藏今天"这句话，出自一位收藏界老艺人，他听了之后赞同不已。他觉得富美今天做的很多事情，在50年、100年之后依然是有价值的，而富美就是在做世界帽子历史上从未有过的创举。

"我们还将整合全国非物质文化遗产继承者和国家级民间工艺大师，

用他们的传统技艺演绎帽饰，并做全球巡展。此举将成为全国甚至全球首创！"孙建华满怀激情地告诉《中外管理》。

结合博物馆，富美还主导了中国国际帽子设计大赛，以及中国帽子节。这也是富美差异化竞争的体现，孙建华希望借此机会，传播帽饰文化，整合全球资源。

"第一次比赛是2008年在江苏省内举办的，2012年又办了一次……好的服装设计师其实不难找，稀缺的是帽子设计师，所以，我们想通过帽子设计大赛发掘一些潜力选手；而帽子节，可以让更多的人知道帽子的重要性，提升富美在整个服饰品行业中的地位。"孙建华道出了深耕帽子文化的用意，这一切，都是为了提升公司的行业影响力。

事实上，目前国外市场已占到富美业务的3/4。相比国内，国外更看重产品背后的文化内涵，博物馆对未来公司国际地位的建立，也会产生重要影响。

风险管控：鸡蛋放不同篮子的"艺术"

"我刚开始创业时，只有一位英国客户，还是我做学徒时师傅让给我的。这位客户是我事业上的领路人。"孙建华向《中外管理》回忆道。

"当第一个客户开始合作时，我们就拼命发展第二、第三、第四位客户了。"但创业初期，富美在帽子行业确实没有什么地位可言，对于外资品牌，富美只有仰视的份儿。

但孙建华的一招，让公司开始有了起色。

孙建华觉得，高档店铺吸引高大上的客户，普通店铺吸引一般的客户，像富美初期的这种"小摊位"，吸引的往往是追求个性化的小客户。所以，富美尽量在产品上做到差异化，以另辟蹊径。"那时的客户大多都有自己的设计，但我们依然坚持把自己设计的作品打样后推荐给他们。我当时的想法很简单，就是要做和别人不一样的设计，给客户新鲜感。"

在这个策略下，开始有一小部分客户出于"喜欢"，纷纷向富美投来了橄榄枝。

随后，孙建华又带着团队先后到美国、日本参加展会，积累了一批数量可观的客户资源。

截至目前，富美的业务还是以出口为主。鉴于孙建华本人较强的风险意识，其早在10年前就设计了一个相对均衡的出口市场分布：日韩、欧洲、北美各占1/3——此举无疑具有前瞻性，也为富美出口业务长期稳健的发展埋下了伏笔。

尽管远销日韩、欧美等国际市场，但孙建华并没有放弃对国内帽子市场的开拓。从2015年开始，他不断给公司高层灌输："富美要大力开发国内市场，争取国内市场份额占到总营收的1/4左右。"孙建华坚信，通过5~10年的持续打造，国内市场将大有可为。

令孙建华本人也没有预料到的是，均衡合理的国内外市场布局，让富美在随后的"中美贸易战"中显露了优势。

"'中美贸易战'刚打起来时，我把其对企业经营带来的影响，设想得很悲观，比如营业额会不会大幅下滑，资金链会不会受到影响？但实际情况远比我想的要好得多。特别是2020年，在新冠肺炎疫情影响下，如果没有国内市场的强力支撑，富美总体业务肯定会受到很大的冲击。"孙建华不无庆幸地说道，"这说明经过近几年的调整之后，国内帽饰市场开始升温，尤其在经济内循环和消费升级的大背景下，国内市场的发展前景不可限量。"

富美服饰CEO李芳告诉《中外管理》：海内外市场布局的重新调整，正是富美成立以来一次重要的历史转折点，其效果，也是显著的。

李芳分析说：从1996年公司成立到2020年疫情之前，富美整体发展一直都很稳健，平均每年都有15%的增长。虽然近两年没有达到15%的增长预期，但刨去外部经济环境的影响，实际上依然做到了整体可持续增长。"这足见富美当时北美、欧洲、日韩市场均分的战略，以及果断调整'重仓'国内市场等决策的正确性和前瞻性。"李芳说。

隐形冠军的特质之一，就是不盲目追求利益最大化，不把所有鸡蛋都放在一个篮子里，从而把风险降低到最小，相当于把企业置于双重保险箱之中。同时，面对市场变化，及时在存量中找增量，摸索出公司发展的第二曲线。

比如，富美在全球市场布局明确之后，继续调整了相关业务线。2021年，富美增设了ODM板块，并力争在未来十年做到OEM、OBM、ODM三大板块各占1/3。

"严格控制各业务线占比，是企业建立风险管控的一个重要方面。企业家做任何生意都要想办法占据主动,无论何时何地都要有风险意识。"孙建华阐释说,"在富美,即便是最大客户的业务占比,也不会超过15%。因为正常来讲,富美每年的营业额都会增长15%,就算一个客户突然不合作了,也不会影响公司的正常运转。但如果一个客户的业务量占到总营业额的25%以上,一旦合作崩盘,企业就会受影响。如果占比再达到50%以上,合作失败就会关乎企业的生死存亡。"

得益于市场开拓和研发设计能力的不断提升,富美平均每年都有1500万顶帽子出口日韩、欧洲、北美,年销售额近4个亿。

从商业模式上说,富美早已从最初的只做贸易,发展到现在的"品牌+贸易+工厂"模式。其产品不仅覆盖针织帽、布帽、草帽、毡帽、运动帽全品类,又拥有全渠道的优势——既与阿玛尼等大品牌合作,也借用名创优品等快时尚及其他设计师品牌的渠道。

所以,富美的市场布局,的确比任何帽饰企业都要均衡,这无形当中也增强了抗风险能力。

利润不是目标,是服务好客户的结果

"近10年来,富美中国市场的业务,进展得还算顺利,只是国内同行们习惯把价格压得很低,导致内销平均利润率远低于外销。同时我发现国内市场有一个明显特点——付款方面普遍不如国外。"孙建华同时希望中国企业应该以良好的付款提升自己的品牌形象。

有时订单如期完成后,应收款迟迟收不上来——这种现象在供应链繁杂的中国制造业企业中,并不鲜见,"催账难"成了很多企业掌门人内心的隐痛。对此,孙建华有着自己的一套应对之策。

比如说某客户欠富美30万美元,孙建华会告诉他:"你付我5万美元,我给你一个3万美元的提单;你再付我3万美元,我再给你一个2万美元的提单。""用这个办法,我们在国外几乎没有什么坏账。"孙建华笑言。而这一招,也是他从一位国外朋友那里学来的。

在孙建华看来,做企业,如果老是让客户欠自己的钱,不得不满世界地追账,本身就很"low"。做人做事都要讲一个尊严,就像富美的使命——"要做帽子行业令人尊敬的引领者"。而要让人尊敬,一方面是不能拖欠别人的钱,另一方面,属于自己的钱,就必须及时收回来。"赚多赚少是另一回事,就怕钱砸在外边。"

"孙总定下的规则是：但凡付款逾期60天以上，不管再大的客户，都不会再与之合作，这是原则。按时付款是合作的前提。这么多年来，我们所有合作的客户中，不管是国外还是国内的，很少有款项收不回来的时候。"富美轮值总经理刘月华告诉《中外管理》。

因为感同身受，富美也尽可能地避免拖欠上游供应商的款项。

"如果富美在某个业务链条上，发生付款延期的事情，一旦电话打到我这里，我会第一时间通知财务查明原因、追究相关责任人，所有涉及到的人，都要跟对方说'对不起'。因为，做企业如同做人，诚信是不能触碰的底线。"孙建华说。

刘月华如此阐释孙建华的理念："正因为富美不希望客户拖欠自己的款项，所以也会用同样的标准来严格要求自己。外包加工的款项，我们更是要求严格，富美的付款速度可以说做到了最快，在行业内都是有口皆碑的。"

从对待上下游合作伙伴的态度上，我们就能看出富美的一个文化内核——信用为上、严于律己、注重责任。

赢得了客户的心，也就赢得了市场。从长远看，富美此举可谓事半功倍。"利润不是经营的目标，而是经营好人心的结果"——这是孙建华创业20余年的一个深切感悟。"真正让客户满意了，让他们感动了，怎么可能没有利润？"孙建华反问道。

很多时候，孙建华的初衷简单而质朴，他只想把事情做好、让客户开心，认可自己的经营理念、认可自己的为人……最终他收获的，是公司业绩的连年增长，利润喜人。

不管做任何行业，真正赢得了客户的心，就赢得了市场，最后自然就会有利润。这也是富美的隐形冠军特质之一，不急功近利，做好自己的本分，饱吸阳光，静待花开。

找差距、补短板：只要多努力一点儿就成功

尽管富美在文化软实力、市场布局，以及付款诚信度等方面建立了一定的优势和口碑，但其也丝毫不掩饰当下面临的短板——供应链生产方面的滞后。

刘月华直言：供应链生产，是富美整个流程体系中最薄弱的一环。"对我们而言，前端市场开拓得再好，后端生产如果守不住，也是徒劳的，因为产品品质是最重要的。"

富美的产品品类繁杂，自有品牌相对较少，70%的业务都要在外部的加工厂整合完成，而在这一过程中，产销协同存在一定的脱节。

刘月华做了一个形象的比喻："现在富美的供应链生产就像一个陀螺，一直在转，生产负责人很少主动停下来思考：流程中哪些环节容易出现问题？以后该怎么优化调整？"

所以刘月华觉得，当务之急是，提升对生产流程优化的重视度，及时总结出一个流程技术方面的"套路"，使之更加顺畅、少出纰漏。"产销平衡将是今后我们重点突破的一项工作。"

于是，2020年2月，孙建华向所有业务高层提了一个方向——鉴于新冠肺炎疫情的突发情况，富美急需引入"订单快速反馈机制"，即从业务部门接单，到采购、生产的一整套快速反馈机制——这是一个完全区别于正常订单而形成的全新产业链。

富美之所以这么做，并不是完全为了应付一部分快速订单的需求，而是希望这种机制在组织运行中越来越常态化。因为，当一个企业慢慢变大时，很多流程环节都会变得冗长、拖沓，"订单快速反馈机制"将促使组织运转变得敏捷而高效，更加有利于小单位作战。

孙建华说，疫情期间富美推出的"订单快速反馈机制"，也称为"24小时-15天快速反应机制"，未来富美将打造24小时至15天交货的快速反应链。哪些订单可以一天之内出货，哪些需要2~3天、7天、15天，他们都一一做了样本。而目的只有一个：提升制造效率。

显然，这套机制具体落地并不容易。李芳坦言："订单快速反应机制"不是一个点的问题，而是一个体系或系统的问题。表面看，所谓"订单的快速反应"，无非就是把交货周期从45天提升至15天，甚至24小时之内，但背后离不开整个流程链条的通力配合，而且链条上的每个环节，都要建立统一的效率意识才可以。

具体来说，对富美的业务部门而言，怎样在相对有限的时间内快速领悟客户的需求，或当客户要求做到A，自己做不到时，怎么引导客户接受A+或A-？对采购部门而言，如何在有限的时间内获得更好的供应商，找到更符合客户需求的优质面料？这些都需要每一个链条、每一个节点都

孙建华做企业的初衷简单而质朴：把事情做好、让客户开心，让他们认可自己的经营理念与为人

做到极致。

"永远不要说不可能，而是要去想怎么办才有可能！"这是孙建华经常向富美员工强调的一句话。

在孙建华看来，24小时交货并非易事，但富美完全可以做到。他给《中外管理》算了一笔细致的"时间账"："比如，某个客户要定制'30%羊绒和+20%尼龙'的帽子，富美只需保证原材料永远是现成的，到时临时打版耗时

1个小时,接着机械生产再耗时两个小时,如果客户非要加一个商标,再耗时两个小时,或者客户还要求做一些绣花之类的装饰,那最多也不会超过两个小时。"

"所以,24小时出货听着很可怕,但很多事情只要多努力一点就成功了。做企业,如果不想着怎么提升统筹能力、怎么提高生产效率,凭什么在市场中存活下去?这就是企业的使命——活着就要不断为客户创造价值。"孙建华感慨道。

创新:有木石心,具云水趣

对孙建华来说,创新是一件非常好玩的事,像众多"隐形冠军"企业的老板一样,他在公司的核心事务上保持着事必躬亲的习惯。公司的设计创意亮点也有部分出自于孙建华,而他不视之为一种"工作",而是一种爱好。"因为我喜欢那种将创意变成产品的感觉,这会让我快乐。"

有木石心,具云水趣,似乎是每一位隐形冠军企业掌门人的共同特点,他们会在某个细分领域不断钻研,并且乐此不疲。

帽子设计往往被上升到艺术和美的高度,世界顶级帽子设计大师菲利普·崔西认为帽子是"某种建筑物、手工艺品、再加上某种魔力成分的混合物"。孙建华没有专门学过帽子设计,但他认为设计"很容易",就是排列组合,将各种元素完美地糅合在一起。

菲利普·崔西喜欢从大自然中吸取创作的灵感和元素,而孙建华喜欢从各种美的事物中吸取营养,古代的,现代的,绘画,饰物,工艺品,都是他的灵感之源,再加上他对艺术和美的理解,一顶顶个性鲜明的帽子就设计出来了。

记得有一次,孙建华跟高等院校的教授探讨医疗和帽子的问题,他想设计一款可以监测情绪、疲劳程度等四个方面的高科技帽子,诸如此类的奇思妙想,在孙建华的脑海里经常涌现。

孙建华对《中外管理》说:"除了产品创新,近期他在'设备创新'这块儿,也在酝酿一个创想——把帽子工艺的种种细节都做精、做深并汇集成书,即把一顶顶帽子做成一个个'帽子字典'。比如:运动帽的标准是'AB21',那以后运动帽的任何订单直接打'AB21'就可以了,不需要再找专业工艺人员专门去做了。对客户而言,只要查看'字典'就能知道自己喜哪个款式，包括尺寸、边框等所有设计细节。选好款式后，客户就可以直接下单通知我们供货了。"

"你知道我培养一个帽子工艺人员，多不容易啊！甚至不太可能培养出来，毕竟大学里没有开设帽子工艺之类的课程。但正如彼得·杜拉克所说的那样：'越是不可取代的人，越是要取代'，管理者就是要把流程工艺做成一个平台、一个可以自动化呈现的系统，以此突破对原有路径的依赖。"孙建华说。

在富美，帽子的某一部分应该用几层布、怎么缝制、用什么固定的手势等，都有相应的量化，等所有细节全部规定好之后，孙建华会找10个工人同步进行测试，只要这10个人按照既有流程做下来不出什么问题，就证明这套体系基本成立，是可以在生产中推广应用。

对孙建华来说，创新无处不在，不仅用于企业经营，在生活的方方面面，他都会用一些新点子让人开心，同时也让自己开心。

有一次，富美组织了一次纪念活动，通常的做法是来宾在签到簿上签到。孙建华认为太俗套，他从云南买了一种据说千年不烂的纸，很珍贵，还给每个嘉宾做了一枚帽子形的印章，嘉宾来了，把章盖在纸上，嘉宾在印章旁边签个字。开完会，盖满印章的纸已经裱好了，挂在大厅，嘉宾们见了都觉得别致，同时也被他特别的用心所感动。

"家文化"：让员工有无处不在的归属感

孙建华爱"玩儿"的精神，不仅体现在业务层面，更体现在公司内部管理上。

在富美，大大小小的各种俱乐部有十几个，例如读书俱乐部、乒乓球俱乐部、摄影俱乐部、瑜伽俱乐部、插花俱乐部等等。只要能组织起十个人，就可以设立一个俱乐部，而俱乐部组织活动的经费大都由公司出。孙建华希望每个人都能过上丰富的生活，并乐享其中。

虽然听着让人羡慕，但是，繁重的工作之余还要参加俱乐部活动，确实也给员工造成了不小的压力。孙建华说，尤其是刚开始成立读书俱乐部的时候，真有点逼大家的意思。

当时，随着企业的发展壮大，一个问题越来越困扰着他：如何让员工跟上自己的步伐？他时常会有一种恨铁不成钢的感觉。后来，孙建华找到了一个方法：就是让大家同看一本书，所有人才只有思想统一，才能在一个频道上沟通。

"有时，一个企业的文化就是老板文化，老板是什么样子的，他的企业就是什么样子的。"富美设计部经理袁海军说，"因为孙总本身是一个自我要求很高的人，他自己不断地学习，也希望自己的员工都好学上进……在富美，虽然每天有忙不完的事情，但每天也有不一样的收获。富美的图书馆有很多藏书，孙总常常鼓励我们要多去看书学习，无论是经营管理、个人修养，还是文化艺术方面的，涉猎越广泛越好。在富美，读书已经成为一个约定俗成的文化传统。"

事实上，富美虽然是一个帽子生产企业，但也是一个"家文化"企业。孙建华在其中一直扮演着"家长"的角色。既然是"家文化"企业，那就要为员工提供尽可能宽松、愉悦的工作环境，很多事就不能强行要求。孙建华通过一些轻松愉快、好玩儿的方式，既帮助了员工成长，同时又让他们感到自在舒服。

例如孙建华创建的"恋爱基金"，如果员工谈恋爱，请对方吃饭的开销每人有三次报销机会。如果公司内的员工动用社会力量，帮员工介绍对象，只要双方愿意见面，介绍人就可以获得500元奖励；如果最后成功结婚，则会另外奖励介绍人5000元。

还有，孙建华平时对守时要求特别严格，于是就规定：谁迟到了，谁就模仿一个动物。迟到的员工，通常是手脚并用，动作非常滑稽。慢慢地，开会迟到的现象就越来越少了。

袁海军觉得，富美企业文化给他感触最深的，是朝气蓬勃，同时这也是一个很有温度的企业——尽管目前公司没有上市，但孙建华愿意每两年出让一部分股份，给业绩优秀的员工，他想让大家切切实实享受到薪资之外的企业发展红利。

此外，《中外管理》还了解到，除了常规的企业福利外，富美每年都会不定期地推出超出员工想象的奖励政策：比如富美工厂的一线职工，会在退休时领到一根刻有富美LOGO的金条，10克、15克、20克不等，即便2020年疫情期间也照发不误。

这又出自孙建华的情怀和妙想，他认为刻有公司标识的金条，员工是可以世代传下去的，是一件极有意义的事情。

"总之,我会尽我所能地对员工好一点,让他们有归属感,看到员工开心,我也很开心。"孙建华说。

传承：与年轻员工的另类谈话

谈及富美未来的发展规划,孙建华说,要将富美打造成以设计、研发为重点,以文化创意为突破,以品牌和电子商务为抓手的新型企业。而要实现这一切,必须先做好人才培养。

孙建华认为,一个企业健康与否,主要体现在业务能否正常增长,以及是否有源源不断的人才输入;如果人才储备不足,企业的未来发展就没有后劲。

孙建华目前已在考虑企业传承的问题,与众不同的是,他是从公司的年轻人中挑选培养。"我现在工作的重心就是尽快提拔新人。假设我60岁退休,以后能够胜任总经理人选的,必须先把企业文化吃透。从25~35岁的年轻员工中选拔、培养干部是最合适的。"

但不可否认,25岁左右的新生代员工,无论是年龄差距还是职位跨度,都与公司一把手隔着一道鸿沟。要挖掘并培养他们,必须首先把这道"坎"迈过去。

孙建华最初采取了促膝谈心的方式,但他很快发现这种一上来就深入交流的做法,效果并不理想:很多年轻人放不开,很难做到袒露心扉。随后,孙建华就让关键岗位的部门领导代替他去谈谈话、摸摸底。

比如,一直跟着孙建华闯天下的财务部经理,会先和年轻员工聊聊他自己的成长经历。"分享下我当时是怎么要求他的,而他又是在岗位中如何有担当、发挥聪明才智的,再连带说下我的奋斗史。对年轻人而言,身边的前辈就是最真实的榜样。"孙建华说。

通过这样的"传帮带",以前年轻人总感觉跟孙建华没话可谈,但现在就很容易找到同理心,拉近了彼此的距离。"哦!原来孙总也和我们一样出身平民,刚创业那会儿也近乎一无所有。"富美员工如是说。

等关键部门的负责人和年轻员工沟通完毕之后,孙建华要求他们上交一份儿"情况说明",明确告知他哪个小伙子比较优秀、哪个姑娘比较有潜力。接下来,他会有针对性地跟这些"苗子"一一沟通。

这或许又将是孙建华的一大"创新"。

方法论

1. 坚持做自己，不人云亦云

孙建华喜好创新，并且处处创新，大事小事都创新。有木石心，具云水趣，似乎是每一位隐形冠军企业掌门人的共同特点，他们会在某个细分领域不断钻研，并且乐此不疲。

只有拥有独立思考的能力，做出来的产品才有差异化、不媚俗。做品牌也如此，一个好的品牌，绝不是因为物美价廉，而是其从内到外散发出来的与众不同。

像帽子这种ZC（面向C端客户）型产品，经济、安全、增加自豪感，能够满足消费者心灵层面的需求，是其最核心的元素。就像乔布斯当年发明"home键"手机时，一定是本着实用、方便的使用需求，但又因为他做的事情是市场上从未有过的创举，所以这个过程中自然会把创新的激情，一起传递给消费者。

2. 严格控制各业务线占比、"均分"市场

掌握主动权，在任何行业都是通用的。很多隐形冠军都具备这样的特质，即不盲目追求利益最大化，不把所有鸡蛋都放在一个篮子里，从而把风险降低到最小，相当于把企业置于双重保险箱之中。同时，面对市场变化，及时在存量中找增量，摸索出公司发展的第二曲线。

3. 看到差距，及时补足

富美的"订单快速反馈机制"，就是一个直面不足的改善举措。这套机制不是为了临时应付几个快速订单的需求，而是可以借此让组织运转变得敏捷而高效。当民营企业从小作坊慢慢成长为行业第一、第二时，很多流程都将变得冗长、拖沓、不灵活，而通过快速订单机制，将更方便小单位协同作战。

管理其实很简单，就是把质量、交货期、成本控制做好。只要手握这"三把铁斧"，企业完全可以在所在领域内活得滋润；如果还能在此基础上把服务和创新搞上去，那就更加锦上添花了。

4、不断学习，持续充电

从创业开始，孙建华一直不断地看书学习，注重把从书本中学来的知识，以及"逛市场"时的感悟，落实到企业管理和生产经营的实践中去。对他而言，创业的最大惊喜，不是单纯为了赚钱，而是将一个个好想法变成现实的过程。终身式的学习，无处不在的借鉴，是一个企业"修炼"成隐形冠军的必经之路。

产业链企业点评

得利服饰：付款从不拖沓、大大降低资金压力

作为富美合作多年的上游供应商之一，南通得利服饰用品有限公司（以下简称"得利公司"）从富美公司成立开始就负责其洗标生产工作。

目前，富美的采购订单尽管较为零碎，但其一年采购总量还是远远多于其他采购商，算得上是得利公司非常值得信赖的优质客户之一。

值得一提的是，在与富美合作过程中，我们深切体会到富美是一家注重诚信、有社会责任感的公司。

对于制造业而言，资金无法及时回笼的话，企业将会承担很大的资金压力。但在与富美的合作中，我们发现他们在付款环节从不拖沓，这就大大降低了我们的资金压力。也正因如此，所以我们也非常乐意与其按月付款。

随着富美产品种类的增加，单笔采购订单量也随之缩小。品类增加将直接促使上机过程中机器调试时间的延长，随之而来的，是生产周期变短。这样，相较其他采购商而言，富美的订单就显得较为零碎，无形中抬高了单笔订单的单价。所以，作为富美合作多年的伙伴和朋友，我们由衷地希望富美以后能够提升单个品种的帽子数量，订单数量增大后，辅料单价自然随之降低。

富美非常尊重上游供应商的意见，遇到问题总能耐心地沟通协调，让我们深切感受到被尊重和被重视。而作为它的上游合作伙伴，我们也非常乐意与富美一同设计和研发各种新产品，实现更多共赢。

鑫美帽业：富美早已把我们当成了"家人"

风雨创业路，富美董事长孙建华从未停下脚步，在逆境中积极求生，遇到困难迎难而上，带领富美一步步走到现在。多年来，孙建华董事长始终追求完美和诚信至上，使富美成为帽子行业为数不多的优秀企业。

2015年3月26日，徐州鑫美帽业有限公司（以下简称"徐州鑫美帽业"）正式成为富美合作伙伴之一。这么多年来在富美的支持和帮助下，徐州鑫美帽业才得以不断发展。6年中，富美成为了我们最坚强的后盾，在技术、订单、资金方面，都给予了莫大的支持，我们还曾获得富美奖励的两辆汽车。

2020年9月24日，徐州鑫美帽业急需一笔84万元的周转资金。对民营企业而言，84万元并不算一个小数目。考虑到前期尚有100多万元富美欠款尚未还清，一开始并没有直接求助于富美，万般无奈之下，当天夜里10点左右，同时给孙建华董事长和李芳总经理发了求助短信，没想到的是，次日下午4点就收到了李芳打来的电话："徐州鑫美帽业是富美合作多年的朋友，我和孙总早已把你们当家人看待，鑫美的困难就是富美的困难，富美相信你们，明天就安排财务打款。"

此后，徐州鑫美帽业更加坚定了与富美长期合作下去的决心。也一定会竭尽全力地把企业做强、做大，努力成为富美生产制造环节的得力搭档，这样才能报答富美在困难时刻的鼎力相助。

锦冠帽业：从"不解"到"感谢"

南通市锦冠帽业有限公司（以下简称"锦冠"）与富美合作至今已经快10年了，刚开始做富美订单时，觉得不仅要求高，还特别追求细节完美，甚至于帽子每个细节部位都会规定尺寸。针织和手工产品本来尺寸就很难统一，哪能每件完全一模一样呢？当时我们对富美的"苛刻"要求很不理解。

后来我们逐渐发现，他们虽然要求"苛刻"，但是富美的订单管理员始终会配合工厂一起认真研究客户订单，盯紧每一道生产工序，和工厂一起尽最大努力满足客户的要求……经过一年多的磨合，锦冠终于可以完成多数个性化订单了。回首过往，从会做帽子，到做好帽子，锦冠成功蜕变、化羽成蝶。在此，我们最应该感谢的就是富美！

在"锦冠人"眼中，富美公司有活力，有激情，领导待人诚恳，员工做事踏实。其中，富美货款结算最及时、最有诚信，也是我们双方保持良好合作的重要前提。即便合作中偶有不快，也总能在彼此的深度沟通中化解矛盾、加深信任。

这些年和富美一起走过的点滴历历在目。如今，看到富美订单上的"指定锦冠"字样时，我们内心愉悦而感动。因为，这来源于富美对锦冠的多年培养、扶持，以及高度的信任和肯定。

未来，锦冠还会一如既往，心怀正念，坚守良知，紧跟富美的脚步不断进步不断发展。

评委点评

小小的帽子，竟然可以创新出数百项专利。富美把产品做到了极致，把创新提升到了公司发展战略的制高点，他们让我们相信：只要专注，小产品也能做出大品牌，小行业也能做成大企业，走出国门，扬名海外。

——中国造隐形冠军评委、泰山管理学院院长　马　方

选择在国内时尚服饰领域里难得的品牌沙漠细分领域：帽子，加以切入和专注发展，并且与时俱进地通过互联网模式，取得连年线上市场销售第一，又与此同时并未陷入价格竞争，而获得了行业领先的利润率，是属于新时代的隐形冠军。

——中国造隐形冠军评委、中外管理传媒社长、总编　杨　光

1234**4**56789

海佳机械
先低头学习 再昂头赶超

一个镇上都做织机，为何唯独他们成功了？从跟随到技术创新，再到技术领先，他们是如何做到的？为什么他们的客户，一旦合作就必将永久合作，以至在全球市场做到客户"零流失率"？为客户免费维修同行故障产品的背后，又是出于怎样的考虑？

文：中外管理 朱 冬

中国隐形冠军研究第一人、"中国造隐形冠军"评选评委邓地研究发现：德国隐形冠军企业的年龄中位数，是66岁。在他看来，隐形冠军不但能扛过危机，更能扛过诱惑。

而2020年的疫情，让大家看到了隐形冠军企业的抗压实力。这些"抗疫冠军"们对于疫情之下中小企业的启示在于：战略取向必须聚焦、专注、持续地做一件事，而不在于发展规模和速度。

而在研究全球隐形冠军企业后，同为"中国造隐形冠军"评选评委的香港创业创新研究院联合创始人、院长曹仰锋和宁波诺丁汉大学国际企业管理领域李达三首席教授李平，都提到了"精一"一词，指的是在环境不断的变化中，持续地、真诚地与自己对话，思考和确立企业的"本"，一心一意，专注而用心地立足于企业的"本"行事，并且精益求精、一点一滴领悟本身所在领域的永续之道。这是所有隐形冠军成功的必要因素。

可以说，由《中外管理》发起和主办的"中国造隐形冠军"评选，其获评企业几乎都遵循了上述原则。其中首届"中国造隐形冠军"得主青岛海佳机械，更是其中的典型——他们专注做喷水织机，连续八年保持全球第一的市场份额。

即使在今年这场严酷且无情的疫情考验下，青岛海佳机械依然实现了与同行业相比，全球领先的产销量。2019年投资3个亿新建的国内首家无梭织机智能制造工厂已经接近尾声。2020年实现了1.5亿设备陆续到位，并进入试运行阶段。自动化立体仓库和脉动式装配线、物流和仓储均实现了信息化、自动化。就算是在行业降薪裁员成"普遍化"的环境下，海佳机械仍然保持了零减员、零贷款、不降薪，各项福利照常发放，并且还组建了一只新团队。

足以可见，隐形冠军企业深厚的功底和强健的抗压能力。

全球第一，八年，任风吹雨打，屹立不倒，这究竟是如何做到的？

从织机第一镇，脱颖而出

说起海佳机械，不得不提孕育这家隐形冠军企业的"重镇之地"——王台镇。

在距离青岛胶州湾海底隧道大约一个小时车程的王台镇，有一个不同寻常的"标志"：镇口矗立的巨型纺织机轴承，向每一位来客昭示着它的特殊身份：中国纺织机械第一镇，这里也是全国最大的无梭织机生产基地。

是的！凭借完善的产业链，每年有数万台纺织机械（以下简称"织机"）从这里诞生，随后销往全球各地。这个小镇生产的梳棉机和喷水织机，分别占到国内市场75%和90%的份额。但与此同时，一个令人尴尬的事实是：镇上数百家工厂中，大多从事低端的零配件生产，整机组装厂仅占1/4。还有不少企业属于小作坊式生产，以模仿为主，缺乏核心技术，同质化、低价竞争严重。

业内人士做过调研，王台镇拥有自主创新能力和核心技术的厂家顶多两家，其中的青岛海佳机械有限公司（以下简称"海佳"）的市场占有率为全球第一，喷水织机生产规模亚洲最大、国内占有率连续多年稳居第一。

可以说，海佳的成长历程，就是王台镇的发展缩影；也是中国隐形冠军企业成长的经典案例。而海佳的创新经验，就是中国制造企业从跟随到技术创新，再到技术领先的过程。

成立于1995年的海佳，其生产的喷水织机，价格普遍比周边厂家高出近万元人民币，但订单却仍然如雪片般飞来。截至2020年12月，海佳机械在全球喷水织机的销量已达10万台，实现全球占有率20%，连续多年排名世界第一，成为喷水织机领域名副其实的"隐形冠军"。

2019年5月7日，由海佳研发的HW-8010型高速高密喷水织机，接受了中国纺织机械协会专家、学者的鉴定。经过质询、答疑和讨论，该成果被做了如下认定："具有自主创新性，体现了目前国内喷水织机的最高水平，共申请专利10项，其中发明专利2项，是具有国际先进水平的机电一体化高档喷水织机。"

翻看海佳的生产订单便知，他们生产的喷水织机已经成为不少企业进行产品更新换代的第一选择。而海佳的制胜之道，就在于提供高性价比的产品和服务。

尤其在近几年，海佳发展迅猛。这一切得益于，海佳为自己找到了一个对标对手——一家日本老牌喷水织机工厂。2015年，海佳提出：对标日本更强大的对手，努力提升产品质量和性能，并在性价比上赶超对手。

这里的"赶超"，既有学习，又有竞争的意味。海佳学的是日本的标准化生产、工匠精神，比的是性价比、满足客户需求的程度。

用超前思维，满足客户未来需求

相比于现在已能持续地创造国际先进水平设备，海佳25年前初创时，与青岛市王台镇的百余家织机组装工厂类似，也只是一个以组装喷水织机零部件为生的小公司。

和王台镇所有企业一样，海佳在早期也是从生产零配件起家。但不同的是，董事长王安俭比镇上的其他老板更有危机感。当很多同行还在做着东拼西凑、毫无技术门槛的生意时，他却在思考另一个问题：如何让企业更加持续健康发展。

1990年代，织机市场供不应求，堪称火爆，但是王安俭却并不踏实："市场不可能永远是卖方市场，以后要想走得长远必须有自己的核心技术，注重品质和品牌。"

海佳自2001年确立做喷水织机，从2003年开始国内市场占有率一直稳居第一，看起来顺风顺水，其实，期间过程并非一马平川，甚至有来自内部的不理解。"能组装好配件，能卖钱不就行了？"受影响于整个王台镇的低价、同质化、粗放的竞争环境，一开始，企业员工也不理解为何要有自己的核心技术。

但王安俭深知客户的需求在不断提升和变化，海佳必须要往更高端发展，更加规范化和标准化。因此，海佳机械在进行技术改造的同时，依据科技进步推动产业结构优化升级，选定了技术创新作为企业发展的突破口。

"真正要创造价值，在企业当中保持优势，拥有核心技术必不可少。企业也要不断储备新技术、保持创新。没有技术备份的企业毫无未来。"这是王安俭20多年来的创业领悟。

但海佳的技术创新不是来源于一味与同行比较，而是有灵魂的——能够提供让客户满意的服务，才算是有了灵魂。

技术创新最直观的"变现能力"，是提升满足客户需求的定制化能力。海佳总经理刘井然透露，海佳目前的订单基本上都是"定制化"需求的订单。

举个简单的例子，海佳服务的客户企业，很多专注做某一种面料，在细分领域的定制化需求很强烈。海佳充分和客户沟通，满足不同客户的各种细分织物定制化需求。同时，海佳织机通过技术创新始终保证着极强的普适性，织物仅仅是面料就分很多种类，设备个性化的匹配能力和较宽的适应性，让客户只用海佳的一台织机，就能满足多种面料需求。

正如前文提到的HW-8010新型高速高密喷水织机，是具有功能性和特殊要求的产品，织机设计转速1400转/分，最大门幅380厘米，可选功能配置多，能充分满足疏水织物的需要。不仅可高速织造超细且高密织物，也可织造常规的雪纺、春亚纺、水洗绒、乔其、直贡缎、仿真丝织物、伞绸、重磅合纤绸、仿麻厚重绸等织物。

有时候为了让技术创新满足客户需求，王安俭还专门派工程师到外地或国外，收集客户需求，整理匹配标准化材料，建立客户需求数据库，用以支持海佳的技术创新。

在王安俭对于技术创新的"痴迷"下，海佳机械现有自主知识产权39项，包括7项发明专利、28项实用新型和4项外观专利。

王安俭信奉技术创新没有止境，企业不仅要满足客户的当下需求，还要考虑未来的需求和趋势。凭借20多年的行业经验，王安俭判断未来的5~10年，织机行业的技术需求方向一定是节能、节水、自动化和智能化。为此，海佳也开始着手了智能工厂的建设。

刘井然介绍，海佳与一家科技公司研发合作的节能电机，可以实现节电30%，自主研发的节水引纬系统，节水15%，市场反响很好。就在采访当日，王安俭刚刚和承包商签订了一份智能工厂的开工合同。占地80多亩的智能工厂，只需40几个工人就能实现原先需要200多人才能完成的工作。在传统纺织机行业，海佳走得的确超前。

"我们要走在未来的前面，用超前思维去满足客户可能会出现的需求，在技术创新战略上，我们是居安思危的。"刘井然解释说。

海佳每年在研发和技术团队规模方面的投入都在加强，他们不仅在行业内部吸纳贤才，还与一些对口院校合作设置行业课题进行研究。此外，海佳与合作伙伴，比如上下游的供应商之间，也会建立一些旨在改进技术的合作项目。积极采纳优秀的建议和方案，已然成了海佳的风气。

此后，王安俭一边进行着技术的提升，一边进行着管理的完善，双管齐下，海佳逐渐走上了一条品牌之路。

用最专业的人，让自己变专业

"隐形冠军之父"、著名管理学家赫尔曼·西蒙在其《隐形冠军》一书中提出："燃烧的雄心"是"隐形冠军"企业的首要心态。

的确，"隐冠"企业往往都有一个极其明确的目标，诸如"我们的目标是做全球的老大，而且要永远霸占这个位置"，"我们要在这个领域成为全世界最优秀的一员,不仅要占据最高的市场份额,而且要在技术和服务方面是最出色的";"我们要做市场的领袖,不作它想,第二我们都不做";"我们要成为这个市场的精神领袖"等等。

海佳,恰恰也具备了这样的"凌云壮志"。

2012年,王安俭带领海佳完成了管理团队的组建和硬件升级两大主要任务。员工的执行力、海佳的整体效率都有了很大的提升。但其产品离国外一线品牌仍然存在很大距离。

"这种差距是一种综合的差距,它体现在制造工艺、品牌、影响力等多个层面。最为明显的差异在于产品的细节,与日本老牌织机厂津田驹相比,海佳的产品在精细度上还存在许多不足之处。"王安俭对《中外管理》分析说。

彼时,全球的喷水织机格局也在发生着变化。日本尼桑和丰田合并以后,基本退出了喷水织机领域(丰田公司是靠纺织机起家,第二代才把主业转向了汽车制造)。而韩国的双龙也逐渐被崛起的中国企业超越,而且他们的订单逐年递减。在全球市场,逐渐形成了日本津田驹、中国台湾引春、中国青岛王台镇三足鼎立的格局。

而这一竞争格局的变化,给予了王安俭更多的信心——海佳一定要成为王台镇狼群中的领头狼!

王安俭当时有两个考虑:要么引进一个咨询团队,要么引进一个日本人才,来帮助海佳的提升。海佳喊出了"对标日本一流的百年品牌,做中国织机的世界品牌"的口号。

诚如前述,王安俭觉得海佳与国外一线品牌最为明显的差异在于产品的细节。为此王安俭选择了"师夷长技"的成长路径。

在织机领域,日本有创立近百年的品牌,凭借悠久的历史和匠人精神培养出的生产技术,以及出众的研发能力,位列世界第一流制造厂的位置。

刘井然把海佳的定位解读为:以日本百年品牌为榜样,进一步提高产品性价比,在质量上更加接近日本产品。用自主创新的优势和更优质的服务,争取到更多客户。

2013年到2016年间,海佳先后邀请了两位来自于日本的管理和机械加工方面的专家,对喷水织机生产的关键环节——零件加工工艺和工装夹具的制作等工艺路线进行梳理。他们与海佳一线员工朝夕相处,用两年多的时间,梳理了全部的机加工工艺流程、技术管理和夹具工装,充分保证了海佳织机每个零部件的精度。

在技术工艺上的精进追求，并不止于此，后来王安俭还聘请了在台资企业工作了15年的研发部长，全面负责研发管理。此后，这种不定期聘请行业专家派驻指导的模式一直延续至今。

"外援给予我们更多的是思维和思路上的指导，思维方式的价值很重要。观念和理念调正了，整个生产流程也就一脉相承了。"自此，海佳员工的执行力和整体运行效率都有了很大的提升。

海佳的生产能力远远高于日本百年织机品牌津田驹，同时员工的生产热情也很高。但面临的问题是：品质不稳定，质量控制一度远不如日本企业严格。

问题的症结，到底在哪里？

一位在日本纺机行业从事多年管理的专家，出任了海佳的生产部部长，他从各部门抽出精干力量，组建了"标准化推进小组"。通过对海佳的不断了解和观察，他发现了阻碍海佳前进的关键问题：缺乏详细和完善的标准作业书。

海佳总工程师李勇对此深有同感："中国的产品问题很大程度源于此，再加上大多数工人来自农村，未经过职业化训练。"所以，不少设计可行的产品，却往往在实施环节出了问题。

一开始，李勇发现生产环节上的问题，就会立马指出来。工人的态度通常很好，并且能够快速处理。但是，下次还是照旧。另外，相比日本人，中国工人通常只关注自己的岗位职责，很少为下一个工序的人考虑，更不会思考如何让整个工序更流畅。

显然，改善需要时间。海佳正在通过组织基层人员的培训、学习会，以此来逐步改变工人们的意识。

从2017年1月开始，海佳的工厂里多出了一排"创新改善"活动看板。每个创新活动确认单，涵盖了发明人照片、创新指数、改善效果对比照片等信息。例如：有员工提出在钻床、车床改装工位增加LED灯，会改善作业不安全、影响加工质量等情况。又例如，有员工做了文件柜标识化的创新，通过对文件柜和对应钥匙按字母排序贴上标签，节省了查找时间。

这种做法在日本很常见。但在海佳不同的是，无论创新大小，甚至办公室多了一个橱柜，都可以作为一项创新改善，被展示出来。目的在于，通过小事提高员工意识，肯定他们的努力，从而鼓励员工积极参与到公司的各类创

王安俭认为：隐冠企业的成功之处，在于对高标准和优质服务追求的"从一而终"

新、品质改善中来。

和工人眼里的小题大做相比，李勇却把这位日本专家当成了自己的知音，总是一有问题就把他拉来一起探讨，"这种情况在日本是怎么处理的？"

有一次，一批准备出口的机器垒起来摆在院子里，李勇路过时发现，机器里有些角落油漆没有喷到。李勇找来日本专家，这位专家绕着机器，走了一圈又一圈，记下了那些处理不好会生锈的地方。然后，他建议李勇做一个出货标准给到外贸部，规定哪些零件必须涂油、防锈，每次出货就按照这个标准核对。

这种思路给李勇最大的启发是，日本人发现问题，不强调追究谁的责任，而是从流程上解决问题，避免以后出现同类错误。

不过在这位日本专家看来，做一个标准化的文件相对较简单，更重要的是，这些标准要在后来实践中不断修正和更新，使之持续和趋于完善。

用长丝织造协会副会长廖梦虎的话来说，"海佳提出对标津田驹，其实更多是从管理入手，提升和完善产品品质。"

没错！细节决定成败，而精细的管理，正是海佳的努力方向。

怎样比同行多走一步？

赫尔曼·西蒙的著作《隐形冠军》中提到：如果你有一个庞大的野心，一个非常重要的步骤是怎样选择和定位自己的目标市场，这是战略当中非常重要的部分。

而达到这一目的，在市场中形成自己的"专业"影响力，至关重要。这一点，王安俭早已悟透。

日本津田驹已经在纺织机械领域有了上百年沉淀，海佳要想短时间内在性价比上有所赶超，也并非轻而易举之事。然而，海佳的优势是：身处全球纺织机械最大的市场——中国。

所以，在对中国市场的把握和对客户需求的快速反应上，海佳完全可以近水楼台先得月。

事实上，近些年来，随着布料种类的发展，纺织行业对生产设备也提出了更高的要求。越来越多的客户意识到，想要建立行业优势，必须在某一个领域有所擅长。直接体现在设备上，就是企业更倾向于购买生产特定布料的专业机器，而不再依靠过去的一台设备打天下了。洞察到这个变化之后，从2016年开始，海佳提出：做专业化的喷水织机。

在海佳，一款专门生产羽绒服里料的设备非常畅销。以前，为了防止钻毛，羽绒服里都有一层内胆。而这款设备能够织出双层布料，客户可直接充绒，并且织出来的布料密度大大提升，甚至可以省去羽绒服原本需要的涂层。

一家中国南方的企业，希望生产一种质地非常轻薄的西装里料，于是订购了包括海佳在内的多个厂家的设备各60台用于比较。针对这家企业的特殊需求，海佳深入研究，不断改进，最终推出一款专门用于生产西装里料的机型。最后，测试结果显示，从织布的品质上来看，海佳胜出。后来，这家企业的所有订单，几乎都被海佳收入囊中。同时，衬布行业很大比例的订单，都下给了海佳这款机型。

类似于这样"较真"的客户需求，反馈到海佳，也成为海佳不断创新的动力和源泉。更有不少对品质有着高要求的新客户，干脆购买海佳的设备来替代进口设备。

有一次，一个客户提出，有国外先进机器在宽机上能实现六连杆打纬，"海佳能不能做到？"但是，海佳当时的确还停留在四连杆打纬上。李勇就实地考察这种机型，根据公开参数测算、分析，然后亲自动手设计。

经过几个月的研发，海佳最终实现了六连杆打纬。而同样的规格，海佳的纺机能比同行的密度多打五梭，远远超出客户的期望值。

在发展专业化织机的过程中，海佳不断地积累客户对专业机型的需求，只要有生产同类型产品的客户，海佳就会把一些得到验证的配置推荐给他们。

在王安俭看来，未来，纺织机械必然胜在专业。为了让客户需求和制造完全结合起来，王安俭专门派了一个懂织物的工程师到苏州，收集客户需求，整理了一份织物和对应配置的标准化材料清单，同时还建立了一个客户和其擅长领域的数据库。

可以说，凡事做到极致，处处留心用心，多从客户角度考虑问题，继而比同行多走一步，正是隐形冠军企业的制胜法宝之一。

主动出击，将海外客户请进门

赫尔曼·西蒙曾经总结了隐形冠军企业的其中一个特点：由于专业化程度高，规模小，因此它们无法获得规模经济。为了克服这个困难，它们积极开拓海外市场，让产品销售到全球。全球化带来的规模效应让公司稳占C位。

仔细探究海佳的发展脉络，也会发现，赢得国内市场，在国内做到龙头老大的位置，并非海佳的终极目标。在完成国内市场占有率第一的目标后，从2014年开始，海佳便着手布局海外市场。2017年的时候，海佳的海外市场份额就达到全部销售额的近四分之一。尤其在印度、越南、印尼、巴基斯坦、孟加拉、埃及、土耳其等亚非市场，海佳如鱼得水。

目前，海佳的海外市场依然是战略重点，产品出口到全球17个国家，覆盖南亚、东南亚、北美、中美洲。

在海佳工厂的参观大厅，有一张世界地图，上面布满了很多"圈圈"，那些画圈儿的国家，就是海佳的海外伙伴和客户。

王安俭直言不讳，由于缺乏了解，早先海外市场对中国织机的认知是模糊的，甚至觉得"中国的机器不行"。在这种对品牌不认可的基础上开拓海外市场，海佳也着实经历了一场痛苦的蜕变。

早些年，在王台镇，有上百家做织机的工厂，大家都称自己的机器是最好的，说辞也是大同小异。但是，纺织行业的客户群对青岛织机的印象，还停留在低端、廉价的层面。

为了让更多海外客户了解真实的海佳，从2014年开始，海佳自办海外交流考察活动，邀请海外市场的客户甚至同行前往海佳和海佳国内高端客户的工厂交流学习。王安俭希望借此告诉客户，海佳的产品可以跟日本的设备相媲美。

"一定要把客户请进来。只有让他们亲眼看见现场，弄明白海佳设备的生产过程，才会对我们产生信任，而信任是一切合作的前提。"王安俭说。

2017年5月初，一群黝黑皮肤的印度人，出现在海佳的工厂里，其中不少人已经是第二次来到这里。有人拿着笔做记录，有人钻到机器下面仔细观摩，总工程师李勇更是被一群人包围着问这问那。

事实上，两年前，印度购买中国织机的企业还凤毛麟角。原因就在于海佳的机器，价格普遍高于同行产品。如何让印度客户接受这个差价呢？把客户请进来，无疑是最好的营销方式。

"随着时间推移，在海佳和日本的产品质量越来越接近的情况下，性价比就会更多地左右客户的选择了。"王安俭欣悦地说。

以前，海佳的客户大多集中在江浙一带。最近几年，随着海佳大胆"出海"，印度已然发展为海佳最大的海外市场。

全球市场零流失率的奥秘

事实上，隐形冠军企业，并非真的在行业隐形，除了有核心技术、行业的专业度、对品质的坚守，"隐冠"企业的成功之处，更在于对高标准和优质服务追求的"从一而终"。

不论在哪个发展阶段，海佳人一直坚持：重视售后，要对机器的最终使用效果负责！

在织机领域，一台机器的好坏，很大程度在于使用过程中的调试。据刘井然介绍，例如苏北射阳地区，水质硬，标准的单向阀配置反而开机效率不好，改成特殊的双7号单向阀效果就会好很多。

但与市场的多样性相比，客户的不规范操作也是海佳重视售后服务的一大原因。

以一个越南客户为例，他们购买了海佳的设备，本来布料应该上浆，但是他们并没有，因为这样他们做1米布可以节省5毛钱成本。而在这种情况下，自然会影响机器的正常调试。得到客户的反馈之后，海佳又派人针对客户不上浆的情况，重新调整配置。而如果下次再换别的品种，客户的机器还要再继续调整，但海佳依然会去做相应的服务。

织出一块优质的布料，需要原料、准备工序、机器等很多环节的配合。布料出了问题，大多数客户会认为是机器的问题。而海佳要做的就是帮助客户找出问题、解决问题。

而日本企业通常会基于一个共同的认知：所有客户的操作都是规范的。但是，在中国以及世界欠发达市场，纺织企业在使用机器的过程中，仍然会存在操作不当的情况，而织机企业又无法把控。所以，海佳必须为用户的"不规范"买单。所幸，现在这样的情况越来越少了。

在苏州办事处，海佳就拥有一个30人的团队，售后服务人员几乎占一半。"他们的职责就是围绕市场转，客户需要什么样的服务，就尽量去满足。"王安俭经常也把"同城标杆"海尔的"真诚到永远"挂在嘴边，将其视为海佳的信条。

于是，海佳的全球市场流失率，是零！

而负责海外市场业务的刘井然，最有感触的是与客户"培养感情"。有一家海外的企业，订购了包括海佳在内的3个不同品牌的机器，用于试运行，无奈其中一品牌的机器在使用期间出现了严重质量事故。客户与该品牌商多次沟通，无法解决。得知这一消息后，海佳派技术团队自费飞到目的地，主动承担了其中20多台织机的维修。机器不仅修好了，还分文未收！被海佳的技术实力和诚意打动，这家企业成了海佳忠实的海外客户，累计与海佳签订了600多台的订单业务。

在与印尼的客户打交道时，海佳同样是不计成本地先解决客户老机器更新换代的问题，再谈"生意和合作"。刘井然觉得，与客户之间的承诺，哪怕是最小的承诺，也要落实兑现，这样彼此的信任感方能建立起来。

王安俭始终认为，"信任是一切合作的前提"。一旦有了信任感，客户就会有了忠诚度，谁都抢不走。

"如果你的客户对你不信赖，即便合作也只是暂时的，海佳与客户的合作都是长久的。"王安俭说。

方法论

1. 个性化产品摆脱低利润困境

无可否认，中国目前是纺织大国，而不是纺织强国。海佳胜在总体性价比，同时，发展个性化产品无疑绕开了常规产品的低利润困境。

因为仅看价格，海佳生产的喷水织机，价格普遍比周边厂家高出近万元人民币，但客户却抢着下订单，原因就在于海佳提供了有核心技术做基底的高品质产品和全程的周到服务。

首先，隐形冠军往往都是行业的专家，无不拥有自己的核心技术和创新能力。在供给侧结构性改革的大背景下，产业发展将由量的扩张转入质的提升。而加强产品开发与技术创新无疑是驱动产业发展的新动力。而经过市场考验的海佳产品，其品质可以跟日本、台湾地区的设备相媲美。其次，海佳的销售人员都是围绕市场转，客户需要什么样的服务，就尽量去满足。高品质+"360度"的全程服务，是海佳摆脱廉价、低质竞争的"杀手锏"。

2. 善用"外援"

山外有山，人外有人。借力，在任何企业初创期都适用。毕竟没有谁一开始就是冠军，所以善于聘请优秀"外援"是迅速提升自己的有效方式。2013年到2016年间，海佳先后邀请了两位来自日本的管理和机械加工方面的专家，对喷水织机生产的关键环节——零件加工工艺和工装夹具的制作等工艺路线进行梳理。在技术工艺上的精进追求，并不止于此，后来王安俭还聘请了在台资企业工作了15年的研发部长，全面负责研发管理。此后，这种不定期聘请行业专家派驻指导的模式一直延续到现在。

3. 凡事认真，胜在专业

即使在行业里是佼佼者，也不能成为企业躺在功劳簿的理由。凡事认真，坚守专业之心，这一点在海佳人身上体现得淋漓尽致。

比如，为了让客户需求和制造完全结合起来，海佳专门收集客户需求，整理了一份织物和对应配置的标准化材料清单，同时还建立了一个客户和其擅长领域的数据库。这无疑让海佳更专业，更懂客户。

可以说，凡事做到极致，处处留心用心，多从客户角度考虑问题，继而比同行多走一步，正是隐形冠军企业的制胜法宝之一。

4. 极致服务，先"义"后"利"

"商人重利"貌似是商业的本质，但我们应逐渐意识到：真正能在产业链条上长期持有"冠军头衔"的企业，都是那些参透"利"和"义"的企业。

海佳可以为客户免费维修同行的故障产品，针对操作不规范的客户，不厌其烦地为其调整设备，这样结交下的客户，岂不就是"生死之交"，客户没有再选择别人的理由。所以，海佳的客户，一旦合作就承诺要永久合作。海佳在全球市场做到客户"零流失率"，背后离不开海佳对"利"和"义"的理解和贯彻。

从这点看，真正能适应市场的需求，不断地提升自我管理和创新能力，传统制造业依然有无限的未来。

产业链企业点评

汇龙纺织：此前不用"国产"的我们，为何选择了海佳？

福建汇龙化纤纺织实业有限公司是从2017年开始与海佳公司合作上线了海佳机台，说起来也是颇有"缘分"。

之前，我们公司没有用过国产设备，全部都是使用日本丰田进口机台。2017年夏天，正逢我们有增加新机台的计划，海佳方面来到我们公司进行了多次沟通。期间还邀请我们到他们位于青岛的公司总部、车间实地考察。最后我们在考察完国内三家机台供应商后，踏踏实实选择了海佳。

不得不说的是，在考察过程中，我们对海佳公司的整体形象和现场管理，印象很深：先进的精加工设备，定岗定位的人员管理，对材质和细节的把控等环节,让我们看了非常放心。

但我们之前并没有用过国产设备,于是我们先让海佳发了18台机台进行试用。最后,我们把这18台设备跟丰田机台上同样的品种进行了"一对一"的比较。通过布面平整度、织机效率、车速、油温、耗电量、耗水量等各个指标详细的对比,我们发现海佳机台跟丰田机台在以上参数指标方面差别不大,甚至有一些指标还超过了丰田机台。

于是,我们非常有信心地把195台第一批订单给了海佳,用了两年之后,我们又追加了175台!

因为,海佳的设备令我们放心、满意。海佳,对得起行业隐形冠军的称号!

申久家纺:对于改进建议总是配合

申久家纺跟海佳机械公司是战略合作伙伴关系,一直以来我们对海佳的产品十分信任,两家一起走过了八个年头。之前我们也是选择了好几家的产品,进行了试用比较,最终选择了海佳作为我们的长期合作伙伴。

在合作期间,我们曾经针对家纺面料的属性,给海佳提出了很多在机械方面改进的要求和建议,每当此时,海佳总是能够很好地给予配合。相信我们在接下来的日子里,一定会携手共同进步!

评委点评

海佳是一家基本功比较扎实的企业,重视顾客、人才、技术并且专注。这些看似并不起眼的工作,正是通往冠军的必经之路。我们不仅仅应该看到隐形冠军,更该看到隐形努力。

——中国造隐形冠军评委、北京大学国家发展研究院BiMBA商学院院长 陈春花

隐形冠军常常产生在那些同行竞争最激烈的区域。从纺织机械专业镇青岛王台走出来的海佳机械,对标全球领导企业,引进国际管理专家,坐拥喷水织机20%的市场份额,颇有胸怀天下的气概。

——中国造隐形冠军评委、《专注——解读中国隐形冠军企业》作者 邓地

1234**5**6789

金则利特种合金
有"水平"的细分霸主

让自己的产品,在国内"垄断"供货,这家公司究竟是如何做到的,又有哪些成功秘诀? 10年10倍增长的底气,源自哪里? 夹缝求生存,为何在这里反而成为主动为之的战略? 为何他们能默不作声地稳坐钓鱼台,等着客户们主动"送上门"?

文:中外管理 辛国奇

2020年，肯定是人类历史上，会被反复提及的一年。新冠肺炎疫情的黑天鹅，持续影响着中国经济和全球经济，不少民营企业在前所未有的"逆全球化"冲击下，举步维艰。

一直以来，民营经济、中小企业是中国经济的活水源头，也是承担民生、就业的大国基石。但新冠肺炎疫情席卷全球后，受创最重的正是中小企业，漫长的寒冬让他们难以适从。

不过，有一类企业，无论外部环境多么恶劣，风浪再大，他们始终能"行稳致远"——那就是在外界看来"默默无闻"的隐形冠军。位于湖南衡阳的金则利特种合金股份有限公司，就是其中的典型。

这家起步于1999年底的制造企业，在由《中外管理》发起主办的第二届"中国造隐形冠军"评选中，实至名归地获得了"隐冠"称号。

金则利拥有国内领先的独特水平连铸生产工艺，为下游电磁阀、气动阀生产企业提供高品质电磁不锈钢软磁合金材料，其产品主要用于制冷、气动、小家电、汽车电喷及流体控制等五大行业，是电磁阀与电磁泵等自动化控制器必用材料。经过多年发展，金则利已成为此行业国内最大的龙头企业，占据全国半壁江山，一举扭转了我国电磁不锈钢需依赖进口的局面。其生产的用于制冷控制系统所需的封头材料已在国内"垄断"供货，拥有自主定价权。

2020年初，新冠肺炎疫情来袭时，由于生产口罩的自动化机器里，必须使用电磁不锈钢，所以金则利的产品反而成了硬通货，其电磁阀磁性材料的产能成倍增长。所以，当部分企业遭遇低谷、叫苦不迭时，金则利的产值却逆势大涨20%。

2020年，金则利的营收已接近2亿，而身为中国水平连铸第二代传人的金则利董事长钟长林，其目标是让金则利有"10年10倍"的增长：10年后，企业营收要做到10个亿，再过10年，则要向100亿冲击。

成为细分市场霸主，金则利究竟是如何做到的，又有哪些成功秘诀？10年10倍增长的底气，源自哪里？夹缝求生存，为何在这里反而成为主动为之的战略？

缘起：扬长避短地创业

1950年出生的钟长林，出身于书香门第，父母都是教师。学习成绩很好的钟长林,在当时那个时代背景下被迫中断了学业,成了上山下乡的知青。

返城后,对木模模型颇有研究的钟长林本有机会进入中央美术学院学习设计,但阴差阳错,他进入了衡阳地区钢铁厂工作。不过,学习能力极强的钟长林,做什么都是一把好手,加上他在设计方面有一定基础,生产图纸拿来一看就懂,深得衡阳地区钢铁厂的老师傅们喜欢。

钟长林做事相当细致,针对《中外管理》的采访提纲,专门准备了一个"受访提纲",手写了好几页纸。想必这种细致,在他当学徒时期,就体现得淋漓尽致。

1980年代,钟长林开始在衡阳钢管厂师从"中国水平连铸之父"章仲禹,学习水平连铸技术。章仲禹曾留学德国,回国后成为国家攻关水平连铸研究项目的负责人。能有机会跟随这样的大师,钟长林非常珍惜,从不放弃任何学习的机会。

所谓"水平连铸",指的是钢水由水平方向注入水平放置的结晶器内,铸坯凝固过程和在铸机内运动,直至到达冷床均呈水平状态的连续铸钢类型。因为水平连铸机的设备高度低,可在旧有厂房内安装,从而大量节约工程造价,特别适合于小特钢厂的技术改造。

为了搞技术,钟长林可以三天两晚不睡觉。有一次,为了解决一个技术难题,他跑遍了衡阳市的图书馆去找资料。功夫不负有心人,终于发现了一本苏联的相关资料。他熬了好几晚,找到了问题的解决方案,为当时的衡阳钢铁厂解决了一个很大的生产瓶颈问题。

甚至,为了搞科研创新,钟长林为此失去两个手指。"我当时在观察机器的内部构造,那时候安全意识确实薄弱。老师傅也没通知我,也没看清我在那里做什么,就直接启动了机器……"钟长林回想说。

数年后,钟长林成为章仲禹最得意的门生,并成为衡阳钢管厂炼钢分厂的第一副厂长。1992年,章仲禹选择了下海,在广州创办了南方水平连铸工程公司,钟长林跟随师傅,出任了这家公司的副总经理,负责在全国各大钢厂推广水平连铸技术。

但由于经营、管理不善,南方水平连铸工程公司在1999年关门了。钟长林带着好几项自己申请的国家专利回到衡阳。

多年的学习和实践,钟长林在水平连铸领域已积累了大量的技术和管理经验。为了将这一技术传承下去并发扬光大,1999年底,钟长林和衡阳本地一位地产商合伙创办了金则利公司。

说起公司名字的来历，钟长林告诉《中外管理》，"金"字是来源于他的姓，而"利"，就是"利他"的意思。从一开始，钟长林就想打造一家利他共赢的公司。

关于公司的定位，钟长林有着清楚的认识。他觉得，任何一家企业，任何一个民族，任何一个国家，都有它的相对优势，关键要扬长避短将之发挥出来。假如正面和大型钢厂交锋的话，金则利肯定不是对手。而金则利手里有其他小企业没有的核心技术，于是他将公司精准定位于：大型钢铁企业不愿意做、不好做，小企业又做不了、做不好的事情。

"因为我有这方面的经历，参与过这些大型钢厂的水平连铸技术的改造，知道他们的优点在哪里，缺点在哪里。水平连铸确实不适合大型钢厂，因为其优势是规格小，劣势是量产低，不适合大规模生产。"钟长林回忆说，"身为小企业，只能搞有技术含量又船小好调头的特种钢，才有竞争力。这个差异化定位，确定后就一直就没有改变过，我肯定是想通了才会创业的。"

后来事实证明，金则利成功的核心就在于始终坚守了这个精准的定位。

不过，刚刚起步、毫无名气的金则利，即便生产出的产品品质过硬，但行业内还是不太认可，因此公司陷入了连续三年亏损的泥潭。

好在，金则利申请下了科技部、财政部70万元创新基金，否则真的难以为继。

回想起这亏损的三年，钟长林有过反思：市场是有的，并且是一直存在的，不是市场不认可你的工艺和品质，只是它还没有适应你。

彼时，国内的电磁不锈钢主要依赖从日本、德国等国进口，连行业标准都没有。所以国内企业开拓市场自然有很大难度。

看着公司连续三年亏损，钟长林的合作伙伴有打退堂鼓的想法，准备把股份出让将公司卖掉，金则利面临着生死存亡的考验。

悬崖边，股份制创造反转"奇迹"

必须有所改变！

钟长林一方面做这位占公司51%股份的合作伙伴的工作，一方面觉得不能这样下去，必须有所改变。"既然能申请下创新基金，证明产品是有科技含量的，另外任何企业创业初期都困难，技术的攻关、市场的开拓、团队的组建,都需要一些时间。"

钟长林提出,要给核心骨干予以特别激励,设立"承包制",立下军令状,如果来年达到一定盈利,给予其中20%的奖励。

合作伙伴听了这个建议,还有些恼火,说投入了三年还没赚钱,现在又提出了一个什么承包制。但钟长林反问:企业不可能仅仅靠老板运转起来,必须调动员工的积极性,但你靠什去调动呢?做企业,必须利他,否则什么事情都做不成!

合作伙伴有点想通了。于是,钟长林将管理团队中负责财务、销售、生产、品质的四位骨干及自己,纳入"五人承包小组"。随即他们把整个市场、客户全部都研究了一遍,制定了一个盈利目标。

万一没有完成怎么办?为了势在必得,"承包制"里还增加了对赌的成分,如果完不成目标,就扣掉每人当年50%的工资。

同时,钟长林制定出一个非常详细的考核指标,涉及销售、财务、生产、品质的方方面面,并采用了积分制。"我当过知青,做过生产队知青小组的会计,从当时的记工分里获取了灵感,出现什么问题就减扣相应的积分,并且做了明文规定。"

有着明晰的奖罚制度,前面有完成的透明奖励,后面又有完不成的直接惩罚,那一年,"五人承包小组"的干劲十足。到年底一算账,公司盈利了一百多万,2003年,金则利终于扭亏为盈。

"大家拿到奖励后,都说早知道能分这么多钱,当时应该更努力一些。"钟长林笑着说。他感慨,一个企业要想搞好,除了有自己的核心技术和竞争优势,有过硬的产品品质,还必须有出众的管理手段,而调动员工的积极性就是管理的目的。"技术和管理真的缺一不可,就像人的手和脚一样。这也是一个水到渠成的过程,你前面的基础都有了,正好又来了一个激励措施,大家的积极性被调动起来。将目标明确,把利益分配讲明白,为了自己谁都会去卖力干!"

创造反转"奇迹"后,钟长林意识到2004年必须乘胜追击、扩大战果,他将五人承包小组,扩展为几十个人,包括工序长在内的中高管全体参与,并且将盈利目标定到了200万,并且设有阶梯提成比例。

此次参与承包,设置了一个门槛,那就是必须缴纳一定比例的风险金。"都是自愿参加,但看到前一年都赚钱了,所以大家都很积极。"钟长林回忆说，2004年年底再一算账，盈利比目标值翻了一倍，达到了400万。20多人一分配，每人也能拿到好几万，而那时员工的平均工资只有几百元，所以这可不是一个小数目。

到了2005年，钟长林再次升级了这个激励机制，他准备在公司推行核心员工持股的股份制。在钟长林看来，企业分钱是一门艺术，有员工不满意，肯定是钱没有分好，必须平衡员工、经营管理层、股东三者之间的利益。此时，"二八原理"就很重要，核心骨干一定要成为股东，但绝不能搞成大锅饭。

"其实我在南方水平连铸公司的时候，就提出应该推行股份制。搞股份制的基础条件就是财务一定是公开透明，没有两本账，否则谁都不愿意来参加。所以，这也是检验公司是否规范的一个标准。"钟长林说。

同时能检验的，是员工的忠诚度。钟长林一个员工一个员工地去谈，"这也是识人的试金石，如果愿意成为股东，证明他对公司很忠诚，看好公司的发展。只要愿意入股，暂时没钱没关系，借钱让你入。但如果不愿意变成股东，则可能有二心。"

最终，在2005年，金则利创造了600万的利润，飞轮开始转动。

《道德经》里有句话："天地所以能长且久者，以其不自生，故能长生。是以圣人后其身而身先；外其身而身存。以其无私，故能成其私。"

利己，必先利他。经过多年发展，金则利的股份制愈发成熟，已然成为金则利的核心竞争力：300多名员工中，已有100多位骨干持有公司的股份。

能用众力，则无敌于天下矣；能用众智，则无畏于圣人矣。钟长林深知，事业的发展壮大必然需要依赖团队的成熟，必然需要每一位金则利员工的全力付出。"有些企业的技术人才就跟走马灯一样，根本留不住。如果你想打造一个百年基业长青的企业，必须有安心奋斗的人才，这才能可持续。"

所以，金则利创建了一种股权结构合理、全员参与的全新股份制，来确保企业在自己熟悉而热爱的特种钢合金领域，持续不断创新。"在民营企业里这么推行股份制的应该不多，因为老板都希望自己说了算，股份制毕竟要让老板受约束。但就像划龙舟一样，只有大家齐心协力一同使劲，才能有更多的加速度。"钟长林告诉《中外管理》。

"两毛"小产品，无边大市场

"一个价值两毛钱的配件如果出了质量问题，金则利就要赔偿3000元，

钟长林将公司精准定位于：大型钢铁企业不愿意做、不好做，小企业又做不了、做不好的事情

敢冒1.5万倍的风险签订供货协议，敢于如此供货的公司，国内唯独我们一家！"钟长林指着办公室的空调，饶有兴致地告诉《中外管理》。钟长林口中的这款产品，是金则利的核心"主打"，名为"JL-31B"，是电磁阀静铁芯的封头材料，广泛用于空调、冰箱等制冷设备中，在智能空调里，有控制氟利昂制冷制热的阀门，需要用四通电磁阀来起到开关的作用。这款电磁不锈钢产品作为封堵材料，对于焊接性能要求极为严格，一旦泄漏，制冷、制热就会失控。同时，由于产品又要有磁性，焊接又不能有裂纹，技术含量可想而知。"我们研发出来前，这款产品全部依赖从日本、德国、意大利等国进口，

价格非常昂贵。"钟长林说。而这款封堵材料产品很轻,不到7g,平均一个也就两毛钱。如果因为材料有裂纹导致制冷媒泄漏,金则利就要赔偿3000元,并且明确写入了供货协议。

一旦违约可不是闹着玩的,金则利为何敢如此自信地签订供货协议?那是因为,他们对自主研发的高品质产品有着十足把握。

为了确保没有裂纹,金则利有超声波、涡流、荧光粉无损探伤等全面覆盖的检验手段,裂纹漏检率可以控制在万分之三以下,确保性能质量稳定可靠,其各项性能指标均符合并部分超过国外进口同类产品。此外,金则利一磨光棒供货尺寸可以精确到±0.01毫米,客户可以减少材料用量和加工成本,综合性价比也比同行高出不少。

"进口的静铁芯封头材料要卖六七万元一吨,我们的售价不到其一半,性能却完全一样。你说客户要哪一个?"钟长林说。

目前,金则利的这款拳头产品,在国内智能空调静铁芯封堵材料领域,已经形成了独家垄断供货,无人可替代。并且这一局面,截至2020年,已经保持了十年之久。

尽管只有两毛钱的产品,但金则利的毛利率已能达到40%。即便已拥有了自主定价权,但钟长林并没有提价的计划:"如果我们从3万一吨涨价到5万一吨,也不愁销,别人还会买。但做企业的理念不一样,隐形冠军企业看的都比较长远,不是短期的'奸商'行为。"在他眼里,让自己的产品销往全世界,让全世界买空调、买冰箱的人都用上金则利生产的产品,才是最大的目标。

上市公司浙江三花股份公司,是金则利的长期合作伙伴,他们长年采用金则利公司电磁不锈钢生产制冷控制元器件:四通换向阀、电子膨胀阀、电磁阀。

通过使用金则利的静铁芯封头材料,三花股份生产的四通换向阀,从每只120元,降至每只30元,成本降幅达到75%。

作为一家全球领先的生产和研发制冷空调控件元件和零部件的厂商,三花股份的主导产品在全球市场占有率达到60%以上,并且他们已成为松下、大金、三菱、东芝、日立、格力、美的、海尔等世界著名制冷、空调主机厂的战略供货商和合作伙伴。

而作为三花股份的上游供货商,钟长林让全世界的人用上金则利产品、造福全人类的梦想，正在实现。

一款两毛钱的小产品，却拥有广阔无边的市场，隐形冠军就是这样，你感知不到它的存在，而它的产品，却就在你的身边，无处不在。

"做一备二考虑三"

隐形冠军往往强调"专精"，通过专业化发展塑造企业的专长，并以此赢得市场，专业制胜是其一大特色标签。

《中外管理》注意到，金则利的网站上详细罗列了各个产品的性能、特点，并且明确标注了可以替代美国、日本等国的哪一款进口产品。

在产品方面，除了专业制胜，金则利也有自己独特的战略，用钟长林的话说就是："做一备二考虑三"，达到此消彼长、三足鼎立、游刃有余的效果。

电磁不锈钢是金则利的主营业务，该系列产品占其总收入的比重在80%左右。他们将资源集中到主业的深度运营上，持续改进生产工艺，渐进式开发产品，与客户高度互动，最终以优质产品在产业链和细分市场中获得了有力的话语权。

这就是钟长林所说的"做一"。而"备二"则是开发汽车阀门钢，此系列产品是制造汽油发动机和柴油发动机进、排气阀的必用材料，也是整个发动机中的关键材料。因为长期承受汽油、柴油等燃气的高温腐蚀与冲刷，汽车阀门钢对品质要求也十分严格。在这一领域，金则利已完成了布局，拥有了不少稳定的客户，下一步也有扩大产能的计划。

在"考虑三"方面，金则利在2018年延伸了产业链，开发出拉链用不锈钢异型材，成立了金则利异型材事业部和恒德利不锈钢拉链有限公司，专业从事以不锈钢替代铜的生产，特别在当前铜价从4万元/吨上涨到6万元/吨，涨幅近期已近70%的环境下，具有广阔的发展前景。2019年，金则利又专门打造了一条81圆水平连铸生产线用于生产模具钢和高温铸造母合金，更加夯实了金则利公司在特种合金产品领域内的行业地位。

2020年，金则利为了提升合金材料的研发能力，投入数百万元引进了0.3吨的真空冶炼炉配水平连铸生产线，为他们开发、生产高品质电磁不锈钢产品和高性能高温合金产品提供了保障。

钟长林觉得，隐形冠军企业的产品不能太多，也不能太少。假如一个产品受市场影响产生了波动，还有另几款产品起到弥补作用，这就避免了资金链出现问题。

订单大于产能：隐冠都是"躺"着赚钱？

目前，金则利一直采取的是直营模式，并没有寻找代理商，不少隐形冠军企业可能都有这样的特点。这主要有两方面的原因：一是产品不愁销，二是产品太专业，别人一时半会搞不懂。

"如果找了代理商，客户问一个专业的问题，可能就把他们难住了，最后还是我们去承接服务。"金则利刘诗楷副总经理告诉《中外管理》，目前公司只有两名员工在做销售，并且产品无需四处推广，因为鉴于金则利的行业地位，有需求的客户往往主动就找上门了。

在金则利，可以说基本形成了产成品"零库存"，因为市场订单已经大于产能。

"如果产能大于市场需求时，必须要做销售，而金则利的订单已经源源不断，并且口碑也很好，又有世界知名的公司在做背书，当然不愁销、不愁卖。"刘诗楷说。

当不少依靠营销玩噱头的公司还在声嘶力竭地粉饰和标榜自己时，隐形冠军们却默不作声地稳坐钓鱼台，等着客户们主动"送上门"，这就是隐形冠军企业的独特优势，也是他们"无形胜有形"的竞争力。

刘诗楷还给《中外管理》讲述了一个记忆深刻的故事。有一年，他去金则利的合作伙伴浙江三花股份公司开供应商会议，三花公司一位负责采购的女老总，感慨地说："三花"现在能有全球制冷配件行业的霸主地位，和金则利密不可分。

"因为此前三花公司购买进口的材料，需要提前3个月付定金，然后就是苦等，直到6个月才能运输到国内，进货周期长达9个月！"刘诗楷说。

而在这9个月里，都不知道将发生什么市场变化。金则利供应的材料可以做到当月付款当月到货，如此，三花公司的产能就有了成倍增长，现金流也变得宽裕了，于是越做越好，越做越大。

与国外巨头相比，金则利的另一个竞争力在于，客户需要什么，他们可以立即对生产线做出调整，为客户定制化生产。这一"船小好调头"特性，自然也为金则利带来很多"大企业"无法履行的订单。

"记得2003年左右，我们还得主动出击去做销售，当时金则利负责销售的一位副总就说：现在是我们跑出去求别人，到时候会是咱们在家里躺着，别人来找我们。"刘诗楷笑着说，最后这个"预言"果然印证了。

在结交大客户方面，金则利也显得相当有耐心。经客户介绍，一个偶然的机会，金则利接触到了全球自动化技术知名厂商德国费斯托，因为翻译也不懂专业术语，刘诗楷只好一边比划一边画图，给费斯托介绍金则利产品的优势。

但德国人很严谨，会一步步去了解金则利的方方面面。经过两年的交流和磨合，费斯托终于与金则利签订了采购合同，截至2020年，双方合作已达十余年。

为了一个客户，不急不躁，可以等两年，试问不少所谓风口上的互联网公司能做到吗？但隐形冠军企业绝对可以，因为他们的基因里，没有"浮躁"二字。

独特管理："任正非+稻盛"模式

在管理方面，钟长林十分欣赏华为任正非和稻盛和夫的理念。

在钟长林看来，大道至简是不变的真理。华为从最初两万多块起家，用三十来年时间成长为18万员工、年销售收入6000亿的巨无霸，其根基就是简单的一句话：以客户为中心，以奋斗者为本，长期坚持艰苦奋斗。

钟长林一直在公司强调"以客户为中心""幸福是奋斗出来的"等理念。"有句很有哲理的话说：不要只盯着客户兜里的那5块钱，一定要想办法帮他把那5块钱变成50块钱，但我们只赚他5块钱。"

同时，金则利近年来一直在践行"阿米巴经营"，依靠划小经营单位独立核算来充分调动员工积极性，培养员工的经营意识，努力降低生产成本，生产适应市场需求的产品，从而不断提升企业竞争力。

此前，金则利实行的是以总经理为首的经营管理团队承包方案。而2020年，他们开始实行的是以工序长为核心的经营管理团队承包和以总经理为核心的经营管理团队承包二级核算方案。

"早期开始试水时，我们把重点放在了各级阿米巴经营长一人身上，反而形成了一个个'阿米巴墙'。所以现在特别纠正为强调团队成员承包经营。稻盛先生的阿米巴经营强调是没有金钱的游戏，但这在中国的现状下照搬是行不通的。"钟长林说。

每天早上7:40，是金则利开晨会的时间，钟长林每天都会用10分钟左右的时间，结合生产一线的情况，分享他学习稻盛哲学和华为精神的体会。"必须每天坚持讲，就像稻盛先生说的那样，只要坚持，你自己认为不行、不可能的事情，结果都实现了。"钟长林说，经过长年的坚持，有员工慢慢从抵触、不愿意接受学习，变为逐步接受一点点，最后就产生了共鸣。

钟长林觉得，企业文化的培养必须是一个循序渐进的过程，包括公司的一些标语口号，如果是假大空，没有和员工利益形成高度关联，最后都会变成空谈。"毛泽东的伟大之处就在于，让大家能一条心并且产生共鸣，并且口号简单让人很容易接受了。比如'打土豪、分田地！'既接地气，又能鼓舞人。"

冲击上市："十年十倍"的大目标

和不少企业家一样，钟长林也很信奉飞轮效应：企业从优秀到卓越的转型中，没有单一起决定作用的创举，没有惊人的创新，没有幸运的突变，也没有奇迹的瞬间。相反，整个过程就像在不断地推着一个巨大的、沉重的飞轮进行转动。刚开始很难，但只要转起来就越来越容易。

不过，钟长林也对飞轮效应给出了自己的注解，他觉得做企业是两头难，从起始到第一个目标很难，而完成终极目标就更难。

钟长林希望金则利符合"十年十倍"的成长规律：比如投资100万，第一个十年可以突破1000万，第二个十年就能突破1个亿。2020年金则利的营收已接近2亿，第一个十年的目标已经实现。而在公司创立的第30年，他的目标是营收要突破10个亿。"因为两头难、中间简单这个规律，所以想从10个亿做到100个亿，如果不借助资本的话，是很难做到的。"

钟长林曾随《中外管理》访学团去日本知名企业永乐屋参访，他感慨：永乐屋经历了多次传承危机至十四世，至今已有404年历史。家族式企业重视传统家训经营，确实增强了每一代传承者的责任感，有利于企业的生命延续！但如果没有找到既热爱又有能力的传承者，怎么办？在现代社会里是否应选择让企业上市，让它变成公众公司，继而助力传承。

钟长林觉得，上市可以获得如下好处：第一，易于融资促进企业技术升级；第二，增加企业知名度，很多商机会主动找上门来；第三，给企业高管高薪有利于留住人才；第四，容易吸引招聘人才；第五，提升管理水平，规范财务；第六，便于企业的传承和原始股东的退出等等。至于如何规避资本的投资进入带来的逐利风险，钟长林坦言，自己也有些困惑，但也不是没有解决办法。

钟长林跟随《中外管理》访学时，还去了1889年创立的山叶风琴制造所，他感慨，雅马哈集团以音乐为原点培育技术与感染力，却缔造了从摩托车、电动摩托、电动自行车，到游艇乃至发电机、沙滩车、工业机器人等多类跨界产品。

"雅马哈是为数不多的多元化发展成功的企业。但它们那么成功了，却仍不忘居安思危，并专门在展厅门口安放了一个'居安思危'的醒目雕塑，来提醒参观者'千万不应盲目跟风'啊！"钟长林说，所以盲目扩张式的多元化绝对不可取，安心做产业链上的一块砖头，才是隐冠企业应当坚守的。

"但另一方面，稻盛和夫如果不是展开了公司的多元化进程，能把企业从100亿带到1000亿吗？"钟长林说，有时候企业当家人头脑膨胀的时候，就容易失去理智。所以只能适当多元化，一定要在自己的控制之内，比如围绕产业链开拓，就很可行。

2020年起，金则利开始冲击新设立的科创板，在研发投入、科研成果、增长速度等方面，他们已经完全满足。

金则利拥有自主知识产权的小断面水平连铸专利技术，其产品目前被海内外100多家电磁阀、气动阀生产知名厂家批量采用。其中，电磁不锈钢产品早在2002年就被科技部、财政部等国家五部委评为国家级重点新产品。

而成立之初，金则利就与北京钢铁研究总院开展"产学研"技术合作。2015年11月，他们联合成立了"金则利先进功能材料技术中心"。2017年11月，金则利通过了汽车行业IATF16949体系认证，促进了公司汽车零部件材料供应质量的提升，开辟了汽车零部件材料广阔的市场前景。2018年3月，金则利生产的高温合金产品通过了美国著名的全球汽车零部件材料供应商卡特彼勒的合格供应商认证。

由于国内外经营环境不同，在中国，可能上市也是隐形冠军企业做精做强的道路之一。金则利如果插上资本的市场，确实将拥有更为广阔的发展空间。

未来：好一个"神州特钢全球通"！

新冠疫情肆虐全球，贸易战此起彼伏，全球制造业遭遇重创哀鸿遍野，而金则利发现了其中的机会。在钟长林看来，"危"中确实有"机"，甚至有"超出常规的机会",他们仍然会依靠产品性价比优势,不断扩大产品市场份额。他举例说:"金则利的一家客户在国内为美国康明斯发动机提供气门钢材料产品,原本生产气门的材料从一家美国公司采购,但由于中美贸易战双边提高关税,客户为了避免进出口要承担额外的关税,所以被迫在国内选择一家原材料供应商。金则利就顺理成章地成为了这家企业的主要供应商,风险由此转变成了商机。"

工业智能化时代已然到来,而设备自动化、智能化离不开电磁阀、气动阀产品。用钟长林的话说,就是"产品越智能,越需要电磁不锈钢"。随着国家大力推动机械设备智能化和电动汽车产业发展,电磁不锈钢软磁合金材料的使用市场急剧上升,市场潜力巨大。所以,金则利将迎来一片蓝海般的市场。

在谈到与世界级隐形冠军还有哪些差距时,钟长林说,主要表现在三个方面:第一,海外市场的开拓方面,确实还有较大差距;第二,在高度自动化及机器人生产流水线方面,还有很大的提升空间;第三,还是缺少世界级的"高精尖"产品。而金则利也一定会围绕这三方面去做努力和提升,公司一旦上市成功,这些问题都有望破解。

钟长林60岁生日时,对他成长影响极大的母亲写了一首诗送给他:"年少下放当知青,鲁班弟子苦练功。白钢工大哺育恩,衡钢喜结连铸缘。七项专利施魔法,金则利来创元勋。展望宏图看前景,神州特钢全球通。"

其中最后一句,正是钟长林心中所想,他给金则利制定的战略目标是:依靠水平连铸高新技术和创新精神,研发生产物美价廉的特种合金产品,铸神州特钢千秋基业,造福全人类。

"有人说这个战略有些'胆大包天',但这又何妨,湖南人不就得有点霸蛮精神吗?"钟长林说。

方法论

1. 一"定"致胜

金则利无疑胜在精准的差异化定位,他们之所以选择软磁不锈钢,首先因为行业没有天花板,而最根本的原因在于他们掌握核心技术,能有效规避水平连铸大熔炉的安全风险。采用类真空冶炼+小断面水平连铸技术安全系数高，而且工艺流程短，成本优势大。软磁不锈钢细分市场钢种多，规格多，而订单批量小，大企业不方便组织生产不愿做，小企业又做不好。专业技术+时间沉淀+成本优势，再叠加不断扩大的刚需，成就了金则利的持续发展。

对于广大中小企业来说，的确不能和大公司正面碰撞，一定要选择差异化竞争的空间，哪怕这个空间只是一个"夹缝"。同时，守住自己的"真本事"，甘做产业链上的一块砖头，慢慢积累，有多少资本做多少事，任凭风浪起，稳坐钓鱼船。毕竟，世界上的百年老店都是坚守主业的，不靠负债进行扩张，凭着自己的资本积累往前发展的企业，都走得很稳。

2. "五稳"致远

德国著名管理学家赫尔曼·西蒙1986年在《隐形冠军：未来全球化的先锋》一书中首次勾勒"画像"，如贴近客户、高创新投入、注重质量、精益组织等。其中，"行稳致远"是隐形冠军企业区别于其他类型企业的一大特色，也是企业高质量发展的基本保障。隐形冠军企业作为高质量发展的示范引领标杆，通过专注细分市场，聚焦主业，创新驱动发展，稳步实现从制造到智造的转变，形成了较强的国际竞争力，在全球产业链中拥有较大的"话语权"。反思金则利的发展历程，可以概括为"五稳"致远。

成长稳——步步为营。隐形冠军企业大多深度布局在产业链的特定环节，在细分市场具有较高的竞争优势，拥有较强的成长能力。金则利深知自身的独特优势，但同时对市场保持敬畏，不盲目追求快速成长，而是稳扎稳打、步步为营、厚积薄发，注重资源和能力的长期积累，走高质量发展路径，追求"功到自然成"。

经营稳——谨慎贷款。隐形冠军企业基本上都采用内生式成长方式。金则利保持着很低的资产负债率，财务稳健，即使面对外部环境的动荡变化，公司经营也不会出现大起大落。金则利对银行贷款特别谨慎，对企业运营风险有着较强的把控能力。

动能稳——创新驱动。生产工艺改进和产品技术创新是隐形冠军企业持续发展的不二法宝。金则利注重创新，工艺、产品、管理都在不断创新迭代中成长，其研发投入长年保持在营收的5%左右。而其掌门人钟长林是技术专家出身，无疑促进了公司创新文化的形成。

员工稳——效率更高。企业即人，管理即借力。金则利从创业初期便摸索出的全新股份制，最大限度地避免了核心员工流失，员工的积极性也被完全激发。员工们齐心协力一同使劲，才让金则利有了更多的成长加速度。

地位稳——标准引领。有人说，一流企业做标准、二流企业做品牌、三流企业做产品。金则利对本领域的技术、工艺和流程了如指掌，也熟悉行业的发展特点和趋势，他们积极制定产品标准来把握发展主动权，建立起标准引领发展模式。2017年11月，工信部颁布了金则利牵头制订的电磁阀用铁素体不锈钢棒材行业标准，标志着金则利已经成为国内电磁不锈钢行业领航者。

产业链企业点评

浙江三花制冷集团有限公司

金则利特种合金股份有限公司和浙江三花制冷集团有限公司是战略合作伙伴关系。该公司拥有先进的管理水平和质量保证体系，其创始人钟长林先生诚信经营、高瞻远瞩，且对企业的发展定位和战略布局具有独特的见解。他们视质量为生命，始终把"服务至上，客户至上"作为企业文化的灵魂。

作为新材料领域高新技术企业，金则利利用国内领先的独特水平连铸生产工艺，为下游电磁阀、气动阀生产企业提供高品质电磁不锈钢软磁合金材料，打破了该行业进口材料的垄断。我司电磁阀封头材料全部用金则利产品替代进口，得到了下游主机厂的好评。

近年来，我司加大汽车零部件开发，使用金则利的产品越来越多，合作更加紧密。2020年新冠肺炎疫情肆虐全球，国外制造业遭遇重创，金则利产品替代进口优势更加明显。

2008年湖南全省发生大面积冰灾，道路交通网络彻底瘫痪，我们公司面临断料停产，焦急万分，金则利销售人员不畏严寒与危险亲自从衡阳开车跨省送货上门，解决了我们公司订单及时交货的难题。2020年年初，新冠肺炎疫情肆虐，金则利公司早准备、早筹划，第一时间开工生产，为国内企业提供急需产品，他们不计成本用专车把产品运送到我们公司。

金则利始终保持着对软磁不锈钢产品的专注度和热情，一直在付出不亚于任何人的努力，近几年投入的研发经费均保持在销售收入的5%以上，深耕细作软磁不锈钢细分领域。经过漫长的技术积累与沉淀，他们生产的产品质量和性能可以全面对标甚至超越国外同类公司，产品的高品质高性价比，在短时间内国内竞争对手无法复制和赶超。

另外，金则利拥有一群雄心勃勃、团结奋进的管理团队，其在销售策略上的大胆创新，在品质上的"吹毛求疵"，在管理体系上的精益求精，引导着金则利在发展的道路上持续稳步前行。

众所周知，当某类产品被国外垄断，技术壁垒无法突破时，进口产品价格将居高不下。金则利的软磁不锈钢产品进入市场后，国外进口的同类产品价格已经腰斩，为我们这些下游加工企业直接降低了成本，自然为中国家电产品出口提高了竞争力。

金则利公司从一家几个人的小作坊经过20多年的努力奋斗，化茧成蝶，成为细分行业标杆，传递了一个真理：幸福都是奋斗出来的！对于金则利的发展，我司满怀信心，希望他们在快速发展的过程中戒骄戒躁，保持初心，为国家的发展和社会的进步做出更大的贡献，成为中国特种合金产业的标杆企业和国际名片。

评委点评

凭借独特的产品、独特的技术、细分的市场，在软性不锈钢材料的国内市场占有率达50%以上，并且还在挑战更高的目标，有很好的成长性和利润水平。

——中国造隐形冠军评委、兴富资本董事长 王廷富

没有思路就没有出路。金则利对于自身"大企业不愿做、小企业做不了"的产品定位，是有普适性价值的。与此同时，创始人对于国企技术资源的充分借用，又是我们中国特色下的民企高速成长的个性化经验。

——中国造隐形冠军评委、中外管理传媒社长、总编 杨 光

123456789

双童吸管

自成一家的"做小"哲学

这家公司不要大客户,不做大集团,甚至把公司"瓜分"成一块块小的创业矩阵,其中有何玄妙?其掌门人,要让自己的思维活力永远保持在25岁,他究竟是如何想的又是如何做的?"利他就是利己"这句话背后的商业哲学,在这里又怎样充分实践?

文:中外管理 朱 冬

作为隐形冠军获奖企业，义乌市双童日用品有限公司董事长楼仲平与双童吸管的名字几乎是分不开的。外界对他的描述大都是："吸管大王""二十多年只专注一根吸管，将工匠精神发挥得淋漓尽致""把每根只赚几毫钱的吸管做到了几亿产值，成为全球最大的吸管生产企业"……

但今年54岁的楼仲平，更喜欢称自己是一个不断学习的"年轻人"，他玩抖音、拍视频，微博有40多万粉丝……定位自己于"不做资本家，做实业家"的楼仲平，每周都要出去讲几次课，坚持学习读书，学杜拉克（也译作德鲁克）管理，越来越像一位学者，一位思考型的企业家。虽扛着隐形冠军企业的荣誉，却深感如履薄冰，时常在思索隐形冠军企业的天花板，并寻求突破。

细细想来，14岁就从"鸡毛换糖"的卖货郎干起，后又在租来的两间民房用一台半自动设备起步，在辛苦一年所得利润还不及厂房租金的时候也未曾放弃；每根吸管平均售价8厘钱，每根只赚几毫钱，却做成几亿产值，公司成为入选MBA的经典案例。

被楼仲平称为"外人看不懂"的双童吸管成长故事，精彩又有味道。

夺冠的"基因"：能吃苦不服输

和很多低调的隐冠企业一把手相比，作为由《中外管理》发起评选的首届"中国造隐形冠军"获奖企业老板的楼仲平，却是一个爱分享，乐于接受新鲜事物，也并不抗拒和媒体打交道的人。这种分享型的性格，或许和他早期"鸡毛换糖"的卖货郎经历有关。

兴许地域差异，大部分人不懂得什么是"鸡毛换糖"。明末清初年间，浙江义乌人就开始走街串巷，以红糖、草纸等低廉物品换取鸡毛等废品以获取微利。用"鸡毛换糖"换取蝇头小利，这也是义乌人最早的经商启蒙。"鸡毛换糖"精神激励着义乌几代人，也推动着义乌成为世界闻名的小商品城。

1979年，14岁的楼仲平辍学，小小年纪就随父亲来到江西做起鸡毛换糖的行当。"鸡毛换糖"的地区主要是偏远山区，道路崎岖，路途艰险，三兄弟加上父亲，4个人挑着"货郎担"每天翻越百里路去营生。

由于挑"货郎担"只在春节进行，平常没得挑。所有的挑货郎们通常是腊月二十左右出走，元宵节前回到家乡。这期间每天挑一百多斤的货物，走几十公里山路，晚上十点钟回到住处，脚上都是磨烂的血泡，要是遇上下雨天就会浑身湿透。

"但是我没感觉到痛苦，因为家里没饭吃，这样总比饿肚子好，对吧？"从极端贫穷当中走过来的楼仲平，造就了后来做事不怕苦、不怕难的性格。

1990年，义乌已成为我国最大的小商品专业批发市场。1991年，义乌市场的成交额突破了10亿元。同年，楼仲平回到了义乌，结束了他的货郎生涯，在义乌第三代小商品市场——望江楼市场租了半个摊位，卖当时刚流行的日用品：塑料杯、一次性筷子、纸杯、吸管等，开启小商品的销售之路。那时候为了挣五毛钱，他可以骑6公里的三轮车去送货。

半年下来，楼仲平就做到了百货行业700多个摊位中的No.1，最好的时候，一月能挣一万多块钱。

1993年年底，恰逢一个做吸管的老板想把手上做吸管的机器卖掉转做其他生意。这触发了楼仲平的兴趣，他问自己："为什么我不可以生产吸管呢？"——于是楼仲平决定放弃原来的日用百货批发生意，去生产原来在摊位经销的塑料吸管，成为义乌"贸工联动"的第一批企业。

现在回看这个改变命运的决定，楼仲平说："很多人问我，为何选择吸管？其实根本不由你选择，那个时候我很普通，没文化，很草根。做企业之前，干了20多个行当也没干好，对我实际上是一个教训。我明白，其实不需要做太多东西，因为做的东西太多，精力根本就接不上。你最终能做好的一件事，往往是跌跌撞撞、选来选去之后最终的一个归宿。"

此后，楼仲平铁了心回归到一根吸管的生意上。"我一直安慰自己：既然选择这个行业，就把这看成投娘胎一样。你的老妈再差，你也不能抱怨了。如果你争气，你可以改变她的命运嘛！"

后来，楼仲平在回忆这段人生的时候，也感慨：人一辈子有无限的可能，一切基于你的思路转变。而这种能吃苦不服输的劲头，也为后来企业成为隐形冠军企业埋下伏笔。

蝇头微利出奇迹

选择专门做吸管生意后，楼仲平才发现这个行当确实比较难做。这也应了那句话：最简单的也是最困难的。

而所谓的"难做"，并非生产吸管本身，而是市场的不规范。起初，没有人看得上这利润微乎其微的小吸管，可谓是门槛低、技术低、起点低、利润低,几乎是上百万个义乌小商品当中最难做,也最不值得去做的产品。但随着楼仲平的工厂迅速发展,很多义乌商人也开始跟风办厂,一时间当地的吸管厂数量暴增十几倍。

不过正当大家盲目跟风的时候,专心盯着吸管这门生意的楼仲平却发现,当地不管哪家工厂生产的吸管包装上,都不约而同地印上一男一女两个儿童头像,消费者只是在乎吸管的功能,也并不会在意吸管的商标和logo。很多生产吸管的老板们,也并没有品牌意识和观念。

这是个机会!

经过一番查询,这一男一女两个儿童头像的包装和logo,竟然没有人注册过。楼仲平立刻花了2000元钱把这个商标注册下来。

1995年8月,算得上是双童吸管真正拿到"身份"的日子。至此,双童踏踏实实地进入了高速发展期。

时间到了1997年,金融危机的强大冲击波,双童吸管也无力幸免。

吸管的原材料价格从每吨4500元涨到近万元。很多吸管生产厂家在巨大的成本压力下,开始在每包吸管的品质和数量上"动手脚",偷工减料以次充好,或者虚标吸管个数。

此时,小时候那种咬牙挑货不服输、吃得苦中苦的劲头,又影响着楼仲平。他不但不降低质量,还坚持用好原料,在包装上明确标明数量,而且每包吸管数量只多不少。

慢慢地,双童在质量上和对手就形成了差异,拉开了距离。金融危机过后,竞争对手倒了一大批,而双童的脚跟站得更稳了。

就这样,虽然只是一根小小的吸管,但必须保障品质和质量,维护品牌信誉,成为楼仲平做生意钢铁般的原则。

到2002年,双童公司成立仅七八年,楼仲平就将双童吸管做到了全球第一(这一纪录保持至今)。这一年,沃尔玛、Dollar Tree(美国零售巨头)也奔着双童吸管的知名度而来,成了双童吸管的客户。

但是好景不长,这几位美国大客户对价格的控制,导致本来就处于微薄利润的双童吸管,更无利可图。放弃?毕竟是知名大客户。可是如果继续合作,徒有光鲜的出口业绩,双童吸管毫无还价之力,利润被挤压到所剩无几。怎么办?

"如果1个大客户顶10个小客户,我为什么不去找10个小客户来做生意呢?大客户他说了算,小客户我们能商量。"2003年,居安思危的楼仲平提出一个理论——小客户原则,这套理论后来被当作MBA教材案例。

"小客户原则"这一差异化战略,避免了日后双童陷入和竞争对手同质化的血拼中。专注,帮助双童把吸管这门小生意,越做越大。今天看,双童的行业成绩也足以证明,这步棋走对了。

退出了利润微薄的美国市场。楼仲平更加坚定了"小客户原则",他扩编销售队伍,找到了当时还是"小客户"的阿里巴巴,在上面设立了诚信通摊位。

现如今,双童有统计的客户数量已达2万多家,内销和外销各占一半,彻底掌握了品牌在客户中的选择自主权。

2003年,楼仲平把目光转向"近邻"日本市场,通过多层努力,终于联系到一个客户来工厂考察。结果,对方却在去完洗手间后掉头就走了,连车间都没去看。翻译转达说:"你们(厕所)那么脏,人家就不看(车间)了。"

几番沟通解释,双童最后还是与日本客户签订了一批订单。但没想到,首次和日本客户的合作,却还是遭遇了一场"折戟沉沙"。

六个集装箱运到日本,客人投诉抽检时发现了一根头发,为此采购商要求全检。但全检的费用却比吸管本身还贵,楼仲平只得同意在日本就地销毁,还额外支付了17000美金的销毁费。紧接着,楼仲平将还未出港的两个集装箱从宁波港运回双童,当着所有员工的面,一把火烧掉了几百箱。

想起当年海尔张瑞敏为革故鼎新砸冰箱,楼仲平为了痛下决心抓质量,也火烧了自家品牌的吸管。也正是这份决心和态度,让世界看到了双童对品质的拳拳之心。此后的十多年,双童出口日本的订单,再未收到过任何质量投诉。

比别人多走一步,哪怕半步

隐形冠军企业之所以能成为冠军,往往就是因为比其他人往前走了一步,哪怕只是一小步。

当市场逐步走向规范化,双童吸管也在国内外市场上趟出点儿名堂了。楼仲平并没有躺在功劳簿上,而是先人一步开始琢磨创新和科研。

不过,一支小小的吸管,能有什么花样可言?

"为什么一根吸管只能卖这个价?为什么吸管一定是塑料的?为什么吸

管一定要一次性的？为什么吸管只能用来喝饮料？"这是楼仲平经常思考的"哲学"问题。

于是，双童不断在功能上和外观上对吸管进行改革，让吸管不仅仅只是廉价的吸管，还可以是一件艺术品和奢侈品。

围绕小客户原则，以女性和儿童为突破口，双童逐渐研发了情侣吸管、变色吸管、风车吸管、音乐吸管，以及帮助小孩服药的"哈哈吸管"。此时，吸管已经成为快乐和情感的载体。

比如，一支"爱心吸管"适合在婚宴等场合使用，零售每支8元左右。在吸管上的心形结构中，竟然装有水流止回阀和过滤装置，仅水流止回阀就有4项自主知识产权。

从2006年到2007年，楼仲平闷头研究，不断进行创新设计和发明，并申请了专利。楼仲平带领"双童"先后花了十年时间，从行业标准到国家标准，再到ISO国际标准，几乎包揽了吸管行业的所有话语权和规则定制权，彻底打破了西方国家对产品规则制定权的垄断，并且拥有全球塑料吸管行业2/3的专利，成为行业内绝对的领导品牌。

从标准方面而言，2006年，双童完成了中国吸管行业的行业标准；2008年，双童独家制定中国《聚丙烯饮用吸管》国家标准。从2008年开始，双童代表中国吸管企业主持吸管国际标准的起草制订。2009年11月17日，第一批37项专利获得通过。

楼仲平对此深有感触："在一个行业中提升自己存在感最好的方法，就是参与标准的制定。'新'是对以往事物的放弃，而对新的事物的追求，就是人们所常说的喜新厌旧。而不断创新就是满足这种喜新厌旧的应变法则。"

可以说，楼仲平跳出了传统制造业的思维模式，他通过坚持和创新改变了企业的认知，影响了双童吸管在后续发展过程中的定位：始终坚守在"一根吸管"上，并通过专注不辍、精进创新、用心经营形成了独具特色的"双童思维"，使双童吸管逐渐摆脱了薄利多销的粗放经营，逐步形成了精细化管理、生态环保、与员工共成长的可持续发展道路，从而彻底改变了世人对吸管行业低、小、散、弱的传统认知。

如今，每当有朋友去拜访、参观双童吸管，楼仲平都会带他们去双童的吸管博物馆，那里不仅详细介绍了吸管的发展历史，还陈列着双童研制的各种各样的吸管：动物造型的卡通吸管、内嵌风轮会不停旋转的风车吸管、生肖吸管、帮助老人和病人吸饮不会回流的省力吸管、小鸟吸管、party吸管、钢制吸管、可降解吸管……在吸管博物馆里，五彩缤纷、琳琅满目的吸管样品，让人眼花缭乱。如果不是亲眼所见，很难想象一根吸管也可以玩出这么多花样。

"我们发现一根吸管也有很多值得深挖的卖点，从文化性、精神性、情感性一直到趣味性等等，如何做到被受众认同，继而实现口碑传播，一直是双童致力在做的事情。"楼仲平说。

能"救命"的远见

创新和差异化，让双童吸管很快甩开同行，越走越远。

但楼仲平或许最初也没想到，持续的创新并保持敏锐的洞察力，甚至能够拯救行业于水火之中。

2020年年底，"最严限塑令"来了，规定自2021年1月1日起，全国范围内的餐饮企业都将禁止使用不可降解塑料。依据相关法律法规，政策条令实施生效后，违规生产、销售，情节严重的要吊销营业执照，并将被处以1万至10万元的罚款！

而双童吸管却在消息发布的一个月里订单猛增，一款吸管的销量达到了过去几年的总和。这项深受欢迎的产品，正是双童早在2006年就已经研发成功的聚乳酸可降解吸管（成分是玉米淀粉）。

追溯到十多年前，专注吸管行业的楼仲平，很早就意识到白色垃圾已经成为人类公敌，真正环保的吸管必定是未来的趋势。基于此，双童觉得，必须研发出应对白色污染问题的可降解吸管。

2006年，以淀粉为原料的聚乳酸可降解吸管在双童被研发出来。这款吸管由淀粉基材料乳化而成，具有良好的生物可降解性，具备良好的安全性、光泽性和透明度，可直接跟食物接触，使用丢弃后在堆肥条件下45天就可以分解为水和二氧化碳，不污染环境，也有效避免了塑料制品所造成的白色污染问题，真正做到了源于自然，归于自然！

"我们始终认为，作为塑料制品，吸管的使用回收性差，使用中一定会产生白色污染。我们是有危机感的，总有一天塑料制品会引发巨大关注。所以当时就决定去找一种替代材料，保持功能性的前提下还能分解不会产生白

面对"禁塑令"，楼仲平棋高一着的是，早已做好了"升维打击"的准备

色污染。"楼仲平说。

2018年是吸管行业的革命之年，全世界掀起了抵制一次性塑料产品的行动。白色污染已经受到全球关注，欧盟市场禁掉塑料吸管，日本、韩国也紧跟其后。楼仲平立即意识到，双童积累几十年的塑料吸管生产设备、技术和经验将被时代所抛弃！

果然，2018年7月，星巴克宣布将于2020年前在旗下2.8万家门店内全面取缔塑料吸管；9月，英国境内麦当劳餐厅全面中止使用塑料吸管……

行业里因"限塑令"一时慌了神儿，本就利润薄如刀片的吸管行业，明显预感到一个前所未有的寒冬即将到来。

纸质吸管是"禁塑令"出台前使用最多的解决方案，包括喜茶、星巴克等茶饮、咖啡品牌均已开始使用。双童的纸质吸管研发技术也已经成熟，与早期同类产品相比，已经可以置于液体中不易软化、久泡不掉色，具有良好的安全性、稳定性和抗透水性，在堆肥、土壤和水体条件下能被微生物完全降解。

但是，楼仲平棋高一着的是，早已做好了"升维打击"的准备。

原本"养在深闺"的双童淀粉可食用吸管，在一夜间成了"全球宠儿"。这款可以当面条吃的"淀粉吸管"一亮相2019年的义博会（义乌小商品博览会），就吸引了世界客商的眼球，也见证了双童通过技术创新，从根本上解决吸管造成"白色污染"的创新和研发实力。

楼仲平透露，其实，当年用淀粉基材料生产的"可降解吸管"，一直都卖得不好，因为价格太高。禁塑令出台后，双童一个月卖出去的"可降解吸管"产品，比前十多年卖出去的总和还要多，而且订单已经排起了长队。

"创业者的悲哀，就是没有所谓的成功，只有所谓的成长。真正要把一家企业做好，这种危机感一定是油然而生的，每一天都过得如履薄冰，战战兢兢。如果不是这种危机感，不是创新思维指引，不走在政策的前面，不在2006年就搞这个项目，我们何来今天？肯定死掉了。"楼仲平感慨，以前公司都以五年为周期做发展规划，但在当前的巨变时代下，已经不能满足时代的发展。所以，双童也不再设定五年发展目标规划，保持随时变化。

管理精髓：思维必须"突破遮蔽"

一路把企业做到行业第一，成为全球吸管大王，很多人问楼仲平战略秘籍是什么？管理精髓是什么？

楼仲平通常都是苦笑着回答："哪有什么战略，我们都是踩着西瓜皮，滑到哪里算哪里。但是有一点很清楚，我们就像爬楼梯，从来没有满足过，从没有停顿过，爬上一个楼层又看到下一个，我还可以再爬上去，就又爬上去了。"

楼仲平常自嘲没有受过正规传统的教育，1998年才上了浙大，所以没有形成一个固有的思维通道，但从双童的发展脉络看，冠军之路绝对离不开楼仲平开放的思维边界。

说起民营企业的管理，用人唯亲和凭借直觉感知行事，是不少中国民营企业惯用的做法。

在楼仲平看来，这和中西方文化有关。西方文明是一种生人文化和商业文化，长期与生人打交道，形成一种"理性经济人思维"，重视规则。东方文明是农耕文明，由于其封闭性，人们无法通过文化交流获得更多必要知识。人们对于自然世界的认知，只能基于现象层面的理解，用观察和经验去解释一切自然事物，依靠直觉观察认识世界，更偏感性思维，但缺乏对事物背后本质的认知和探索。所以，如果用中国人的方式去解决西方传过来的企业经营问题，就会产生冲突。

那么，双童的管理法则是怎样的？楼仲平分享道：

首先，是突破自己的思维。

每个人都认为自己天然是正确的，并不会轻易放弃自己原有的思维和意识，所以也很难接受全新的观点。在楼仲平看来，人们在获取知识的学习过程中，顺着自己的喜好所做出的学习，基本是无效学习。"我不喜欢的东西，恰恰是我需要去重视和获取的。"他甚至面向创业者大声疾呼："突破遮蔽"已成为创业者打破瓶颈的关键所在！

双童吸管的第一批管理者来自国有企业，他们为双童发展做出了巨大贡献。但慢慢地，他们和楼仲平，以及职业经理人的文化和思维冲突，越来越大。

2011年，楼仲平提出了第三个五年发展规划：持续创新，再造经理人，解决二代传承。这等于公开革老臣的命。但经过两年半时间，2013年10月，双童完成了管理团队重组工作，大部分"老化"的经理人得到妥善安置；重组后"双童"团队平均年龄不到30岁。原有的思维遮蔽被彻底打破！

其次，情怀可以有，但不能当饭吃。

楼仲平认为：在"重德文化"下，企业容易忽视规则和契约。中国人似乎只要站在"道德高地"，往往就可以居高临下而无往不胜。

于是，"煽情式"管理大行其道：大谈牺牲奉献、感恩付出、至善大爱，却无视"责、权、利"。在楼仲平看来，这种人性中的"情怀"只能短期激发，如果长期持续一定会导致精神麻痹。而西方管理更多强调"人性关怀"，追求"自知"，从而做到"自律"。

在这方面，楼仲平觉得：1、"理性思维"并非不讲情理的冷血思维；2、对待员工，要求"职业化"而非"道德绑架"；3、从"管人"回归到"管事"。

而在员工管理上，楼仲平一直也强调，在高度变化的新时代下，管理者如果一直沿用以前的老经验、老方式，那就离淘汰不远了！"年轻人是这个时代的主人。他们更能接受新的变化，更能理解新鲜事物，更能获得新的机遇。50后、60后、70后们只能更努力地向年轻人靠拢，向年轻人学习，才不会被这个时代所抛弃。"

所以，这些年来，楼仲平一直坚持向年轻人学习，创建与年轻人对话和沟通的能力，永远将自己定位在"25岁"，紧追时代步伐，不让自己的思维落伍。

利他，方能获取正向反馈

那些参观和学习双童吸管的企业家们，也常常会听到楼仲平分享"利他"这一理念。利他哲学，在企业圈子并不新鲜，关键是看如何贯彻。

楼仲平经常说："你对别人好，别人给予你的也是正向的反馈，最终还是利己。""利他就是利己"这句话背后的商业哲学，在双童得以充分实践。

而自利，必先利他。

走在双童"花园式工厂"的顶楼，你会看到"空中生态园"里花树繁茂，硕果累累。早在20多年前，楼仲平就从日本学习到日式企业独特的经营方式，并将它理解为"生态化经营"，重点是：讲究人与自然的融合，追求极低的排放。

2004年，楼仲平受日式企业科学管理的启发，引进了雨水收集回用系统、废水处理回用系统、设备余热水循环利用系统、设备余热采集循环系统。2005年，"双童"就开始采用垃圾分类循环系统。因为太前卫，当时的设计院甚至不能满足双童环保的设计需求。但楼仲平并未知难而退，选择自己学习CAD画图软件，指导施工。

后来，楼仲平看到北海道札幌的一家企业把屋顶全部利用起来，收集雨水，用太阳能、风能解决电力，也从中受到启发。他在新厂房顶楼修建了"双童空中生态园"，栽了200多棵水果树，在池塘里养了1000多斤鱼和一些家禽家畜，还准备了员工的娱乐区。

在雨水收集系统和废水处理系统的作用下，双童新厂房建好之后，没用过一吨自来水，因此，每年企业节省了500多万元能耗的支出。通过十多年的建设，目前的"双童"已经成为绿色生态、节能环保、无污染、低排放的花园式企业。

在楼仲平看来，"垃圾"是放错了位置的资源，节能降耗的行为并非是"企业家精神""社会责任"，而是企业能耗的优化，是企业产出效率的最大化，是一种"自利"的行为。

而善待员工，更是一种体现企业关怀的"自利"行为。

在做企业之后，贫苦出身的楼仲平深刻理解员工的不易。他认为善待员工的实质就是善待企业，企业必须对员工先"赋予"。双童吸管从2004年9月开始，就明确把中国传统"家文化"作为员工管理的着力点，鼓励员工内部恋爱，以"小家"形成"大家"。

在双童吸管，有这样的规定：员工在食堂吃饭不收钱，家属收一半成本费；招工时引导夫妻工和家属工在公司就业；鼓励子女在身边上学和生活；鼓励老人帮员工"带娃儿"。

对于"善待员工"这四个字，楼仲平有自己不同的解读：所谓善，往往会被理解为"赋予""给予"，但是善待员工的本质，是获得员工的正向反馈。你给他什么，他就会给你什么，你赋予善的时候，他反馈的还是善。但在这当中，企业是强势的，员工是弱势的，都必须由企业倾心赋予，不计较有没有回报。

懂得"利他而利己"的逻辑关系，实际上就是：唯有持续对员工好，企业才会持续发展！

楼仲平认为，创业的本质是为了彰显生活的意义、人的成长、社会的进步。对顾客好是天然、自然的，但如果企业掌门人能够将"利他"的对象延伸到员工、合作商、政府和社区等所有的商业对象，就理解了利他中的"他"——天下万物。

求利之心人皆有之，本质上无可厚非，但"利他"哲学中的"求利"不是单纯利己，而是求得正向反馈而利己。稻盛和夫所提到的"利他哲学"，就是儒家思想和西方哲科思想的结合，作为儒家的发源地，我们应该更驾轻就熟地应用"利他哲学"。

在这一思想基础下，双童吸管的目标不断变化。

2005年：双童吸管追求全球最大；2010年：双童吸管追求全球最强，因为强公司是商业能力决定的，具有排他性；2016年：双童吸管追求做一家好公司。

从排他到融合，从竞争到引领，从占有到共生。楼仲平强调，双童吸管不要成为只能挣钱的公司，而希望做一家"有利于他人"的好公司。

当说起"双童"为何要持续坚持"利他经营"时，楼仲平答道："双童"善待员工、善待生态、善待环境、善待他人，虽然没有获得立竿见影的利益，但长期利他而引发的正向反馈，企业盈利就成了必然的结果。

专注，但不迷信工匠精神

从草根到行业隐形冠军，双童吸管靠的就是专一、专注。而以专注、专一的工匠精神著称世界的，公认首推日本企业。

创业初期，楼仲平也不断参观和拜访日本百年企业，学习和琢磨他们的工匠精神。双童吸管早期能够如此专注也是受到日本企业文化的影响所致。

楼仲平提到，1997年，他结识了一位名为桑原道昭的日本友人。2000年9月，在这位友人的带领下，楼仲平第一次参观了一家位于奈良的一次性筷子工厂。这是一家有着45年历史的老厂，一两千平方米的老厂房车间内，机器"旧得发亮"，但生产的产品却极为精致。精湛的工艺水平，让彼时的国内企业很难超越。受此影响后，双童吸管在2002、2003年便开始逐渐放弃"多元"理念，专注吸管生产，慢慢求得质量上的提升，并将这种"专注"渗入到员工教育中，志存高远、厚积薄发。

时光流转，2009年，当楼仲平再次赴日参观该厂时，发现它一切如旧，只是社长更老、员工更老，依然没有引入新生力量。9年间，它生产的筷子已经越来越少，大部分机器停放在车间，部分员工已陆续离开。当时的场景让楼仲平陷入了思考：面对互联网的冲击，一个企业仅有"坚持"远远不够，必须适时创新与变革。就如这家日本企业，虽不能称其为失败，却也是一家"跟不上时代的企业"。

这些年，楼仲平也常常问自己：源自于日本和德国的工匠精神，其真实涵义到底是什么？在中国当前的环境下，工匠精神真的能适合所有企业吗？

"迷信坚持是没有意义的。我们现在大谈工匠精神，工匠精神真的能解决所有问题吗？可能我们想得太简单了，许多时候不是傻傻地坚持就可以，真要是傻傻地坚持，结果就是傻傻地死亡。"

真正的"工匠精神"一定是叠加在创新之上的，不能仅仅是一种坚持与坚守，而没了创新。

果然，楼仲平的猜测没错。2013年，上文所说的筷子厂最终停产，原因很简单——社长去世，无人接班。一家日本工匠型老企业终被时代抛弃，让人唏嘘。彼时的楼仲平，也对"工匠精神"有了更深的认识：不能迷信所谓的"工匠精神"，巨变时代里，一切都不是自己所能选择的，很多东西不是一己之力能改变的。

日本遵从"极致工匠精神"的结果是年轻人创业的环境愈发艰难，愿意接班的微乎其微。而此时日本媒体也开始反思日本企业"成也工匠精神，败也工匠精神"的问题。

但长期关注和研究日本隐冠企业的楼仲平，对此并不完全赞同。在他看来，这仅是外界看到的日本社会的部分现象，日本深层次文化并不仅仅是"工匠精神"所能涵盖的。日本社会今日之传承问题，也将是中国企业明天所要面对的难题。有着"亚洲中小企业研究第一人"之称的法政大学教授坂本光司先生的提醒，让楼仲平更坚信："过度专注坚持只做一个产品的企业非常危险，至少要做3~5个产品。"

楼仲平觉得，对制造业企业而言，在坚持"工匠精神"的基础上，还要进行产业相关产品的适当延续，即"适当多元"。这里的"多元"，可理解为"生产一代，研发一代，储备一代"。即企业要有"下一个5年、10年的增长点"，其中也包括质量上的提升。

以吸管产业为例，楼仲平提到，目前行业瓶颈已非常明显，你会发现做了10年、20年后，随着产业的不断细分和极致优化，企业的经营空间变得越来越窄。此时，围绕本产业做适当的产品延续，也是很自然的事。

由此可见，以专注、专一著称的隐形冠军企业也开始反思：中国能否产生一种纯粹的"工匠精神"？或许，纯粹的工匠精神，在目前国内社会环境下是很难得到支持的，容易沦为一种口号、一种运动。而工匠精神的核心，是培育大批具有匠心的产业工人，工匠精神要由产业工人实打实地做出来。

突破隐冠天花板：做"小矩阵"

　　管理学里有个经典观点是：任何组织一旦处在自身鼎盛期，也即是走下坡路的开始。所以，当很多企业获得"行业第一"头衔的时候，当企业一旦认为自己是冠军的时候，一定有"会当凌绝顶"的寒意。

　　"这个时候，企业一定要学会跨越连续的鸿沟，实现企业内外部的双循环，在巨大的时代挑战下获得可能的持续性成长。"楼仲平强调：做企业是个双刃剑。对于创业，自己从来不敢掉以轻心，这个时代是值得所有创业者充分敬畏的。

　　因此，虽然用25年把一家小作坊式的工厂做到了世界第一，但现在当楼仲平被问到成长秘籍的时候，他并不想过多讲述过去如何取得辉煌成就，而是更关注隐形冠军企业在"夺冠"之后，如何面对成长的天花板。

　　"我们这个时代原有的逻辑在慢慢地失效，而且失效的速度越来越快。"在楼仲平看来，今天，数字时代下传统贸易的供给侧改革面临大考，传统组织架构也面临巨大的挑战。从外部环境看，国际贸易关系的动态发展，必然会影响经贸关系，从而引发产业链上下游的重组。

　　所以，双童一直坚持一个信念：把自己的企业做"小"，而不是做"大"，即把大的企业"瓜分"成一块块小的创业矩阵。楼仲平透露，双童未来3到5年会形成20至30家创业矩阵，这种模式会把企业运营风险降到最低，又能让不同创业矩阵的管理层转化成老板。

　　任何一家企业都一定有天花板，隐冠企业尤甚。早在5年前，楼仲平就已经意识到双童遇到了天花板。巨变时代下，传统制造业的认知方式和未来可能的经营方式必然面临巨大的转变。

　　此时，双童吸管做了选择，让一些优秀的骨干在公司内部再创业，把管理者转为创业者，把能担当的人培养成老板。2015年后，双童吸管就已经跳出"一根吸管"的模式，逐渐培养出5个独立事业部，并在内部创业形成多个平台。

　　对此，楼仲平的初心是这样的：未来需要增加对人才的投资，因为人才的变量有可能是最大的。双童恰好有一批年轻的、有冲劲、有梦想的年轻人，把他们的梦想和企业的未来链接起来，圈定几个"种子选手"，然后坚定地往前推动。一个做好了，就再推一个。未来，吸管仅仅是双童5个事业板块的其中之一，不再是唯一。

　　为此，公司把厂房屋顶上"双童吸管"的广告牌拆掉了，将来会换上新的广告牌——双童创业共享平台。

"双童"要走的一条路，是一条商业生态的道路。在这其中，双童吸管只是创业平台当中的一个基础板块。

这些创业小矩阵都是基于双童吸管的平台孵化出来的。"很多的企业是把小的企业做大，但是双童反过来做，一定要把大的企业做小。"楼仲平解释道。

其实，双童吸管完全有条件做集团公司，但楼仲平坚定地反对搞"大集团"。"我们有内在的一套规则，比如，利润到了100万的时候，20%的股份就转成33%，利润到300万的时候就涨到49%，到500万的时候股份就转到51%了。原先的经理人成为事业部（独立公司）的董事长。当创业矩阵多了之后，大头一定要交给对方，双童最后是49%。当然这是最小的一个控股比例。"楼仲平说。

而这样的设计其实是帮助那些更有能力的双童骨干实现自己的梦想。正如阿米巴理念的本质就是释放人性的美，通过机制的转化激发出人内在更多的活力。楼仲平也看到，很多制造业企业其实都面临着双童同样的处境，所以，至少有一部分企业可以做"创业小矩阵"的事情。

20多年来，大家已经形成双童就是"做吸管"的习惯认知，楼仲平却强调，人不能活在别人的认知当中，应该自我突破和改造。所以，今日之改变，是为了未来当大家说起双童的时候，不会再强化吸管这个标签。

所以，当企业在不断进步和发展的时候，作为管理者，楼仲平一直在读书、在学习新东西。"我这个年龄还要保持成长，尤其是在知识获取的方面。用我自己的话说，要逆生长，永远保持在25岁，认知频率需要不断迭代。"

管理者的思维年轻了，还愁基业不能"长青"吗？

方法论

1. 要虚实结合、不埋头看路

双童吸管能扛得住"禁塑令"并活得很好，恰恰得益于楼仲平多年前的未雨绸缪。当企业在抓管理和生产的时候，抓质量和品牌的时候，并开始在正轨上收获鲜花和掌声无数的时候，一把手楼仲平在学习、在上课、在分享、在思考企业的未来和天花板。这一点，楼仲平总结为：民营企业里，一定要有一个人务虚，不能每个人都务实。否则企业就没有思维空间，没有对未来的洞察。这种虚实结合的管理方法，对很多做实业的企业着实有一定的启发。

2. 小即是大，辩证成长

隐形冠军凭借专注取胜，但往往"成也萧何，败也萧何"。早年，双童专程去学习日本的百年企业，多年后又见证了一些百年企业从兴盛到衰败，这也给双童带来深刻的反思。专注有个前提，不是傻傻地坚持，而是有方法地坚持。专注也并非只做一种产品，并非绝对化地抗拒"多元化"。

从双童吸管近年来的"不做大，只做小"的创业小矩阵思路看，鼓励有能力的骨干去尝试适度的"多元"业务，母公司保持深度的行业专注，孵化一些活色生香的"子企业"，其实是"小而美，却走向大而强"的辩证成长模式。

3、以我为主，自成一家

很多企业专程去学习双童的成功之道，但楼仲平却强调："中国人认为，经验能解决一切问题。但事实上，经验只是对本人以往实践积累的总结，经验永远无法代替知识。"从微薄利润起家到成为世界吸管大王，双童也经历了忍痛砍掉多元化，再到专一和专注的过程；在管理上，也从单纯地学习日本百年企业，转变为开始反思如何才是真正的"工匠精神"。

这些曲折和变数也许很多企业都曾经历过，但每个行业的冠军企业只有一个，每个企业的发展脉络和路数都不一样，总结自己企业发展每一步所走过的"坑"，所试过的错，找到最适合自己企业的经验，才是那张最好的"王牌"。

产业链企业点评

安徽天添塑业有限公司

我们是一家以生产一次性薄膜级家用日用品为主的企业，双童与我们的合作时间比较久，双方的关系用当下比较时髦的一个词形容就是：老铁。

当初在筛选合作伙伴时，我们也经过了多家、多方面的考察和考虑。最后选择双童主要是基于三点：行业知名度高，信誉有保障；产品质量稳定；服务比较好，省心。相信这几点也是大部分企业在寻求合作伙伴时都会优先考虑的因素。

至今，我们和双童打交道已有七年，印象最深的是，每次去双童的工厂，他们的厂房、车间、餐厅总是干净整洁，几乎一尘不染。

双童常年保持着稳定的产品品质，在市场上几乎没有投诉。这让我们非常放心。

双童是行业里知名的隐形冠军，其管理体系独具优势，市场营销规范，技术开发实力雄厚，我们是非常认可的。他们专注做好一件事，懂得站在客户的角度考虑问题，为我们排除和避免了很多不必要的麻烦。未来，我们也非常期待与双童长期并稳定地牵手发展下去。

评委点评

二十多年前，这家企业成立时说要在吸管行业坚持五十年不变，其一直在用行动兑现承诺。虽然企业规模不大，但重要的是，这种坚持推动企业持续生存，并迈向世界第一的精神。

—— 中国造隐形冠军评委、北京大学国家发展研究院
BiMBA商学院院长　陈春花

一次性吸管的制造，成功把生活中的细节放大并成功做成成熟的产业链。以先进的技术为主导带领行业发展，无论是在人才管理还是技术开发方面，甚至是环保循环利用、技术专利转化中，都倡导效率操作，实现利益最大化，消耗最小化，着实是"以小见大"！

—— 中国造隐形冠军评委、《开讲啦》创始人、中国电视制播分离第一人　杨　晖

123456**7**89

森鹰窗业
甘当"偏执狂",只为一扇窗

为何他们本可以做暴利的房地产,却果断放弃,甚至始终认为这是一个最正确的决定?为何他们在发展初期不断做减法,后期却反过来做了加法?即便在细分行业内已常年独占鳌头,但其掌门人为何还会说:前10年我不懂管理,后10年我不懂营销和用人?

文:中外管理 任慧媛

和房屋以及房门不同,窗户是自然界原先没有的。因为它代表了人类特有的奢侈。诚如钱钟书所说:因为有了门,我们可以出去;又因为有了窗,我们不必出去。

因此,窗户是一座房子的点睛之笔——它是房子与自然最富生机与灵动的交互之处。也所以,我们总会说:上帝关上一扇门,总是不忘打开一扇窗。

但与此同时,房子里一半的能耗也会从窗户中悄悄溜掉,它是一座建筑中能源损耗最大的"漏洞"。

为了堵住这个"洞口",森鹰窗业孜孜以求了20余年。

与常规功能的窗户注定截然不同,森鹰踏上的是一条充满挑战的殊途——用窗户代替空调。

一场数年难遇的暴雪,让2020年的冰城哈尔滨"雪上加霜",天寒地冻。然而冰天雪地中一处4万平方米的工厂内却春意盎然,舒适宜人。此处不是暖气屋,也不是空调房,而是森鹰建造的世界最大"被动式"工厂。

何谓"被动式"?简单来说就是借着太阳能、人体和机器设备发热等被动能源保持室内恒温恒湿恒氧,让消耗大量能源的空调和暖气"不再必需"。而被动式工厂的成功运行,也恰恰证明了森鹰的窗品。

这扇窗,是"无中生有"的冒险,是"舍我其谁"的引领。剑走偏锋中,充满了义无反顾的偏执,但自古至今,似乎只有"偏执狂"才能完成真正了不起的事情,这也是隐形冠军企业最重要的一个特质。

自1998年创立,森鹰从起初的年销售700万元做到了如今近10个亿的量级。即便业绩喜人,又即便在由《中外管理》发起主办的首届"中国造隐形冠军"评选上榜上有名,为何森鹰窗业董事长边书平还会说:"前10年我不懂管理,后10年我不懂营销和用人",这位"偏执狂"又是如何引领森鹰一步步走上"隐冠"之路的?

创业:从"官儿迷"转为"财迷"

思考森鹰门窗的现在,需要追溯它的过去,在森鹰门窗的发展历程里,边书平是一个极具故事性的人物。

事实上,很长一段时间以来,边书平都认为,他人生中最大的错误就是进入了窗产业——因为他没有想到这个行业如此艰辛。如果不是转行经商，现在的边书平应该是一位研究学问搞调研的大学教授。

"万般皆下品，唯有读书高"的传统思想在少年边书平的心中根深蒂固，以至于经商之前他的一门心思全都在读书上。1981年高考，边书平与同济大学失之交臂，被第二志愿的哈尔滨工业大学录取，并于4年之后考取了本校的管理学硕士，毕业后留在本校做起助教。这个时候的边书平都还是一个时刻想着"学而优则仕"的"官儿迷"。

直到有一天，偶然间一个朋友说起，有个电子产品散热片可以做，一年能赚10万。而边书平当时做助教的每月工资是110元，10万元相当于他每月工资的75倍！于是瞬间"开窍"的边书平，当即决定弃文从商。所谓士农工商，边书平从首位的"官儿迷"一下子变成了末位的"财迷"。

说干就干，边书平拼凑了"3141"：借了3万块钱，租了1个民房，雇了4个工人、1个工程师——小工厂就此开业。转型成为生意人之后的边书平，很快就进入了状态，一个人背起背包就去全国跑业务，常常沿着一座城市的电子一条街，一走就是一天，挨家挨户的谈，一座城市往往需要来来回回地跑上多次，跑完了上海跑西安，跑完了西安跑成都，很快就把散热片的零售业务布局做起来了。到了1993年，散热片的年销售额已达到200多万。

之后，又赶上政府和各大企事业单位开始建楼堂馆所，这个时候，边书平看准了机会，从散热片制造转向了工程领域，一连开了几个工程公司，其中涉及到中央空调的安装、消防设备、给水设备以及房间内饰装修等等，几乎串起了工程业的大半个链条，规模也提了上来，当时已经可以达到1个亿的年销售额，边书平的生意做得可谓是风生水起。

转型：关上几扇门，打开一扇窗

从1988年到1998年，短短10年时间，生意越做越大，边书平的肚子也越来越大，体重飙升，一检查，30岁的身体，60岁的心脏。这个时候他突然意识到，"自己仿佛变成了一个赚钱机器，为了赚钱而赚钱，工作缺失了理想，人生失去了意义。"不甘于此的边书平当即决定不能再这样下去了，要做一个具有社会价值的品牌。

1998年去德国做交流，一个偶然的机会，边书平发现当地的窗户不同于国内的铝合金窗和塑钢窗，不仅精致漂亮，密封与隔音性能还特别好，无论是在外观还是性能上都有着极大的优势。当即，这种"木窗外面还包着铝的窗户令边书平一见钟情，他没有考虑成本、工艺情况和投资额度，只想着让中国人的房子也用上这种精美的窗户。

1998年9月25日，"森鹰"窗厂诞生了。

但真正进入其中，边书平才发现这是一个如此繁杂的行业，要技术没技术，要原料没原料，再加上毫无经验，又一时找不得德国的合作伙伴。第一樘窗生产出来是比较糟糕的，除了五金是德国进口的，其他材料全都是国产的，整体质量根本没有达到标准，边书平并不满意，但他不服输，执意要生产出他心目中的那扇窗户。既然材料不合格那就自己生产，而自己生产原料就需要建厂房、买设备、建仓库，但这都离不开资金的支持，于是只能加大投入。

当时边书平手中有4000多万现金，窗厂初期投入了1000万，在加大投入时又投了3000万，等于手里的现金全都押了进去。这个时候，周围的质疑声不绝于耳，认为边书平把所赚的钱全都祸害了，这么贵的产品根本卖不出去。其实，在做森鹰窗厂的同时边书平还做了一个小型的房地产项目，到底是做房地产还是做窗户，向左走还是向右走？他回忆说，站在这个岔路口他不是没有过犹豫。

但边书平知道，一心不可二用，要想突破，必须得学会放弃。况且几乎是全部身家都押在了窗厂，想做房地产也是没钱可投了，用他的话说，一头扎进去再也没有机会回头。于是他选择放弃"房子"，留下"窗户"。

虽然如今的森鹰在中国铝包木窗产业被誉为第一品牌，在世界窗厂里也算有一份名头，但如果只是为了能赚钱，房地产项目当然远胜过做窗户。如果这么衡量的话，边书平似乎并没有做最正确的选择。

但边书平却觉得，如果当时选择了房地产，赚的可能比现在多得多，但风险也比现在大得多。而做窗产业不仅更加务实、更具价值和意义，等于也是帮他"避险"了。

就这样，边书平的商业生涯从此被锁定在了窗产业。

既无聚焦，也无定位的懵懂10年

当时中国的门窗产业是塑钢门窗和铝合金门窗的天下，森鹰选择另辟蹊径，从起步就提出了"三不"原则：不做铝窗、不做塑窗、不做门，要做不一样的木窗——铝包木窗。

选择做一项从无到有的行业，注定是不容易的，毕竟引导消费习惯是一个漫长的过程。边书平坦言，虽然确定了要做木窗，但是从1999年到2008年，这前10年做得真是懵懵懂懂，举步维艰。当时，边书平早上7点钟上班，半夜12点才下班，围绕流程管理、技术标准、品牌宣传、招工培训等一系列问题反复研究，十分吃力。

但，即便如此，也还是走了弯路。边书平虽然定下了"三不"原则，看起来很聚焦，但是产品线到最后却涵盖了各种风格的产品。

原来，在此期间边书平为了实现心中的木窗梦，遍访各国去取经，从德式木窗起步，相继引进了意式、美式、澳式等各类风格的木窗系统。心存高远的他想把全世界和木头有关的窗产品全都拿来，汇集到他的木窗博物馆里。想法是很美好的，但是，由于不同的木窗生产设备不一样，用的材料有差异，工艺方式也不同，这便增加了物料种类的采购和管理难度，售后服务也无法全面到位。这时候边书平才发现做木窗博物馆根本就是错误的。

公司发展的前10年，营收从700万做到1.7个亿，平均复合增长率是35.57%，看起来增长得挺快，但在边书平看来，这是既无聚焦，也无定位的10年，利润不高，现金流也不好，森鹰的日子并不好过。

边书平一度陷入了迷茫，没有头绪，没有退路，感到心力交瘁，直到他接触到了艾·里斯和杰克·特劳特的"定位理论"，经过一番深入细致的学习，受到很大启发。他开始思考，一提到森鹰，大家能联想到什么？怎样才能做一个具有明显特性的企业？最终他总结出俩字：聚焦！而不是什么都做。

区区两个字，却直接决定了森鹰的下一个10年，是发生重大变革的10年。

为何"疯狂"做减法？

聚焦就意味着要砍掉旁枝末节做减法，从何砍起？2010年的一场德国学习之旅让一切变得明朗，这对于森鹰的聚焦战略来说也是具有决定性的一年。这一年，边书平带领团队前去参加德国纽伦堡的门窗国际博览会。没想到，这是一场让边书平收获巨大的博览会，只因为他注意到了其中一个细节——所有来参会的窗厂全都标上了传热系数值≤0.8。要知道，以前的标准中传热系数值≤1.4就已经算是很优秀了。此数值越小，说明保温性能越好。边书平记得参加上一届门窗博览会，也就是2008年时，传热系数值都还是1.4的标准。短短两年时间，竟发生如此大的变化，并且几乎每个展位都推出了被动式窗户。他连连感叹：这个行业要变天了！

边书平对于会上这一细节变化的反应是准确的。在2009年召开的关于约束温室气体排放的哥本哈根世界气候大会，被喻为"拯救人类的最后一次机会"。此次会议对于德国2010年纽伦堡的门窗博览会产生了直接影响，大家开始急剧转向节能环保，减少碳排放。

当时，边书平就立刻意识到，今天的欧洲就是明日的中国。

心中有了主意之后，边书平开始了大刀阔斧的变革。2010年，森鹰的年销售额做到了3.7个亿，其中木铝复合窗销售了2.2亿元，铝包木窗只销售了1.5亿元。木铝复合窗占了55%的营收，属于业务量的大头，但边书平却决定砍掉木铝复合窗产品线，也砍掉除德式木窗之外的所有其他产品线。原因是，这些产品线很难做成超级节能环保的产品。这是边书平继放弃房地产工程业务改做窗户之后的又一次放弃，他在一步一步地对准焦点。

但值得注意的是，节能环保的定位思路与某些现代营销学的逻辑是相悖的。果然，边书平的想法立马遭到了一些品牌专家的反对，理由是开发商不会关注节能环保，终端客户更是没有节能环保的意识，他们认为边书平没有基于顾客的心智认知，完全是以自我为中心。一边是占据一半以上的业务量大头，一边是顾客并不太注重的节能环保，要说边书平的内心没有过纠结是不可能的。毕竟3个多亿的营收变成了1个多亿，利润也从几千万变成了只有区区几百万。

但边书平告诉《中外管理》，他当时并没有把利润太当回事，只要有现金流，能够支出应付账款，能发得出工资他认为就可以进行。因为他明白，要想打造细分领域的强势品牌就必须聚焦经营，舍得放弃，受得诱惑，耐得寂寞。GE（通用电气公司）作为如此强大的企业集团也照样经历了韦尔奇把153个事业部砍到13个事业部的阵痛，数一数二的原则成为韦尔奇的核心经营理念。相反，通用汽车是世界头号汽车大亨，但由于9个品牌无一能主导其品类，几乎破产。

最终，森鹰在品类上确定了聚焦铝包木窗，从特性上定位为节能环保，再无二心。业务变得相对简单了，生产线就更加集中了，流程的改进和完善也更加精准，曾经一个小小的改动就为森鹰省下了上百万元。团队工作顺畅了,也就越来越有干劲,只用了短短的两年时间,利润就快速回升了,甚至一度超过了之前的年度。事实证明,森鹰迈出的这一步虽然付出的代价有点大,但终究是走对了。

在节能环保的定位清晰之后,森鹰就快马加鞭地投入到了节能环保被动式门窗的研究中。也是只用了短短的两年时间,2012年7月20日,森鹰在哈尔滨推出了中国第一款和被动式房屋相配套的窗产品,以至于当时行业里都不敢相信,一度认为这是一个噱头。可见森鹰的意识之超前,行动之果敢。

如今,森鹰已经创新推出多款具有跨时代意义的重磅新品,累计共申报国家专利300余项,陆续研发了20多款被动窗产品,包括幕墙、窗、入户门,已然形成了一个庞大的被动式产品家族,并成为首家获得PHI(德国被动式房屋研究所)认证的窗企。近八年来,森鹰的产品销量也越来越大,先后参与了90多个被动式建筑项目,用窗量近40万平方米,占据了中国被动式房屋使用木窗大部分的市场份额。

由此不难发现,正是以极度的专注聚焦在一个领域深耕不辍,追求深度而不是广度,同时日拱一卒、日新又新,每天寻求改进和提升,才成就了隐形冠军企业在细分领域的王者地位,一如森鹰。

"偏科"的森鹰,C端经营成为加分项

即便是森鹰的发展渐入佳境,但边书平的危机意识从没有停止过,他反复思考:森鹰走过20余年,为什么才做到了几个亿的量级?

当然,全定制的复杂产品与服务,以及客单值高,低频消费等特殊的行业特征都是窗产业难以做大的重要原因。做窗户不像做空调,一樘森鹰铝包木窗可能要达到五六千元,而一个壁挂式空调也就两三千元,但是格力可以把空调机做到2000个亿的年营收。而复杂的建筑外窗行业如果能做到100个亿,就算是世界规模最大的窗企了。

边书平认为,除了行业特征的原因之外,一定还有其他的原因在阻碍森鹰的发展,只是一直不得其解,直到他听了华为关于企业发展心得之后,才恍然大悟:"我发现森鹰原来是个'偏科生',四种能力如同四门功课,我们只有两门功课是及格的,还有两门主要课程我们不及格!"

前两种能力分别是战略能力和产品能力,应该说,森鹰的聚焦定位已经

边书平选择放弃"房子",留下"窗户",因为这样更有意义!

十分清晰,保证产品质量与服务也是企业非常基础的能力,无需多言。存有短板的是后两种能力——营销能力和组织能力。

边书平坦言,营销对于森鹰而言是真的很难。话术、空间、线上、线下、新媒体、广告……鱼龙混杂,投入不小,效果不彰。另外,边书平说他觉得打广告、请明星代言的营销方式会让他比较"心疼",他宁愿把钱花在售后服务上,花在买好材料好设备上。

其实森鹰的这一短板，也是很多隐形冠军企业的一个通病，这类创始人或CEO大都刻意和聚光灯保持距离，秉承"务实和低调"的价值观。他们更能耐得住寂寞，认为作为"行业领先者"，只需要所处行业认可就行了，其他并不重要。

杜拉克曾说过：企业只有两件事，一个是产品，一个是营销，但归根结底就是俩字——营销。品牌营销必须走在前面，不会也得学会，要想把规模做得大一点，首先要把品牌和营销做足。一个不能营销的企业，其成长必然是缓慢的。

为了补齐短板，森鹰开始向营销发力。这个时候边书平意识到了由于移动互联网飞速发展而产生的新名词——选择暴力。终端客户越来越有更大的选择权，再优秀的品牌，若没有占领终端客户的心智，都会在终端客户的选择暴力面前完败。过去森鹰的"衣食父母"全部是工程客户，建筑商选择好了窗户，终端客户是没有选择权的，而营销的最直接方式恰恰离不开能够面对面直接对话的终端。

那么，一直走高冷路线的森鹰想要接近更广泛的普通消费群体，应该从何入手呢？正巧，在2016年中外管理官产学恳谈会上博洛尼CEO蔡明的一个观点让边书平大受启发。蔡明提到推出爆款产品需要具备三个条件：高性价比产品、超预期服务、有诱惑力的政策。

按照这三个标准，森鹰不仅推出了多款高性价比产品，而且为了让终端客户下订单的瞬间毫无压力，以后也无任何购买忧虑，森鹰还将"终身免费售后"推向零售用户。意在告诉消费者：喜欢就买吧，任何时候任何部件坏了，你说话我们免费来搞定。如此一来，放弃部分既得利益，聚焦永续客户关系，既让海量零售客户吃了个定心丸，又倒逼工厂无止境提升质量，最终让零售业绩在短时间内翻了好几番。

聚焦、规模、供应链，所向披靡的性价比

实际上，森鹰的产品性价比不仅体现在零售环节，也开始贯穿整个链条。做企业一是做独特性，二是做性价比，二者往往不可兼得。而且能做到性价比的企业少之又少，像沃尔玛、家乐福、优衣库、无印良品、美国西南航空，都是大企业。因为做性价比风险非常大，必须要有强有力的组织管理能力和很高的资金投入，才能触及到产业链的上下游，才能把成本降下来。但是以性价比作为定位基点，一旦成功，则所向披靡。

在边书平看来，一个企业没有独特性，固然在这个世界上是很难生存的，但光靠独特性是远远不够的，也要思考如何让产品的性价比更高。因为在网络时代，品牌信息和产品价格都是透明的，即使你有独特性，消费者也不能接受你的售价比同行高出太多。

所以，森鹰在具备了独特性的同时，还要追求性价比。为了体现出性价比，森鹰现在的工程产品定价比20年前还便宜，但现在的员工数量却是彼时的10倍。如何通过做大规模，把固定成本摊薄？又如何在既定战略、资源条件不变，不靠多元化到处铺摊子的前提下，让产值增加？

边书平对性价比有着深刻的理解，他认为性价比就是聚焦、规模、供应链。第一，聚焦带来了销量，采购成本会骤然下降。只要物美价廉，供应商就算少赚钱也乐意与森鹰合作。第二，聚焦会使原材料种类变少，管理比较容易，库存成本下降。第三，由于销量大，产品单一，专业化分工效率会更高，生产线材料的利用率也会有所提高，从而使消耗成本下降。第四，员工实行"三班倒"，增加坪效，放大规模，让生产线得到饱和，从而将成本摊薄，价格方面才有让利空间。第五，由于有了规模，设备折旧费也会有所下降。

也就是说，分析成本，一定不要是静态的而应该是动态的，一旦决定要聚焦就一定要把规模做起来，因为规模会让成本大大地下降，效益大大地提升。

痛定思痛：激活组织活力

当然，无论做独特性还是做性价比，都要靠人去实现，而人聚合在一起就形成了组织，没有组织，一切理念都是空谈，所以与营销一样需要补齐的短板还有森鹰的组织能力。在2017年11月份以前，对于森鹰来说，提高组织能力是比营销更难的事情。彼时森鹰从上到下的官僚体系根深蒂固，部门墙高筑，缺乏互相配合的意识。

直到2017年10月31日，一场意外让森鹰的组织开始转变。边书平会一直记着这个日子，因为森鹰冲击主板IPO时，在最后临门一脚，很意外地功败垂成。那一天，遭遇晴空霹雳的边书平，是如何走下楼去面对券商和员工的，可能连他自己也已经说不清了。他说如果当时测血压的话，高压应该达到200了。但是，笃信基督教的他，要比寻常人更加通透豁达。边书平向《中外管理》回忆说，他只难过了5分钟——就是从证监会13楼下到1楼这个过程里他是难过的，然后迅速就让自己一度懵圈的脑子平静了下来。当走出大楼时，边书平已经能够平复自己的心情，而坦然面对一切了。

之后，边书平还请同事们一起去喝了一场酒，大家都流泪了，甚至号啕大哭，边书平其实是个比谁都爱流泪的人，看电视剧经常会哭上半小时，看电影之前会给自己预备纸巾。但是那天，他没哭，他说他是不会为自己哭的。

边书平不断告诉自己：否决得好！因为，森鹰真的还没有准备好，体量不够大，管理也不够好。越反思，就越能看清公司的不足。

确实，森鹰没过会是有偶然性的，但森鹰也的确还没有完全准备好。

痛定思痛，森鹰决定进行组织变革，要打造出一个没有部门墙、互相配合、矩阵式、胜则举杯相庆败则拼死相救的组织。

边书平觉得，个人英雄主义在这个世界上越来越不受欢迎，取而代之的是团队协同。有人能力很强，但是不能和其他人配合，这样的人将不适合在森鹰工作。"组织变革涉及到人心层面，是要去赢得全体员工的心。所谓组织能力，说穿了就是价值评价、价值分配和价值创造。一句话就是如何分钱，如何让员工和老板一起共同奋斗，激活组织活力。"边书平一语道出核心本质。

于是，在原有职能分工的前提下，森鹰成立了多个委员会，比如产品线委员会、品牌营销委员会、心服务小组，都属于是跨部门的项目组。如此一来，部门界限和上下级观念逐渐模糊。谁有好的想法，谁就可以申请立项，成为项目组长，上级反而可能成为组员。如此便激活了每一个个体，让大家各尽其才。而对于分钱，森鹰的员工除了有正常的基本工资和KPI绩效工资外，还有项目奖金、创新奖金以及年终奖金。

边书平强调，首先，成立项目组的目的其实就是激励员工好好工作，在公司混三年还是奋斗三年，对一个人的人生的影响有着很大的不同。

其次，企业规模小的时候，思考可以都在一个人的脑子里。如果想把企业做大，就必须要求团队里的每一个成员从执行者变成能提出问题、有解决方案的精兵。组织的力量是无穷的，但是如果组织构建在老板之上，这个组织就是孱弱的；如果组织构建在团队之上，上下同欲，一起奋斗，就能够不官僚，不媚上欺下，而是向上管理，向下负责。

组织健康了，人才的问题也就迎刃而解了。"如果森鹰不发生组织变革，有想法和追求的人在这里是留不住的，因为看不见未来的发展希望。我们要通过组织变革塑造一个个向上的、活泼的、有创造力的团队和个体。我们要将组织变革持续下去，让人心发生更新。"边书平如是说道。

组织变革之后，效果是显著的，森鹰的年销售额翻了将近1倍，正所谓塞翁失马焉知非福。

反思过度聚焦的利弊：红缨枪不能削太尖

确定了战略，定位了产品，改善了营销和组织管理，不代表就万事大吉了，边书平清楚，即便是"偏科"，绝大多数企业只要有一两个特长，也是可以在前面40年的大机遇时代活下来的，但接下来的日子恐怕就很难了，迫切需要在各方面都"强"起来。

边书平向《中外管理》坦言，虽然森鹰的销售收入连续几年都保持较高的增长，员工也都是斗志昂扬，但他的内心其实是非常彷徨、忧虑的。比如，他觉得森鹰的品牌形象、店面形象和售价并不完全相称，而经销商也时常陷入红海的肉搏之中。中国的企业，特别是中小企业都会有的增长焦虑，边书平也没能例外。

一边彷徨焦虑，一边寻求着解决之道。直到2019年年底，边书平遇见营销策划专家张默闻，森鹰的品牌进阶之路就此展开。

张默闻在森鹰调研过一个多月，在他看来，森鹰"铝包木"的名称应该改变。他提到：铝包木是什么？问100个人只有3个人知道。而森鹰的产品定位是超节能，能让房间在夏天凉快三四度、在冬天暖和三四度。这不是和空调的功能很类似吗？所以，这个品类的名称应该叫空调窗。广告语都想好了："不用空调，就用森鹰铝包木空调窗。"这与"高档装修，不用大理石，就用简一大理石瓷砖"异曲同工。

改名字还只是开始，接下来的改变，才真的让边书平意想不到。2020年4月，张默闻跟边书平说了一句话："森鹰必须干铝合金窗。"语气中透着笃定。边书平听了这句话之后，心里"咯噔"一下："明知道我们有'三不做原则'，其中铝合金是森鹰从来不去碰的，要做不早就做了吗？"

刚开始，边书平觉得这是在挑战森鹰的底线。但是经过认真思考，他回复：这个问题可以考虑。

因为一个不可否认的客观现实摆在面前：已有越来越多的铝包木窗客

户因为"森鹰不生产铝合金窗"而对森鹰望而却步。对于中国铝包木窗行业，边书平是这样评价的："与大多数行业不同，铝包木窗行业并不是朝阳行业。中国是铝合金大国，纵使铝合金窗的节能环保属性远低于铝包木窗，纵使做优质的铝合金窗成本接近低档的铝包木窗，但在短期内无法改变铝合金窗在中国市场的地位，铝包木窗市场还需要培育，技术和成本是主要问题，消费者认知更是一个漫长的过程。这也是为什么铝包木窗这个行业不容易高速发展的原因。"

一边要坚守原则，一边要以客户为中心。言语中可见边书平内心的妥协与挣扎。实际上，对于过度聚焦的利弊边书平不是没有过反思。早在2019年上海的一次演讲中，边书平就提出了"聚焦相对论"，当时他以华为为例谈道：华为如果不做手机业务，今天很可能就倒掉了。从基站业务跨到手机业务，跨度还是挺大的，但在技术上是相通的，当时华为已经有了10多年手机代工的经验。从TOB直接跨越到TOC市场，华为依靠着强大的组织能力，迅速弥补了其在营销方面的严重不足。目前看来，这个战略调整是正确的。

同样，森鹰增加铝合金窗的这一战略调整，也是在补齐营销短板，以求取得快速发展。事实上，类似于森鹰这样的"降维打击"，在其他行业也可看到，比如，生产"神车"的五菱宏光，也会生产一款名为"宏光MINI"的电动汽车，杀入微型电动车领域。

只不过与初期不同的是，增加铝合金窗于现在的森鹰而言是厚积薄发之下的驾轻就熟，这就好比一个大货司机突然开小轿车，就有点像开玩具车了，自然很轻松。最重要的是铝包木窗是窗，铝合金窗也是窗，市场是相通的，在顾客心智当中并没有太大区分。

边书平告诉《中外管理》，不能完全以自我为中心来揣度客户，而要以客户为中心去思考战略，要审时度势，进行战略的优化和更新。"所谓的聚焦就是品类封杀，所谓的定位就是特性封杀。当做得很窄的时候，一杆红缨枪削得尖尖的，则容易'揣而锐之，不可长保'，过于显露锋芒，锐势是难以保持长久的。"当企业很小的时候，就把它打造成一根针；企业发展到中级水平的时候，就把它打造成一根红缨枪；当企业发展到很大规模的时候，可以把它打造成一根金箍棒。无论是针还是金箍棒，无论是小还是大，都要有竞争力和战斗力。

也就是说，聚焦与定位是相对的，如果坚持绝对聚焦，很可能会丧失企业发展机遇。当然,铝合金窗只是森鹰在追求深度的基础上,稍微增加的一点广度,就好比盛宴上的一道甜点,"大菜"依然是铝包木窗。可见,森鹰铝合金窗的问世并不是为了抢占铝合金市场,而是真正为客户需求服务的营销举措。

"雪藏"的雄鹰,飞出哈尔滨

不管是第一个10年的懵懂探索,还是第二个10年的清晰聚焦,都属于森鹰向下扎根的20年。但这20年里,森鹰如同被"雪藏"了一般,只在那个雪国,那片黑土地上默默深耕,并没有走出去。

如今的转变要从一次对话说起,边书平去拜访同是黑龙江企业的飞鹤乳业,当问到为什么同是黑龙江企业,飞鹤却做得更加优秀时,董事长冷友斌一语道出玄机:其实飞鹤乳业是个北京企业,2001年飞鹤乳业就把总部放在了北京。这时的边书平恍然大悟道:由于自己当时的"农民思维",不肯把总部放在北上广深这样的一线城市,一直蜗居在哈尔滨,因此某种程度上局限了森鹰的发展。

事实上,对于走出哈尔滨,边书平也不是没有思考过,并且和同事也有争论。

一般惯常思维会认为:市场在哪里,工厂就在哪里。《道德经》第40章有言:天下万物生于有,有生于无。工厂就是"有",是看得见摸得着的;市场则属于"无"的范畴。工厂要想生存下去,还是要依靠市场,这是一个有无相生的逻辑。

但边书平的思维是逆向的:工厂在哪里,市场就在哪里。他提到《道德经》第2章所讲:有无相生,难易相成。意思是,有和无,难和易是相互转化,相互促成的。边书平谈道:在哈尔滨这样一个经济贫瘠的城市,森鹰一年可以做到3个亿的销售额,恰恰就是因为森鹰工厂在哈尔滨。在20多年的时间里,森鹰在哈尔滨的品牌认知度逐年提升,已经成为老百姓耳熟能详的品牌,老百姓认为房地产项目不用铝包木档次就不够,不用森鹰铝包木,肯定不是一个高端项目。这就说明了,工厂的位置对于拉动本地市场方面还是非常有战略价值的。

但是,不管从哪种思维考虑,都不能忽略窗行业是一个有经济半径的行业,必须不断缩短和客户之间的绝对距离,当然也包括心理距离。由此,森鹰开始统筹工厂布局，每个工厂的规模不是太大，但供货半径会压缩到五六百公里之内。边书平知道，最重要的还是缩短和客户之间的心理距离，因为无论是工程板块还是零售板块，签合同都需要双方见面洽谈，并需要售后服务，工厂在附近会让消费者感觉到安心，更加便于开拓市场。

2018年4月2日森鹰在南京设立的新厂奠基，标志着森鹰开始走出哈尔滨，走出黑龙江，走向全国。雄鹰不再只眷顾某一个山头，而是开始俯瞰全国。也正是在这一年的5月，由《中外管理》发起主办的首届"中国造隐形冠军"评选典礼上，森鹰作为隐形冠军得主，站在了聚光灯下。

三年过去了，截止到2020年，森鹰铝包木窗已经占据全国近30%的市场份额，每卖出4樘铝包木窗，就有1樘来自森鹰，并取得了2020年度铝木门窗行业十大品牌排行榜榜首的佳绩。作为最早将德系铝包木窗引入中国的企业，也是最早研发与生产被动式建筑外窗的企业，更是国内拥有专利最多的木窗企业，森鹰在精耕细作中不断创新，在当仁不让中持续引领，在如今人们越来越追求舒适健康的大趋势下，也势必要迎来更进一步的势如破竹，喷薄绽放。

未来：堵住能耗的"洞口"

正所谓苦心人，天不负，只要坚持做正确的事情，迎来大机遇是自然而然的。2020年9月，中国国家主席在第75届联合国大会上宣布："中国将提高国家自主贡献力度，采取更加有力的政策和措施，二氧化碳排放力争于2030年前达到峰值，努力争取2060年前实现碳中和。"

而在此前，"零碳中国"的倡议已经发起，其中包括"零碳"能源、"零碳"交通、"零碳"建筑，以"零碳"为目标推进能源转型发展。

显而易见，在中国提出"2030年碳排放达峰、2060年实现碳中和"目标后，也为中国能源产业的转型提出了更高的要求。整个人类社会的能耗分为三类：工业耗能、建筑耗能、交通耗能。其中建筑耗能占总耗能的40%，而建筑能耗里有50%是通过窗户跑掉的，建筑外窗就好比是产生这一能耗的巨大黑洞，通过被动式木窗则可以节约整个人类社会20%的能耗。

在边书平看来，"零碳能源"是一场革命，且任重道远，这势必将推动被动式建筑产业迈向从点到面、从单打独斗到生态化发展的关键期。当然配套产业也将提前进入红利期，广阔天地，大有作为，机遇就这么呼啸而至。

森鹰在做的事情就是封堵能耗黑洞的"洞口"，用森鹰空调窗，挡住气候变化，减缓世界的脚步温升。"虽说听起来有点像螳臂挡车，甚至是自不量力，但确实是我们森鹰人的心中所愿，我们就是要一直坚守下去！"边书平慨然说道。

作为隐形冠军企业，森鹰的发展像极了毛竹的生长，在前5年以一种常人看不见的方式在生长——向下扎根，将自己的根牢牢扎在地底下。到了第6年的雨季，瞬间成长。前期的深扎根，是为了在时机到来之时，创造高速成长的神话。

现在，边书平能感觉到他所从事的窗产业是他一生中做得最正确的事情。

方法论

1. 定位精准，目标远大

虽然森鹰定位的瞄准并非基于顾客的心智需求，但对于节能环保的这份执着，不经意间却与世界政策吻合，并且在技术逻辑上与顾客所期待的舒适健康殊途同归。有时，赚钱真是"顺便完成"的，只要你坚持对了方向。

对于"隐形冠军"的掌门人来说，金钱自然不是他们的工作动力，动力主要源于企业的宏大愿景。如果单纯为了赚钱，森鹰早就是一个房地产公司了。

2. 培养需求，"教育"受众

一如乔布斯所言："消费者并不知道自己需要什么样的解决方案来更好地满足自己的需求，直到我们拿出自己的产品，他们就发现，这是我要的东西。"这一主张与森鹰空调窗的推出是同样的道理。它兼具封杀品类与封杀特性的"功效"，以特有的"教育能力"来培养消费者新的需求。

3. 相对聚焦，理性拓展

森鹰在前期聚焦铝包木窗，不断做减法，后期却反过来做了加法，增加了铝合金窗的品类。这好比一个人的武功内力不足时，需要红缨枪这种尖锐的武器来打仗。但，还是要聚焦得当，如果聚焦过窄，红缨枪是有可能断掉的。正所谓："揣而锐之，不可长保。"过于显露锋芒，锐势是难以保持长久的。就好比，腾讯做了QQ，又做了微信，但其始终定位在"社交"这一领域上，森鹰的做法，无疑也是理性的。

产业链企业点评

朗诗控股副总裁、中国被动式建筑联盟荣誉主席 谢远建

2014年，朗诗公司在浙江长兴太湖研发基地，筹备夏热冬冷地区第一栋被动式建筑酒店，当时没有任何可借鉴的项目案例，也没有成熟的供应链体系。一片茫然中，森鹰窗业生产的P120被动窗进入了我们的视野——这是当时中国唯一的一款被动窗。

森鹰作为铝包木窗的领跑企业，其对于产品品质的严苛把控和安装服务的细致周到，在业内早有耳闻，这也高度符合朗诗的合作标准。在建设过程中，经过一次又一次的系统设计和安装实践，成功做到了被动窗和外保温系统的有机结合，为建筑整体气密性的达标，提供了最有力的保障。

朗诗和森鹰的缘分并不止于此。随后，在上海朗诗新西郊、杭州朗诗乐府等项目中我们都进行了深度的合作。

我认为，森鹰的与众不同可以用八个字概括："战略聚焦+产品创新"。20多年来，森鹰始终聚焦在建筑外窗领域，并在铝包木窗品类上执着地开拓创新，聚焦于技术创新、产品创新、工艺革新，这份专注让森鹰成为了业内有口皆碑的标杆品牌。

期望森鹰可以继续保持创新和突破，在为客户带来更多的优质产品同时，也能够给绿色建筑领域带来新的变革。

张默闻策划集团董事长 张默闻

边书平先生是森鹰企业战略与文化的布道者，是森鹰企业营销与品牌的布局者，但是他更是一个100%的理想主义者。他想让全世界的房间都用上森鹰空调窗，想让全世界的每个房间不用空调都能冬暖夏凉。

边书平先生信奉基督教，将入世慈悲写在他的灵魂里，融化在他的企业和品牌里。和边书平相处的时间越长，越能感受到这种慈悲的无处不在和大爱的阳光明媚。

他似乎不敢停下脚步，因为爱，他必须把产品做到更高端，他必须把信仰做到更高端，他必须把品牌做到更高端。

书平先生是一个有温度的人。那是一种智慧者的温度，决策者的温度，奋斗者的温度。他的生命和温度始终不能分离。在产业上，他在改变温度，重构温度，营销温度。在做人上，他在增加温度，管理温度，释放温度。

边书平说，世间万物都是依靠温度而生，温度有高有低，只要用爱来调节，就会成为世界最温暖的温度。森鹰有爱有温度，森鹰人有爱有温度，森鹰品牌和营销有爱有温度，才会战无不胜。

评委点评

作为铝包木窗行业的探路者，用二十年的时间走出了一条专业化的生存之路。因为与节能环保的环境趋势相匹配，预示着这家企业在房地产供应链上，依然大有可为。

—— 中国造隐形冠军评委、北京大学国家发展研究院 BiMBA商学院院长 陈春花

一家具有强烈价值观导向与人文情怀，而能够心无旁骛专心研发的隐形冠军企业。并且是有意识地学习和实践来自德国的隐形冠军理念，同时又矢志不渝实践美国的聚焦定位理论。

—— 中国造隐形冠军评委、中外管理传媒社长、总编 杨 光

123456789

新远科技
"学霸型"隐形冠军的制胜哲学

这家"边学边玩"、轻轻松松拿第一的隐形冠军,究竟有何独门秘籍?"敌进我退、敌驻我扰、敌疲我打、敌退我追"的独特销售策略,在这里是如何充分实践的?"跟跑"世界一流,竟然就能让自己拥有"一米宽、万米深"的优势?

文:中外管理 庄文静

五岳归来不看山，黄山归来不看岳。人们对于黄山的了解，更多的是闻名世界的旖旎风光。事实上，在黄山这片土地上，还有着深厚的商业文明底蕴。

黄山地区古称徽州，既是徽商故里，又是徽商文化的重要发祥地。中国近代著名红顶商人胡雪岩就出自这里，也是徽商文化的代表性人物。如今，黄山市作为一座拥有142万人口、以旅游业为经济支柱的地级城市，形成了具有当地特色的新经济增长点和产业创新。其中，第二产业在近十多年间得到了迅猛发展，并形成了多个产业集群，成就了多个"专精特新"企业。

在这些"专精特新"里面，专注于研发、生产、销售环氧树脂活性稀释剂系列产品的安徽新远科技有限公司，2019年脱颖而出，在《中外管理》发起主办的第二届"中国造隐形冠军"评选中金榜题名，从而特别引人注目。此外，新远拥有国家发明专利32项——其中发明专利13项，实用专利19项，其产品远销欧美、日韩和中东等市场。新远同时还是国家高新技术企业，安徽产学研联合示范企业及专精特新冠军企业。

2020年全球横遭大疫，但新远公司董事长程振朔，却因为业绩逆势大涨而心情大好，甚至兴趣盎然地端着手机给《中外管理》社长杨光看自己公司利润的提升数据。

人们难免会好奇，一家四线城市的化工企业，是依靠怎样的创新基因和企业哲学，使其可以持续优秀，并成为了在中国细分市场独占鳌头的"中国造隐形冠军"？

创业初心："不安份"的野心家

生于1960年代的程振朔，其父辈们认为理想的职业就是当个公务员，端上铁饭碗。在父母的期望下，程振朔上了中专，学了水利工程。中专毕业后，他被分配到了乡镇上班。然而，面对朝九晚五的日子，程振朔开始思考一件事：自己在这儿工作下去，大约五年才能晋升一级，这样算来干到四五十岁，最多才能当上个局长，这还得是在比较顺利的情况下——这完全不符合程振朔的理想。经过一番思考，他干脆辞职下海。

程振朔讲到自己的创业初心时，坦言就是想换个活法，过一个有价值、有意义的人生。

1993年，程振朔开始了第一次创业。当时听朋友说冰箱的外涂层涂料行业前景不错，而且那时白色家电市场非常火爆，所以程振朔就懵懵懂懂地进入了这个行业。仅仅两年，企业就做得有声有色，1995年便做到全国第一。1998年，由于程振朔找的一个合作伙伴不慎，导致第一次创业失败。

尽管第一次创业失败，但程振朔却树立了强大的自信，并且也真正了解了化工这一行业。自己有那么好的客户资源和经验，就这么放弃太可惜了，大不了就从头再来。程振朔始终记得他在第一次创业中，因为一次放弃给自己带来的遗憾。那时，他在做涂料的同时，还代理过某个化工产品。一些竞争对手干了好多年，一年也就卖出去一两百吨，而他不到半年就卖了300吨。但由于程振朔那时抱有小富即安的心态，并没有进军这个产品和行业。直到今天，程振朔仍然没有忘记这个遗憾。或许正因如此，程振朔不会再轻易放过任何一次机会。既然"人不能两次踏入同一条河流"，程振朔就不想再因错过而遗憾，他在等待时机。

2000年，程振朔从家人那里借来了30万元，来到徽州区创办了安徽恒远新材料有限公司（原黄山市徽州恒远化工有限公司，以下简称"恒远"），开始了第二次创业。这次，他将业务聚焦于固体环氧树脂的生产、制造、销售，并且"专精"于环氧体系这一领域。

起初，恒远只是一家租赁了3条生产线、年产量近千吨、产值几百万元的民营小厂。经过两三年的发展，恒远的环氧树脂产品因为质优价实、客户忠诚度高，很快就做到了国内销售第一。而今天，环氧树脂的年产能已达3.4万吨。

2009年，恒远整体搬迁到了现在的厂址——徽州循环经济园。新厂址占地面积200亩，引进并兴建了最先进的设备和厂房，并且自建了环保处理系统。程振朔根据企业在产、销、研方面的核心优势，开始了相关多元化的探索。

在此之前的2004年，程振朔通过与南京林业大学化学工程学院的朱新宝教授深度研发合作，企业将业务拓展到了环氧活性稀释剂（以下简称稀释剂）领域，并成立了"安徽新远科技有限公司"（以下简称"新远"）。后来，因企业战略需要，恒远业务并入新远。

当时，国内还没有企业大规模进入稀释剂领域，进口稀释剂的价格非常高，新远通过不断的技术改善，让售价大幅度降低，有些品种仅为进口产品售价的1/5。这无疑夯实了其强大的竞争力。

创立十年后，新远在稀释剂领域就做到了世界第一。目前，其稀释剂年产量达3.9万吨以上，并且拥有3大品类、20多款产品、50多个型号，是全球在这一领域品类最丰富、型号最全的品牌。新远的环氧树脂和稀释剂产品，广泛应用于电子、涂料、土木、胶黏剂、密封剂、半导体封装、航空、风电等众多领域。

为了更好地整合公司资源、提升产品的研发能力以及延伸产业链等需求，新远还先后成立了南京致远、上海易如国际贸易公司等下属公司，企业进入了集团化管理时代。

选择大于努力，方法大于勤奋

从创业到国内第一，再到世界第一，新远究竟是如何做到的？

《中外管理》带着这个问题，走进了新远科技创始人、董事长程振朔的办公室。

程振朔身着黑色中山装，端着紫砂壶，眼神睿智、自信、热情洋溢，语调抑扬顿挫、充满感染力。接近年底，程振朔特别繁忙，就在《中外管理》走进办公室前，程振朔还在与外部咨询公司高管沟通企业人才盘点以及新一年的人力资源战略。此外，由于公司正在筹划上市，因此程振朔近来经常与券商密切沟通，谋划上市前的各种前期准备工作。

当《中外管理》希望程振朔总结一些创业故事时，他却云淡风轻地表示，有的人做企业可能感觉很难、很累，而有的人却可以一不小心就做到第一，其原因就在于首先"天赋"很重要，人要善于发挥自己的长处和优势，然后，"选择比努力更重要""方法比勤奋更重要"。就像学霸一样，他们不仅成绩优异，还兴趣爱好广泛，上得考场、下得球场，边学边玩就能轻轻松松拿到全班第一。

回顾成为隐形冠军之路，程振朔毫不掩饰自己的自信，他笑称自己或许是有一些经商的天赋，也因此特别享受创业过程中的乐趣，他也希望自己的员工能够"感受压力、享受生活"。尽管到2021年，程振朔做企业已有28年，然而他身上却似乎始终保持着勇往直前的创业初心。

"思路决定出路"。程振朔始终在要求自己做一个"思考型"老板。而在现实中，许多民营企业老板，常常会角色错位，事必躬亲。尽管令人钦佩，但这不一定是高效的领导方式。在程振朔看来，这就相当于"死读书"的勤奋孩子，越是到高年级学起来就会越吃力，原因就是没有思想的高度，没有学会"选择"并找到方法，这会让许多勤奋变成"低效率"行为。

曾经，中国制造的出路还有"贸工技"和"技工贸"的选择之争，在今天看来，历史已经给出了答案。

新远作为化工产业，生产制造是企业立足之本。新远副总经理周孜坦言：在徽州这个地方从事化工产业，只能往精细化工方向发展。因为这里的现状是"两头在外"——原材料在外，市场在外。特别是，企业又定位于生产"专精特新"的产品，那么就更需要发挥精益生产的能力和工匠精神，只有持续的技术改善和产品创新，才能弥补企业外部资源的不足，保持领先的优势。

其实，新远在创业中，也经历了不少难关，而每一次化险为夷，都是企业综合实力的集中体现。

2009年，之于新远是至关重要的一年。这一年，新远搬迁到了新厂址，开启了相关多元化的探索，特别是这一年正值风电产业大规模兴起的时期，而环氧树脂和稀释剂是风车叶片及模具重要的主体材料和黏合剂，这对于整个行业无疑是千载难逢的市场机遇。

此时，湖北一家新创立的同行企业，为了迅速占领市场，在业内打起了价格战。当时市面上稀释剂的价格约为20000元/吨，而湖北这家企业却用低价渗透进入这一市场。程振朔果断决定：我们要降到成本价，而且还要有得赚。这俨然是"苍蝇腿里找肉"——不可能完成的任务。面对大家的质疑，程振朔反问：在生产制造环节中，还有哪些降低成本的空间？于是，技术人员开始加班加点地研究，仔细推敲如何在工艺流程中再进行优化。

既然目标定下了，产品售价不能高于成本，那么就要倒逼技术人员去做PDCA（循环改善）。从计划、执行、检验到总结，并通过提高生产效率，新远的研发人员终于通过几方面的改善把产品价格成功降到了原成本价，而且还有一定的利润空间。

结果，只用了三四个月的时间，湖北的同行就撑不住了，新远成功地抢占了市场份额。而这次成功，也为新远产品日后成为亚洲行业第一奠定了基础。

作为生产制造企业，新远每年都会去做PDCA循环改善，以此实现持续的精益生产和降本增效。在这里，每一次的技术改造、新产品的推出都要经历小试、中试到生产车间批量生产几个流程的检验和完善，才能最终正式投产。可想而知的是，每一次成本的压缩，每一次流程的改善都体现着技术人员的工匠精神。

解决"卡脖子"难题：远超行业标准的"治污"

一提到化工行业，人们会自然而然地和环保联系起来。

在黄山地区，从事化工行业的企业约有40家，其中规模以上企业有10家。对于化工行业来说，最敏感的神经一定就是环保。而黄山，作为旅游胜地，作为新安江源头，环保更是红线。

尽管新远所在的"徽州区循环经济园"有先进的环保处理系统和生化处理系统，园区内的所有企业都可以接入，但程振朔有更高的要求。由于每家企业的产品特性不同，为了能更高效、及时、精准的处置适用于新远产品特点的处理系统，新远自2004年至今，陆续投资了1.3亿元，用于购置环保处理系统和生化处理系统。

作为公司的创始人和董事长，程振朔时常在思考一个问题：我们要成为一家什么样的企业？最终，他觉得答案其实很简单，就是三个核心理念：要为客户创造价值——业务深度聚焦，为员工创造未来——实现员工精神和物质双丰收；为社会承担责任——共创和谐发展企业。

其中，社会责任是责无旁贷的事。程振朔希望自己的企业，能够发扬徽商精神，以"诚信"为本，以先义后利、义中取利的精神赢得市场。

近十几年来，中国对于环境保护的重视程度、对于环保政策的推动史无前例，甚至在一次次环保风暴中，一些以牺牲环境为代价的落后产能和企业，都被迫淘汰，中国经济已经不可逆转地从"高速增长"向"高质量发展"转变。

而作为化工产业来说，绝不能让环保成为"卡脖子"的问题。新远副总经理何云超向《中外管理》介绍了公司环保政策推进的三个关键时间点——2008年（绿色奥运年）、2012年（国家环境保护标准施行）、2017年（进入环保新常态）。特别值得一提的是，2017年国家出台了环氧树脂污染物的排放标准，每生产一吨环氧树脂产品，只能产出6吨废水。

20年前，新远生产一吨环氧树脂的用水量高达20吨，后来随着工艺改善降到了12吨，在2012年就维持在7吨左右。2014年，新远还自主研发了环氧活性稀释剂废盐水处理系统（获国家专利），这一做法把废水中的盐分蒸发出来，水可以被有效净化且再次循环利用，从而达到用水量低于6吨的国家标准。同时，脱离出来的盐也是符合国家标准的工业副产品，还可以卖给下家，用做融雪剂等。国家环保部将这一专利称为"环境友好型"创新。

远大集团董事长张跃有一个理念，企业运营的标准应远比法律要求设定得高，即使面对困难，也不应以挑战法律底线为代价。然而，有的企业却常以"企业没有利润就是犯罪"为借口，去做一些触碰法律底线与道德底线的事。而程振朔和新远的选择是，要做一个受人尊敬的企业，要成为一个"利他"的企业——利于客户、利于员工、利于社会，也自然能有所获，正所谓"道法自然"。

所以，新远出现远超行业标准的治污做法，也就不足为奇了。

不做"价格杀手"，只做"卡位高手"

在新远，不少产品的销售价格都是竞争对手无法企及的。于是，坊间就有了新远是"价格杀手"的说法。

对于"价格杀手"这个评价，新远副总经理、工程师周孜并不认同：新远不是价格杀手，恶意降价的企业，一定会成为行业的破坏者。而新远是通过持续的技术改造、技术迭代，从工艺上降低了生产成本，同时在定价时做好了"价格卡位"。一个品牌或产品要想持续地占领市场，就要防范新的竞争者进入，因此定价策略就尤其重要。比如，想进入稀释剂市场的企业，首先就要慎重评估一下门槛，如果比新远价格低就没有利润，而价格高就卖不动。因此，通过合理的定价进行"卡位"，自然会把大部分竞争者拒之门外。

目前，新远常规产品的利润就控制在5%~8%，而这部分利润占到了新远内外贸整体利润的50%。可以说，这是一个比较合理的利润空间。

稀释剂作为一个非常细分的产品，在全球每年的消费量大约21万吨左右。而新远在这一领域的年产能是3.9万吨，占到全球产能的1/5，第二名和第三名分别是泰国和美国的两家企业，他们的产能相加也不及新远。如今，新远的稀释剂系列产品已经远销欧美、日韩、中东等市场。

新远下一步的战略重点，依然会聚焦于稀释剂产品，同时将继续探索相关业务。毕竟，原有的环氧树脂领域已经趋于饱和，新远将在现有的规模之下，进行持续的技术改造和提升。

程振朔：我们要成为一家什么样的企业？答案就是三个核心理念——为客户创造价值，为员工创造未来，为社会承担责任

让自己的优势"一米宽、一万米深"

周孜在新远从事了十多年生产制造，近几年又分管了市场工作，他对于"专精特新"企业的战略思路有着自己的见解和观点。

周孜坦言，尽管有一些"专精特新"的"准隐形冠军"企业开始露出锋芒，但还不足以"领跑"。实际上，许多"专精特新"企业都没有真正意义上的研发部，实质上都是技术部。因为这类企业面对的一定是一个很窄、很专业、很特殊的领域，通常市场规模和产值一定不会太大，因此只能选择做强。

"记得有专家说，年产值达不到百亿的企业，就别提能搞出什么真正的创新。"周孜说。

事实果真如此吗？如果真如此，"专精特新"企业该如何思考自己的市场策略，如何持续保持自身优势呢？周孜给出了他的建议。

第一，在自己的优势领域做到一米宽、一万米深。这就需要企业一方面要有持续的品质保证，能够挖掘用户的痛点，进而解决这些痛点和需求，以点带面地进行技术迭代和深耕。接下来，就是要拓展产品的应用领域，服务于更多的场景。比如，新远下一步战略重点和方向，就是如何参与到5G产品的原材料应用中。

第二，提升企业经营管理的内功。作为隐形冠军企业来说，更不能闭门造车，因为"专精特新"产品所面临的市场，具有小批量、专业化、个性化的特点。由于"小品种"产品比较稀缺，这就需要有良好的信息传导链条，一线的市场销售人员应及时将客户的需求反馈到产品部门，这就更考验组织的内部管理、运营和协同能力。

策略："跟跑"世界一流，不掉队就能进步

对于许多隐冠企业来说，"走出去""出海"是他们的战略目标，海外市场是一个拥有无限吸引力的市场。新远在此方面自然也是志向远大。

海外事业部经理江小和2012年入职新远，那时外贸部还没有成立，只有他一人负责一些外贸业务的拓展。即便今天，新远的外贸部也不到十个人，但外贸部的产值已经占到了新远产值的三成。

新远的许多海外客户都是世界500强企业，江小和在与海外客户合作时，印象最深刻的就是，他们不单给新远带来了业务，同时也促进了新远管理理念、管理能力、技术水平、战略眼光等方面的提升。在与国外企业合作后，新远在供应链、仓储、生产、物流等方面，都有了明显的进步。

此外，新远的另一个收获是，通过与海外客户不断交流，及时收集市场信息，不仅解决了客户的需求痛点，还激发了公司的产品创新思路，继而加速了产品迭代，提升了盈利能力。

在周孜看来，中小企业不要不自信，模仿标杆与跟随并不丢人。只有模仿过后，方才可以持续改善、精益生产的基础，才能站在巨人的肩膀上跳得更高。能够跟随世界级企业的步伐，自然可以在技术层面快速响应。此外，"专精特新"企业要学会在"夹缝中生存"。比如大企业不愿意做的，小

企业又做不了的就是其市场空间。同时，多批次、小批量、定制化的产品，就是隐冠企业可以深耕"万米深"的机会。

与世界500强企业合作，是很多隐冠企业的目标。因为这无异于登上一艘航母，可以获得更强的作战能力。

如何才能成为世界500强的供应商和合作伙伴？周孜讲述了自己的经验和心得。

他觉得，世界500强企业最关注供应商的以下几个方面：第一，持续供货的能力和产品稳定性；第二，可以为其量身定制的能力和快速响应能力；第三，有良好的口碑，有优质的客户群。

"持续供货能力"这一点非常重要，因此世界500强企业评价一个供应商的资质非常慎重，通常需要2到3年之久。其中的评价标准非常复杂，包括技术水平、生产工艺、厂房设备、物流仓储等各方面的软硬件实力，相当细致。

"500强"们通常会陆续派三批人来企业进行实地考察，第一批是技术人员，实地审查上述资质。第二批是安全环保人员，他们非常重视企业的环保问题和社会责任。如果一家企业干不了多久就被关停，"500强"的损失会非常巨大。第三批是法务和商务人员，开始对价格、交付、账期等问题进行谈判。

因此，企业首先要跟海外客户的技术人员做朋友，了解他们的诉求，并且能解决这些痛点。只有技术人员认为你的企业可以胜任，才可能有下文——这与国内的销售套路大为不同，只会搞关系也没用，还是要看你是否具备持续稳定的供货能力。

与世界500强企业合作可能利润率不一定很高，但是这些业务非常稳定，并且能带来更多的附加价值。比如，获得世界500强客户的认可，就是企业实力的最好体现，胜于许多广告宣传。

部分中小企业常有一个误区，就是"走出去"是不是得去国外建分公司，甚至建工厂？江小和以新远的出海经验为例，目前新远的外贸团队有一些在上海办公，因为那里更适合国际业务的交流。同时，对于一些大客户的销售策略，基本采用的都是直销模式。对于一些小客户或需求量有限的地区，就采用代理模式。海外建厂并不一定适合当下的隐冠企业，毕竟市场、人才、企业资质等都是很现实的问题。

同时，外贸业务还要多考虑两个问题，就是政治因素和资金安全。海外客户欠款的事例也并非个案，而追款相较国内更是难上加难。因此如何规避回款风险,同样是需要警惕的"暗坑"。

江小和还透露,未来新远的销售业务,大部分都将转移到上海去,而在徽州总部只保留服务功能。产销之间设置"物理距离",在最适合的地方做最专业的事,这也是新远值得借鉴的地方。

留人育人:管理要"符合人性",而非"改变人性"

当与许多隐形冠军企业沟通时,你都会发现人才永远是企业最稀缺的资源,没有之一。

近年来,"技工荒"成为全国制造业发展的一个瓶颈,劳动力市场上高级蓝领人才奇缺,具体表现为四个方面:一是技能人才数量不足,供需矛盾突出;二是与管理人才、专业技术人才相比,技能人才待遇不高,获得感不强;三是技能人才培养周期长、培养成本高、人员流动性大,企业培养动力不足;四是重学历、轻技能的社会观念尚未根本改变。

周孜对此尤为感慨,现在爱钻研技术的年轻人太少了,技术人才流动大是普遍现象。而新远所在的徽州循环经济园周边只有一趟公交车,每小时一班(末班车还是下午4:30)。这里离黄山市还有18公里左右的车程,新远如何在并不具备先天优势的条件下引才留才?

首先,薪酬福利等激励给到位。目前,新远员工的薪酬普遍是当地企业的1.3到1.5倍。周孜有一个观点:假如一个技术工人在合肥可以赚到8000元/月,那么在黄山付出10000元才有可能留住人才。大城市给予人才的吸引力,远远不只是薪酬福利,而是资源、视野、职业生涯等无法衡量的附加价值,而这些"损失"只能暂时用薪酬来补上。

为了更好地留住人才,新远建立了自己的人才梯队储备库(后备管理层),有4%的优秀者可以进入这个梯队中。像许多企业一样,新远有自己的员工职业通道,比如,分为管理序列、技术序列、操作序列,每个序列都有6个级别。并且每个员工所在序列的薪酬待遇都是公开透明的,员工可以一目了然地看清自己的职业晋升通道。

其次,管理要"符合人性",而不能追求"改变人性"。程振朔特别强调这一点,因为,每个人都不喜欢被管理、被控制。一般来说,企业老板最大的权力,就是人事权和财务权。而在新远,所有管理层都不是任命的,哪怕一个车间主任都是通过竞聘上岗的,所谓"赛马不相马"。新远的管理岗位都是三年一个任期，任期满后可参与重新竞聘，但在一个岗位上的任期最多不能超过三届（九年）。

同时，新远强调要调动员工的自驱动力，因此已经在探索打造阿米巴自主经营体，目前有环氧树脂、稀释剂和外贸经营体三个阿米巴。

第三，老板是服务者，不是管理者，要打造平等的企业文化。程振朔觉得，要把管理者的权力降到最低，因为权力容易让人愚昧、官僚，容易滋生腐败。有权力没责任，人就会胡作非为；有责任没权力，人就会无所作为。

第四，放下面子，就要里子。在新远的内部会议上，每个人都要放下面子，只谈问题，继而找出解决问题的办法。

这一切做法，其实都是程振朔"简单管理"这一理念的具体实践。程振朔特别喜欢研读老子的《道德经》，他认为管理其实很简单，所谓"大道至简"，只有简单的管理才容易执行，跟着企业奋斗的员工才不会压力重重，才能"感受压力，享受生活"。

关于未来，程振朔有着"精准"的部署，新远定下的战略目标是在2024年时，可以将产值做到50亿元。而要实现这个目标，就需要大量的资本投入以聚合产业链中的相关资源。尤其对精细化工这样的资本密集型产业来说，上市无疑是加速企业做精做强、实现战略目标的引擎。

对于一些隐形冠军企业来说，他们并不想上市，一方面担心上市后的财报压力会打乱企业短期业绩与长期战略的平衡，另一方面认为只有"隐形"才能让企业具备持久竞争力。

而程振朔觉得，既然战略目标定在那儿，那么要实现它就不能畏首畏尾。在国内经营环境下，上市或许是隐冠企业基业长青的一个保障。

新远科技，这样一家既能仰望星空，又能脚踏实地的隐形冠军企业，想必将同其名字一样，不断创新，不断致远。

方法论

创业初期的"三板斧"

事实上，每个人在面对选择时采取的态度，就直接决定着其生命的质感。一家公司也如是。

程振朔在创业初期，就是选择做好了三件事。

第一，把产品质量做好，成本高一点都不要紧。徽商精神尤其讲究的就是诚信、货真价实，这是制造企业的根基。

第二，特别注重现金流。在程振朔看来，只要能把产品卖出去，只要现金流动快，不用太考虑能赚多少钱。现款现货是销售原则，价格便宜点都没问题，但概不赊账。这是一个双赢的策略，一方面客户获得了更优惠的价格，另一方面也保证了现金流。

为了保证现金流的安全并盘活资产，程振朔在2000年企业初创购买土地时，找到主管部门谈分期付款，然后基建项目也做了分期付款，厂房建好后又将其抵押给银行，申请了抵押贷款。这一番操作，为新远带来了很大一笔现金流。

第三，销售手段灵活，不能一条道走到黑。在销售策略上，程振朔说自己是运用了毛泽东的军事思想——敌进我退、敌驻我扰、敌疲我打、敌退我追。

程振朔还特别强调，一定要注意每个时期都应有每个时期的工作重点。比如，当企业还很小的时候，可以打游击战；当企业做到一定规模后，就要打阵地战；当企业做到行业领先者时，就要开始打防御战了。同时，始终要抓住小企业"船小好调头"的优势，才能在市场上灵活应对、进退自如。

如何让世界500强看中你？

从新远的海外销售实践中，我们可以看出其在这三个方面具备持续优势。

第一，持续供货的能力和产品稳定性。而一切影响持续和稳定的因素，都将影响评价，比如环保、社会责任。

第二，可以为其量身定制的能力和快速响应能力。洞察客户痛点及需求，并且能迅速解决这些问题，这其实也是中国企业的优势之一——勤奋、善变。

第三，企业有良好的口碑，有优质的客户群。显然，诚信是任何合作的基础，不分国界。

产业链企业点评

某知名上市公司,与新远合作已有十年

新远公司突出的能力是对市场的远瞻性,能够更好地了解、预估市场变化而做出调整,并能够根据市场端的实际情况给予客户建议与帮助。新远是一个有格局的企业,在这方面是非常优秀的,这也是对市场、对客户、对整体经济环境负责的体现。

既然是长期合作伙伴,需要建立在对伙伴的认同和信任的基础上。新远的产品品质非常稳定,同时诚信经营,这都符合我们对伙伴关系的选择。

那么,作为新远的合作伙伴,我们是如何定义隐形冠军的?有几个关键词:不在乎、主宰、目标明确。他们能够专心在一个领域,不在乎外界的评论和短期的收益获利;他们以终极目标为导向,坚定不移地走着他们自己认为正确的道路;他们是一群耕耘者、奉献者,他们用自己的信念和方式做着自己的事,主宰着稀释剂行业。新远的企业文化、领导班子、市场占有率,都体现了隐形冠军的特质。

评委点评

通过持续的产品开发,不断保持较高的成长性,并通过创新带来利润这一特征明显提升。

—— 中国造隐形冠军评委、兴富资本董事长 王廷富

安徽黄山本来在"基因"上并不出产工业品隐形冠军,但是程振朔和他的新远打破了这一固有成见。在新远身上,我看到了中国民营企业对更精尖、更高效的务实追求,和对新技术、新产品的旺盛激情,并在不断产生新的惊喜。

—— 中国造隐形冠军评委、中外管理传媒社长、总编 杨 光

123456789

之江有机硅
如何吃掉巨头的地盘

曾经的寡头们怎么也不会料到，一家不起眼的草根"小公司"竟然逐步攻占了市场城池，重新定义了行业市场版图。从模仿者变为领跑者，从夹缝中生存到叱咤全球，他们究竟是如何做到的？"不得与经销商争利"，为何在这里成为必须遵守的明文规定？

文：中外管理 朱 冬

之江科研楼

综合办公楼

很多1990年代起家的中国民营企业，无疑与时下那些风光无限的独角兽企业、互联网风口下的热门企业，有很大不同。彼时，虽然政府也在积极推行产业政策激励创业，国企、事业单位员工"下海"潮和社会经商潮成为当时的时代特色，但弱小的民营创业者面临着外资品牌在中国市场抢滩式的开拓，以及国际巨头的垄断，生存环境极其恶劣。

很多今日的中国知名品牌、龙头企业，在当时的环境下，在产品质量、核心技术、品牌名气等方面，都需直面国际巨头占据"全壁江山"的现实。能夹缝中求得生存，已是万幸。

这也导致了大量企业在刚刚介入市场的时候，都是以谦虚的模仿者姿态，以更低的成本，生产出相近的产品，逐步赢得市场信任。等到摸清国外产品的生产研发路数，这些企业也在摸索中找到了自身的硬核竞争力，才慢慢在生产、品牌、技术、营销等路上越走越顺，站稳脚跟，破茧化蝶。

而待到企业规模和实力成一定气候之后，适逢中国国内市场需求迅速增长，分水岭开始出现，有的企业走上了多元化、多业态发展的路径，甚至步步为营、布局上市之路。而有些企业，无论是在规模和专业上，却越走越纵深，越来越垂直，一跃成为行业里的"隐形冠军企业"。

杭州之江有机硅化工有限公司（以下简称"之江有机硅公司"），就是后者。

作为由《中外管理》发起和评选出的首届"中国造隐形冠军"得主，作为"中国氟硅行业领军企业"，之江有机硅公司在建筑密封胶这个建材细分行业，十多年来长期稳居市场占有率第一。

除了深耕建筑胶市场外，之江有机硅公司近年来深钻工业密封粘接领域，产品涉及十多个工业细分市场，尤其在高端电子、集成电路、芯片等领域研发高附加值密封粘接产品，为各应用行业提供高附加值的创新密封粘接解决方案。

隐形冠军企业未必是规模非常大的公司，但一定是市场地位强大的公司。之江有机硅公司创业至今已有20余年历史，其中有十多年的时间稳坐行业第一。从白手起家到专业市场脱颖而出，他们没有太多的"传奇"故事，从创始人到公司一线员工，稳中求胜成为公司的特色标签。甚至这家公司的老板何永富，对外也鲜有露面，外界知之甚少。这真是一家名副其实的"隐形冠军"。也因此，这家公司更神秘，更值得品味。

从0到1：闯市场、抢专家

1992年，小平南巡谈话后，中国迎来了全国性的创业大潮。而中国的大型城市化运动，也给房地产行业和建筑行业带来巨大的市场空间。

这一年，在浙江这个"善商贾，喜奔竞"的地方，各种各样的企业如雨后春笋般兴起。那时，已经做到国企中层干部的会计师何永富怎么也没想到，自己的"职业生涯"和人生命运竟然因为一场同学会，发生了大反转。

当时何永富的一位同学在建筑设计院工作，他在同学会席间提到一种叫作"工业味精"的东西，刺激到了何永富不安分的神经。这个学名"硅酮胶"的工业产品，在建筑市场需求旺盛，正值市场蓝海。

何永富心动了。说干就干！

1996年1月底，春节将至，在杭州萧山西南郊区一个破旧仓库——东山仓库，"杭州之江有机硅化工材料公司"（即今天的杭州之江有机硅有限公司）正式挂牌。注册会计师出身的何永富，自嘲是这个行业的门外汉，带着不到十名同样是门外汉的员工自此做起了硅酮胶的生意。

但硅酮胶毕竟属于科技产品，没有专业人士的"金刚钻儿"肯定无法起步。一贯稳健作风的何永富也深知一个道理，就算有了产品，这个行业要是没有自己的核心技术，也是寸步难行。

所以，没人就去请人。

在求贤方面，何永富从来都是一副不惜一切代价的劲头，这种风气一直持续至今。此举也为之江有机硅公司在技术创新上保有实力，继而日后发展成为隐形冠军企业埋下伏笔。

于是，第一批"宝藏人才"入驻之江有机硅公司，里面包括一位"大腕"。

1995年，当时已经60岁的倪宏志，从化工部成都有机硅研究中心第一研究室主任位置退休。马上，倪宏志就成了很多公司眼里的香饽饽。

何永富为此专门飞到成都，亲自拜访倪工。连何永富自己也知道，在待遇方面，在公司名气方面，自己的优势着实不明显。但就是这份希望带领民族品牌从无名之辈走到行业翘楚的信心，以及何永富不惜"蹲守"在成都，多次拜访和恳谈的诚意，最终打动了倪宏志，他决定和何永富一起奋斗，一起啃硬骨头。

1996年5月18日，被载入之江有机硅公司的纪念册，这一天，在简陋的仓库里，JS–222中性胶在倪宏志等人的努力下试制成功，正式投产。当时正值中国农历鼠年,为了取吉祥之意,商标也就顺势注册为"金鼠"。

随后,之江有机硅公司又请到了更多的宝藏专家,比如长江学者、国家杰出青年科学基金获得者、浙江大学高分子研究所的郑强教授等。

作为公司的元老级人物,现杭州之江有机硅有限公司(以下统称之江有机硅公司)现任副总经理张旭,回忆起那段时光依然很激动。

张旭在采访中提到了浙江人素有的"四千"精神:千方百计、千山万水、千辛万苦、千言万语。简单的十六字,在之江有机硅公司的创业者身上体现得淋漓尽致。

当时的密封胶、有机硅材料行业几乎被国际大牌占据了全部市场,而之江有机硅公司生产的建筑密封胶产品,与那些进口胶相比,真的算是彻头彻尾的无名之辈。"那时候没人认识我们,我们一没有很好的经销商人脉,二没有系统的品牌意识,做产品推介就是全体出动,地毯式销售,四面出击,寻找客户。"张旭说。

几位老员工至今还记得,当时为了卖货,销售人员分成几个小组,每天早上开着一辆面包车早早出门,后备厢装着几箱胶,从萧山区一直开到杭州城里的建材市场,逐家和建材经销商沟通,给每家留下几箱胶请求代为试销。过几天后,销售人员再开着车去找他们结账,卖了多少结算多少,没有卖掉的就退回来。业务就这样一点点地做起来。

除了在当地开拓业务,何永富更是从一开始就立下了要把生意做到全国的目标。所以,刚进入公司不久,分到市场部门的张旭就接到一个艰巨任务,去华北、东北地区开发市场,白天跑客户,晚上住小旅店。用"走千山、过万水、跑断腿、磨破嘴"来形容当时张旭的日常,真的一点都不过分。就这样在一穷二白的基础上,张旭硬是开拓出一片之江有机硅公司的异地市场。

有人才有资金后,之江有机硅公司开始了顺势而发、稳步快走的节奏。

乘着国家政策和市场急速增长的东风,之江有机硅公司在1998年成为国家经贸委首批认定的硅酮胶生产企业之一。那时候的"金鼠"也许并不知道,它会在未来的20多年里,走出萧山,成为能让世界同行前辈们竖起大拇指的冠军品牌。

今日,回过头看,这一家中国隐形冠军企业在诞生之初,并不是行业的开拓者，而是面临着经历国际成熟市场历练的、规模庞大的欧美大牌企业，他们作为后起之秀，以学生的心态不断学习，成为"进口替代者"的不二之选，在中国的市场慢慢打出自己的一片天空。

打品牌：让顶级客户为自己背书

大多数公司初创期所谓的营销，其实更主要是"卖货"。但随着公司的成熟和市场的需要，在新市场领域打开自己的品牌之门，成为企业发展之必须！

作为B2B类型的公司，这一环节，着实需要较长的传播时间和试错时间。之江有机硅公司的做法就是绑定顶级客户，让他们为自己的品牌背书。

正如前文张旭所言，1990年代末，海外品牌占据着建筑密封胶和有机硅行业的"全壁江山"。地毯式销售显然并非长久之计。而有了核心技术的之江有机硅公司，下定决心让自己的品牌走出杭州，走向全国乃至世界。

但前提是，要在市场上树立起过硬的品牌认知。用张旭的话说，就是"市场上得认你！信你！"

深圳"江苏大厦工程"这个当时的明星项目，对之江有机硅公司而言绝对是个里程碑式的转折。

2000年底，之江有机硅公司在经过与国外品牌激烈角逐后，取得了"江苏大厦工程"的大型幕墙工程的供货资格。所谓幕墙玻璃，就是取代传统马赛克外墙装饰的新兴玻璃幕墙，在高楼大厦的建筑中，巨大的玻璃幕墙，每一块都足有五六平方米，接近100公斤重，如果玻璃幕墙脱落，后果不堪设想。

而54层、208米的深圳"江苏大厦"是当时国家十大高层建筑之一，也是深圳改革开放前沿的标志性建筑之一。打败同期竞标的国际知名品牌，竞得这个工程后，何永富和他的团队着实激动了一番。毕竟，能把这个城市名片工程做好，意味着之江有机硅公司的建筑密封胶材料也能够在中国建筑用胶市场真正拥有自己的一席之地了。

但就在全公司沉浸在幸福之中时，工地施工方却传来紧急电话：胶不固化！

这一致命问题如果不查找到源头并顺利解决，意味着之江有机硅公司的品牌信誉将直接被行业"打入冷宫"。

命悬一线的时候，何永富带领技术骨干立即飞往现场检测。公司所有的高层技术部门进行了紧急磋商，采取了果断措施，要求暂停施工，并对所有的工程用胶逐一严格检测。

经过层层排查，终于找出了原因，原来是施工方赶进度，并未严格按照施工工艺操作，导致了后面的一系列乌龙。问题解决了，何永富悬着的心也放下来。

江苏大厦一役，让客户看到了之江有机硅公司解决问题的态度和严谨性，公司也用品质扛住了市场的检验。而这次合作，也成为"金鼠"品牌发展史上的"惊天一跃"。

此后接下来的几年，之江有机硅公司的密封胶产品不断丰富，不但畅销国内，还远销澳大利亚、日本等国家。

2007年，上海虹桥机场新航站楼整个工程所用的有机硅胶便是采用的之江有机硅公司的产品，为此当时还引发了一场"用进口胶还是国产胶"的舆论争议。宁波机场T2航站楼玻璃和铝板全部采用杭州之江公司提供的JS2000耐候胶系列产品，为整个宁波机场三期工程提供密封粘接解决方案。

赚足了眼光的之江有机硅公司，发生了质的转变。用何永富的话说："我们跃上了一个新台阶，每年我们都有新的产品投产，每一年都有新技术产生。"

而这一切的前提，绝对离不开过硬的产品品质，以及稳固的品牌信誉。

吃了"定心丸"，远离诱惑

2008年12月11日，何永富代表之江有机硅公司，在某权威机构的评选活动中捧回了一个奖杯——未来之星。

从国际品牌林立的有机硅行业杀出重围，到为中国企业抢夺话语权，再到成长为代表中国企业发展前景的"未来之星"，之江有机硅公司迎来了成立以来的高光时刻。仅仅300多人的企业，年销售额达到4个多亿。

公司的迅猛发展，却让何永富有些纠结。

回看那个时期，正值中国房地产市场火热，很多民营企业有资金、有底气、有实力后，开始对房地产这块蛋糕蠢蠢欲动。地产行业的火爆的确也成就了很多"赚快钱"的企业家。不仅如此，做大做强，乃至布局上市也成为大部分中国企业的天然认知。

但会计师出身的何永富,却一直稳扎在有机硅行业"按兵不动"。这种专注与坚持,恰好与远在欧洲的一位管理学家赫尔曼·西蒙的"隐形冠军企业"理论不谋而合。

其实早在2005年,何永富就读到一篇叫作《来自德国"隐形冠军"的启示》的文章,文章出提到一个核心观点:隐形冠军企业只关注客户关注的东西,在竞争中,隐形冠军企业并非样样都比对手强,它们往往集中资源,确保公司在顾客最在意的领域做得比对手强。

这个观点引起了何永富的注意。但何永富心里的"疙瘩"却是:历经草创期,成立15年的之江有机硅公司已经取得一个良好开端,今后公司该往哪个方向走?如果专注在某一行业的细分市场,又如何实现做大做强的目标?

直到2010年10月,"隐形冠军"之父赫尔曼·西蒙(以下统称西蒙)教授到访了之江有机硅公司,为期两天的访问和交流,让何永富心头的纠结终于云开雾散。

"确实有很多的中国企业家很有雄心,都在追求增长,但请注意,有盈利的目标才是真正的目标。对企业而言,收入增长的同时,必须保持它的边界效益,要保持足够的利润率。真正的增长,应注重产品质量的提高、技术服务的改善和人员素质的提高。"西蒙解答道。

此外,西蒙教授进一步指出,虽然在中国有很多的发展机会——仅仅看2010年中国富豪排行榜,前十名中有六位涉足房地产领域——但企业进入任何一个市场都要有核心竞争力,这其中包括技术,包括对客户的了解,以及为客户解决问题的能力。

西蒙更是建议何永富,专注某一行业,成为行业的领袖并不是说把国内市场做好就行了,而是必须全球化。

原因在于:首先,隐形冠军通常是非常专注的,专注使市场小型化,过于狭窄的市场定位会带来问题。为把市场做大,全球化是必然的路径。其次,在市场国际化趋势日益明显的今天,不能再以国界来划分市场了。而要成为一流公司,也必须直面国际市场,参与国际竞争。

这次交流,也让何永富吃了"定心丸",坚定了走隐形冠军的专注之路。直到今天,之江有机硅公司依然在坚守这份初心,也正因为这份执着和坚持,让公司能够保持连续十多年在建筑密封胶行业的冠军位置。

隐形冠军之父"赫尔曼·西蒙"(左一)与行业专家一起参访之江有机硅公司,并与何永富(右一)探讨公司的未来和方向

把自己"逼成"专家

相信很多企业在突飞猛进的时候,都会经历这样的阶段:产能迭代,淘汰旧设备扩建新厂房。为了技术创新,为能够不被他人在紧要关头"卡脖子",之江有机硅公司也在这一过程中,硬是把自己"逼成"了专家。

《中外管理》参观了之江有机硅公司占地150亩的临江厂房,整洁有序的生产车间,工人并不多,全自动设备已经满足了全流程的生产加工需求。每年建筑密封胶的产能有十多万吨,这一数据在国内同行遥遥领先。

在这里,《中外管理》还见到了一台"全球限量版"的德国进口高精密专业罐装密封胶设备。据说,这台设备全球仅有三台,两台在海外,一台就在此处。《中外管理》还看到,投资近千万从知名的德国施沃德公司进口的丁基胶设备自动灌装机和全自动化生产线，也都在井然有序地运转着。

但是在进口第一台设备前，之江有机硅公司也经历了一番"被改革"。

据之江有机硅公司临江基地常务副厂长沈翔介绍，2000年的时候，山东一家基建工程项目，选择了之江有机硅公司的建筑密封胶，但施工打胶后发现胶的外观不够细腻，原因在于生产这款胶的设备精度只能如此。收到山东客户反馈后，之江有机硅公司的回复是：立即重新返工！

就这样，这款产品经历了不断修改和再加工，从杭州到山东往返空运了五个来回后，客户的点头满意，才让之江团队放下心来。

经历了这一番劳民伤财的折腾，之江有机硅公司高层也意识到，一刻也不能等，必须要淘汰老设备，用更精准更现代化的设备来生产。

"我们可以进口一套高级设备回来，但后续的工作就没有想的那么简单了，如何精准操作？机器万一坏了，怎么去维修？"沈翔说，有时候机器"闹脾气"，技术人员就得给国外的工程师写邮件，还得考虑时差的问题，不能马上得到邮件的回复。而聘请国外的工程师来调试维修，维修费用是以一小时2000美元计算的。

"当时对我们而言，维修成本着实很高。就算这次的问题解决了，后续再有问题怎么办？我们是否可以把设备研究透？甚至有些组件是不是可以自己加工？只有学会最核心的技术，进口设备才真正是自己的设备。"沈翔回忆说。

接下来，之江的技术部便开始了一系列的拆卸、组装、创新……搞清楚软件的原理，改进硬件的工艺，去海外组团学习，甚至开发更高级的设备型号。当时围绕进口设备和国产替代性设备的问题，公司技术团队就是这样从"小白"到"大拿"一步步闯过来。直到现在，之江有机硅公司厂房的很多特种设备都是技术团队自主研发出来的。

之江有机硅公司这段关于设备和技术的历史，其实也是一个时代缩影。那时候所谓"进口货就等于质量高"的认知是一个时代群体的符号。现在，中国的生产制造和研发能力已经完全达到甚至超过国际标准，而中国的制造业业主们再也不用去迷信"进口货"。

"我们自己研发和组装的生产设备，完全可以达到很多老牌国际品牌的品质。我们有研发和创新能力，这就是核心的东西，这就是不被别人卡脖子的王牌。如果手里没有这些核心技术，只是靠复制和依附，那么招聘多少博士和高科技人才也没有用。一个公司能走得远，要有手和脚，还要有灵魂。"沈翔深有感触地说。

2000年，之江公司购买了一套进口灌装机设备，但靠着技术团队的经验和研发实力，很快就自己组装出一台生产精度几乎相差无几的国产替代型设备。公司内外都惊呼："好神奇"！

"那么庞大的机器设备，之前都没有用过，也没有看过是如何生产出来的，技术人员却成功组装出一个功能、品质与之等高的复制品。这确实是一件很难的事情！"沈翔回忆起来，仍然有些激动。

其实，一个公司的成长和成功，背后都需要大量的专业人才：让专业的人才去跑市场，专业的人才去做品牌，专业的人才去搞研发，还要有专业的人才去维护售后……

所以，隐形冠军企业最大的显性特点之一就是专业性，这个专业性并不是一个狭隘的概念，而是与行业有关的方方面面的专业。

凡事力求专业，正是之江有机硅公司的成功法宝之一。除此之外，还有在产业链条上"利他共赢"。

"利他共赢"的产业链

独乐乐，众乐乐？

以专注某一领域纵深式发展而著称的隐形冠军企业，也许在C端的大众知名度并不是很高，但其在自己专注的领域，绝对是令同行和上下游伙伴点赞不已的企业。

之江有机硅公司在定义与同行业、上下游乃至竞争伙伴之间、代理商之间的关系时，一直以"利他共赢"为基础。

2004年5月，在之江有机硅公司8周年庆典上，有机硅行业全球著名公司如美国通用、瓦克、德国阿克苏诺贝尔、日本信越、东工科森等巨头代表纷纷来到萧山，为之江有机硅公司的"生日宴"道贺。

要知道在早些年，这些巨头在国际市场，包括中国市场的建筑硅酮密封胶的占有率几乎是百分之百。曾经的寡头们怎么也不会料到，一家不起眼的草根"小公司"竟然逐步攻占了市场城池，重新定义了行业市场版图。之江有机硅公司只用八年的时间，就足以让这些巨头大佬刮目相看。

张旭尤其自豪地介绍了2010年11月4日的那场酒会。在灯光绚丽的北京开元歌华大酒店的宴会厅，张旭与知名艺人柳岩一起致辞，开启了这场盛大的聚会。中国建筑金属结构协会、欧洲门窗协会、中国建筑玻璃与工业玻璃协会、中国铝门窗幕墙委员会、澳大利亚门窗协会等国内外行业协会领导，以及行业知名企业的客户、合作伙伴、代理经销商，共计200多人，汇聚一堂，之江有机硅公司的人脉关系和凝聚力可见一斑。用张旭的话说："他们都是之江有机硅公司赖以生存的圈子。"

而促成这个圈子，打通上下游产业链，和所有的利益相关者都能做到水乳交融，并非一日之功。

这要追溯到之江有机硅公司与经销商之间的"游戏规则"。何永富在公司成立早期，就与经销商约定，要专卖之江有机硅公司的金鼠牌产品——这也是之江有机硅公司以规模效益换取更大市场的发展策略。公司承诺把大的利润空间让给每个经销商，自己反而留小部分的，以此吸引更多经销商拓展市场份额。这种方式满足了每位经销商个体"利益求大"的心理。所以，一旦当企业在行业市场占有率超过一个平衡点的时候，此种做法很快会带来生产厂商、经销代理商、顾客三赢的局面。

同时，之江有机硅公司制定出"不得与经销商争利"的条文，代理商和经销商们即使改行，卖不掉的库存产品也可以退回厂家。而且，为加强与各地经销商的合作与沟通，之江有机硅公司为全国主要城市的经销商提供技术、售后等多方面的服务。

在"将心比心、以情换情、资源共享、利益共赢"的原则下，凭借多年的交心往来，很多供应商和经销金鼠产品的经销商们与之江有机硅公司发展成了靠谱的"老铁"情谊。

很多分布在全国各地的供应商，与之江有机硅公司的合作时间长达20年。一路相随，相互成就。何永富常常强调：绝不会为了眼前利益出卖未来。"我们的产品价格不低，但性价比高，客户会因为我们提供的价值付出百分之百的忠诚度。"

张旭解释说，现在公司的营销思路就是产业链思维。公司营销总部成立几个部门，包括地产合作部、大客户项目部、设计院顾问咨询部等。他们将营销不断细化，打通产业链不同领域，全员自上而下贯彻营销的产业链思路，把自己从一个"卖货、卖产品"的销售转变成能为客户提供解决方案的专家。

"我们不是卖货给代理商、经销商和客户,而是提供解决方案,我们也可以是产业链条上的决策专家。这就是一个利他共赢、生态型的产业链理念。"张旭总结说。

未来,摆在面前的"五项修炼"

"大格局、年轻化、智能化、信息化、全球化一定是我们要去发展的方向。"张旭强调了隐形冠军企业在当下必须直面的几件大事。

中国的隐形冠军企业跟德国和日本的隐冠企业相比,虽然都有成功者的共性,但也有自己的格局问题。"我觉得中国的隐形冠军企业的格局还不够

在张旭看来:大格局、年轻化、智能化、信息化、全球化,一定是隐形冠军企业未来要去发展的方向

高。"张旭坦言。

他进一步解释道，中国的隐形冠军企业基本是民营企业，民营企业如何提高格局，尤其提升企业的角色定位格局、领导力格局等都是需要逐步被引导的。"建议大家不要老站在自己的企业视角看问题，还要站在行业的角度去看问题，要跳出惯性思维，站到更高的高度来看企业的生存和发展。关注行业，关注社会，多去思考国外隐形冠军企业，比如德国、日本的百年企业之所以长久的背后原因。"

亲历了20余年的公司自身发展，加上时常对海外隐形冠军企业的考察和游学，张旭有了自己的感悟：日本的隐形冠军企业实际承担着社会公器的角色，这个是中国的隐形冠军企业需要关注的，即社会责任感和格局感。

"日本很多百年隐冠企业，其利润点都会控制在10%左右，并非眼里只有盈利，它们非常注重企业社会责任。而我们会发现，德国的隐形冠军对行业的贡献力也很大。这些冠军企业都很理性地在寻求自身发展，同时也引导着全行业的发展。"张旭说。

而年轻化，即企业二代传承，这是当今隐形冠军企业，乃至那些1990年代创业起家的大部分中国民营企业所面临的问题。公司掌门人大都是50岁以上甚至70多岁的老一辈，如何让二代接班人在企业传承中稳健接棒，确实不是件易事。

如何传承？如何规划？而且怎样发挥年轻的二代接班人的价值和作用？企业传承后的年轻化如何延续？张旭透露，之江有机硅公司目前已经在着力推进此项工作。

而在智能化方面，之江有机硅公司一直在布局。"企业的智能化工程，首先是一把手的认知工程。"张旭介绍，之江有机硅公司是国内同行业里第一家引进海外智能设备的企业，现在全车间都是智能化的设备，这与何永富的管理理念也是分不开的。一把手对智能化发展是正面积极的态度，那么企业的智能化建设也就是水到渠成的事。

信息化也是企业管理提升过程中非常关键的一步，如今，已到了进阶式发展的管理新阶段，企业已经不是仅凭着一腔热情和埋头苦干就能顺利"通关"的。"没有一套系统化的规则，企业是走不远的，而信息化建设就能为企业的科学管理提供一个很好的平台。而且我们也不惜投入研发费用，攻坚核心技术，培养和引进创新的引领者，也是我们一直在做的事。"张旭如是说。

而至于全球化,则是时代发展最避不开的问题,即使目前全球化有回潮迹象,但从长远看,全球化仍是大趋势。从一个中国品牌变成一个世界品牌,是隐形冠军企业的时代使命。之江有机硅公司目前在欧洲市场开设了自己的分公司,立足于瑞士,意在辐射整个欧洲市场,实行本土招聘、本地化管理原则。

除此之外,张旭还补充说:"打造隐形冠军企业的特色文化也是企业发展的核心动力。"企业在发展过程中,可以从无名小卒到享誉全球,可以从初期模仿、复制他人的技术,到找到自己的核心价值和原创力,但企业真正的核心价值文化是绝不能复制的。"要形成自己独特的企业文化,通俗点说就是要有自己的主心骨。作为管理者要善思、会说,能做;作为企业,要有快速响应客户的服务能力。"

张旭觉得,隐形冠军企业,不一定是隐形的,它可能在某个方面完全是处在镁光灯下的。不管是全球突发的疫情,还是经历多少外部和内部的冲击,隐冠企业一定是那些能拿出真东西的企业,一定是能扛得住时代变革和经济规律波动的企业,它必须有硬核的竞争力。

"如果你的企业基因适合做隐形冠军,而且领导者也有这方面的理念和意愿,就可以沿这条路发展。但如果有的企业并不具备条件,又或者从一开始就选择了一条其他的道路,比如做大做强,比如直奔上市,那也未尝不可,关键是找到适合自己的路。"张旭补充说。

张旭的话很中肯,毕竟,打造"隐形冠军"是一个考验坚守和耐性的事业。

方法论

1. 定位准、定力稳

无名之辈的初创小公司,如何找对产品路数?之江有机硅公司的经验是进入细分市场,甚至是高度细分的市场,做到销售第一,持续改进,逐步找到比较优势,进而在激烈竞争中获得生存机会。而之江有机硅公司在获得市场认同后,开始有针对性地采取市场策略,在细分市场上、在客户心中建立性价比极高的印象,从而赢得规模增长。

企业领导者的眼光和魄力，往往决定了企业在产品创新和整体方向上是否能做出正确的判断。之江有机硅公司能够稳定地保持在市场的上升通道中，正是基于何永富与他的管理团队对产业、经营的深刻理解，专注优势领域，不跑偏，对于房地产等暴利行业的诱惑视而不见，方能从一家行业新入者，变成一家能够主导市场的强者企业。

2.借力客户、绑定专家

优秀的企业，不一定有波澜起伏的创业故事和曲折的发展经历，他们也许只是在合适的时间做出了正确的选择。海尔集团CEO张瑞敏曾说：企业即人，管理即借力。在营销、品牌、人才优势并不明显的初级阶段，之江有机硅公司"绑定顶级客户""不惜代价吸纳行业专家"，就是完美利用了"借力"法则，实现了企业从0到1的破局。

3.不争利、谋大局

之江有机硅公司的代理权是排他的，但他们保证了每个经销商较大的利润空间，甚至专门制定出"不得与经销商争利"的条文，打造出利他共赢、生态型的产业链——这就是格局与胸怀的体现。如果迷信丛林法则，逐小利必然损失大机会。之江有机硅公司的做法，看似"吃亏"了，反而为自己博取了更大的发展空间。

产业链企业、专家点评

德国施沃德Schwerdtel

成立二十多年来，杭州之江有机硅有限公司通过不断努力成为世界密封胶行业的市场领导者，它的优势在于其核心专业知识和价值驱动因子，并坚信专注和创新比盲目的多元化更有效。

我很高兴见到越来越多像"之江有机硅"这样的中国公司，不仅提出了隐形冠军战略，并且将其应用到日常的公司运作中。公司专注于细分市场，重视创新以提升竞争优势，追求可持续优质增长，懂得如何激励员工，维持一个精简组织，致力于成为业内一流。这些都是隐形冠军的核心价值观。

"隐形冠军"之父 赫尔曼·西蒙

作为全球知名的密封胶和化学黏合剂产品的灌装机生产设备供应商，德国施沃德Schwerdtel公司始终致力于品质和精密技术的追求。而公司寻求合作客户的标准也一样基于此。

杭州之江有机硅公司专注于细分市场，并在细分市场中做到极致，在产品、营销、创新、服务等多维度打造企业核心竞争力，致力于贴近细分市场客户，为客户创造价值。多年来之江有机硅公司对产品品质精益求精，不断创新，精诚发展，从创业之初的"小体量"，发展成为当今无论是在中国，还是在世界范围内都有自己知名度的冠军型企业。通过20多年的专注和坚守，坚持"专业化、国际化、可持续发展"，之江有机硅公司在一个个细分领域精耕细作，凝聚竞争优势，保持高质量的市场成长，激励员工并持续打造精益组织。

我们一路见证了之江有机硅公司的成长和不断壮大，我们也为能有这样的合作客户感到自豪。

评委点评

典型的无处不在而被视而不见的上游细分市场科技型企业，拥有各项发明专利20余项；同时参与了国家及行业的各项标准制定，是行业内的标准制定起草单位。

——中国造隐形冠军评委、中外管理传媒社长、总编 杨 光

创始人何永富的人生理想是"一百年后，翻开一家伟大化工企业的历史传记，第一页上是我的照片"，这是典型的隐形冠军式的豪气。

——中国造隐形冠军评委、《专注——解读中国隐形冠军企业》作者 邓 地

SINO FOREIGN MANAGEMENT
中外管理

缘起：中国造隐形冠军

首　届
第二届
第三届
评　选

关于隐形冠军
的多年思考

未来5年我们该关注谁？
"隐形冠军"将支撑中国的明天

文：中国造隐形冠军发起人
中外管理传媒社长、总编 杨 光

现在还有谁在乎你是不是500强？

如今你的天价估值还有谁当回事？

一切都在复归应有的本来逻辑。但这些复归并非复古，而是螺旋提升。诚如海尔CEO张瑞敏今年时常提及的"套圈"。

过去四个5年，我们在为谁心跳？

在20年前的上世纪末，以一场在上海举办的《财富》论坛为标志，在GE韦尔奇为反对官僚主义而手舞足蹈之余，让我们举国上下见识了"规模"的巨大诱惑。进军500强，成了当时不论国有企业还是民营企业的共同目标。目标不剑指全球500强，好意思出来混吗？尽管，那时也有声音认为基于营业收入的所谓"500强"应叫"500大"，但瞬间销声匿迹。因为，那时国人眼中的"大"，就等于"强"；不"大"，也无以"强"。于是，"航母"先于辽宁舰15

年成为了时尚热词,而"集团"在消失15年后重新进入人们的视野。事实上,现在时常受到争议的超大型国企,都是在那一段迅速膨胀的。而管理界,则激烈争论着专业化与多元化的得与失。

5年后,人们发现不对劲儿。特别是在安然事件后。企业仅仅有规模还远远不够,规模常常是致命的幻觉。如果同时登上规模榜和亏损榜乃至丑闻榜,反而更寒碜。事实上那几年陆续黯淡乃至轰然倒下的知名公司,从柯达、诺基亚到索尼、夏普,无一不是全球500强榜单上的常客。如果登上某一光荣榜,别说成长,如果连死都避免不了,这不亚于临刑示众。于是500强之梦逐渐被人们冷落,谁谁登上500强也不再引人轰动,而"大企业病"开始广受重视。管理界和企业界,围绕多元化和产融结合的讨论也不再山响,更多的声音可归纳为:"先做强,再做大"。而实践层面,海尔"把公司做小"的管理变革,和格力"把公司做专"的经营定力,逐渐成为代表。

又5年,随着中国企业自身在中国特色市场经济环境下不断成长,他们纷纷有了自己的10年、15年,甚至走到了20年。岁月不饶人,成绩虽喜人,但真有些干不动了。于是"长治久安"成为了新的企业课题。因为不管大还是强,都是要附着在生的基础上。那一段,如何"做久"便成了众多市场化企业创始人的隐隐心病:创富之后,拿什么传承?"百年"开始覆盖在了"五百"之上,成为中国企业发展宣言中的主角。那一段,南方的茅理翔与北方的孙大午,分别殊途同归地潜心推演着自己的企业传承宝典。我在那一段,写出了一篇自己也印象深刻的《反基因传承》。

但可惜,这些进化都随着2008年金融海啸的从天而降,又特别是最近5年互联网思维的强力冲击,而戛然而止。自然界,本就存在着很多突变。如果说,我们的环境变得空前恶化,我们的对手变得陌生野蛮,我们的未来不可捉摸,进而我们的生死就在朝夕之间,传承问题便不再是头等大事。头等大事,是当下如何"活下去"。而新兴企业在大资本与新技术双轮助推下,大有红小鬼横扫一切牛鬼蛇神之势。于是,"颠覆"之下,不论传统企业还是网络新贵,其现有的"窝"和窝里的"蛋",都变得异常脆弱。茫然与焦虑之下,"转型""变革""跨界"成为了企业界和管理界的口头禅。这一阶段,如果谁敢不谈转型、不论估值,也就别出来混了。即便优秀如万科,面对雷军提出降价一半的"挑衅",也惶惶然底气不再;而手握刚打败微博的微信,马化腾依然惶恐失眠。这是一段没有哪家企业有安全感的岁月。

5年后的今天,世道又变了。雷军不再有心情谈论人家万科的房价,打劫出身的周鸿祎也开始反思硬件免费,马云则把更多精力用在了四处补缺并购上,并开始重新尊重线下实体价值。而更多曾被天价估值的互联网公司,则如苏宁孙为民所言,"死得连尸首都没剩下"。人们重新复归常识,发现并追逐以研发为根基、以聚焦为战略、以狼性为基因的华为,同时我们一抬头,也才发现日本的稻盛和夫以他走过的80年精彩人生,正在昭示着那些似乎不变的朴素真理。

新5年,我们将为他们鼓掌!

不变的,还有另外一群始终在"海平面"以下的细分行业领先企业。

德国学者赫尔曼·西蒙将他们称作"隐形冠军"。因为他们的大量存在,德国经济不仅没有被金融风暴摧垮,反而显得愈加强大。在"大""强""久"之后,他们更多的是"小"而"美"。他们没有多大营收规模,但他们拥有恐怖的市场份额;他们不曾在大众如雷贯耳,但他们却能在行业内一言九鼎;他们目前尚未拥有乔布斯,但他们却用专利支撑着时尚。更关键的是,他们不仅在德国,也在我们中国。只不过,他们隐藏在我们看不到的地方,用他们最专业的方式,保障着我们所拥有的一切。是的,他们中很多可能只有几个亿的年营收,但已然默默耕耘了20年,拿下了中国乃至世界细分市场垄断性的份额与影响力,成为无可替代的那一个。你能想象吗,一根小小的吸管,义乌的双童公司可以占到90%以上的市场份额,同时成为当地最赚钱的企业之一!与之并行的,却并不是低廉的价格,而是持久的专注心和傲人的利润率。

只不过,在外界视角里,他们被视而不见;但在我们看来,他们完全可以更加自信,登堂入室!他们在过去的20年,已经在行业内证明了自己无出其右的独特实力。而未来5年,未来10年,他们可以更自信地绽放自己内敛的光彩,也可以更自信地随着成长的需要而做出属于自己的改变。

如果5年果真是一个结点,那么未来5年里,《中外管理》愿意为中国更多小而美的"隐形冠军"企业获得国人更多的认知与赞赏,占据国际更多的市场与顶峰,而竭尽全力。这是我们的责任。我们为此而自豪。因为我们深知,时间才能衡量价值。而"隐形冠军"们所能创造的"美",将绵延在未来N个5年中。

中国造隐形冠军，高光亮出来！
未来它们的粉丝，将决定我们的未来

文：中国造隐形冠军发起人
中外管理传媒社长、总编 杨 光

这个月，属于球迷。而这个时代，属于粉丝。

在粉丝经济时代，粉丝是最现实的非理性存在，也是商业利益的超理性基础。诚如正在如火如荼的世界杯，他们的欢呼，他们的心碎，可以瞬间刷暴手机、弥漫全球，也瞬间表现在真金白银的经济流转上——但是有一些粉丝，就像股票的价值一样，属于未来。他们就是"中国造隐形冠军"的粉丝。

为什么？

真的值得拥有，只是尚未到来

因为我们中国的隐形冠军企业，配得上拥有更多的粉丝。说到粉丝，就不能不说那些独角兽企业。他们是当今中国社会的明星，他们可以凭借一个风口一夜之间翻云覆雨，他们可以在资本估值涌动下上下翻飞。但是，然后又不知道哪天，就会偃旗息鼓，甚至烟消云散。不是吗，独角兽企业的代表特斯拉，至今还徘徊在濒临破产的市井非议之下；而乐视，已经成为失信黑名单上的笑柄；即便是即将上市的小米，人们忽然发现只要会计算法不同，他们可以同时巨盈和巨亏。资本泡沫掩映下的所谓独角兽们，谁能说得清呢？

但我们的隐形冠军企业，在他们10年、20年甚至更久的时间轴上，用默默耕耘，获取了在细分市场上牢不可破的遥遥领先。他们拥有过硬的技术，他们制定坚实的标准，他们创造真实的利润，他们拥抱可持续的长青，是他们而不是独角兽，在坚实支撑中国经济的可持续腾飞！他们，应该拥有大量的粉丝，和来自粉丝的掌声！

但是，长期以来直到此刻，他们又极其缺乏应有的粉丝。他们的产品其实无处不在，但他们的名字我们闻所未闻。他们的技术支撑着行业的发展，同时守护着我们的品质，但我们可能对他们这个行业都非常陌生。他们太低调了，他们太不酷了，他们也无法满足资本一本万利的胃口，无法满足媒体制造热点的本能。于是，他们生生就在我们眼前，消失了！是的，被我们视而不见。因此，他们本应拥有的粉丝，他们本应有的掌声，他们本应获得的理解、尊重与支持，还没有大批量到来。

这是社会公益，也是专业良知

他们的粉丝在未来。但这个未来不再遥远。2018年，中兴通讯遭遇到美国政府的一纸生死罚单，让我们骤然明白："我的企"，还不够厉害！虽经"我的国"据理力争，千亿规模的中兴通讯至今仍命悬一线生死不明。而随后联想在5G投票门中的扑朔迷离，又让人们回想起了23年前那场关于"贸工技"还是"技工贸"的激烈争端。只不过，23年后，这个问题的答案在惨痛的现实面前，已毫无争议。没有中国企业的自主技术储备以及持续创新土壤，民族复兴的中国梦就依然是水中之月。

而中国企业的自主技术创新，缺不了华为，但绝不能只靠华为，甚至说作为整体而言，主要不是靠华为。日本与德国这两个名副其实的制造强国的经验告诉我们，一个国家制造业的强大，表面上是一批龙头企业的强大，比如德国的西门子、巴斯夫，日本的松下、丰田，但实际上，他们依靠的都是他们整个的产业集群，也就是中小企业的强大，简言之，就是他们隐形冠军企业的强大！

这就是我们《中外管理》杂志联手大家一起，在中国改革开放40年之际的今天，举办这样一个评选，并将矢志坚决办下去的原因。这是我们由衷的社会公益，更是我们必备的专业良知。我们就是要矢志于让这些中国企业乃至中国经济的根基与脊梁，在2018年中国改革开放40年之际，"闪亮新时代"！

2018年，中国的隐形冠军企业正在越来越多地涌现，在一个信息的时代，一个资本的时代，一个品牌的时代，一个剧烈变革的时代，他们需要从隐形走向显形，需要从低调走向聚光灯，闪亮发光。而我们这次评选的目的，并不是为了炫耀，不是为了虚荣，这对已经耕耘了十几年甚至更久的隐形冠军们，都是无意义的浮云。而是为了通过我们这个平台，让我们官产学媒各界一起，更好地认识他们，并进而为我们的隐形冠军如何走好下一步，共同建言献策，提供扎扎实实的支持与帮助！为此，我们这次承载首届"中国造隐形冠军"颁奖典礼的论坛，名叫"长青论坛"，就是一切为了着眼未来，一切着眼可持续。因此说，支持和帮助我们中国的隐形冠军，就是为了避免中兴式危机，避免联想式尴尬，就是帮助我们各行各业的可持续发展，就是为了企业基业长青！

我们是"1921"的种子！

基于这样一个朴素而坚实的愿景，我们在今年，在首届，非常有幸邀请到了来自国内外的6名知名权威专家和我一起，带着一颗火热而严谨，热情而专业的心，组成了本次评选的专家评审委员会。他们是：北京大学国发院BiMBA商学院陈春花院长；松下中国前总裁、零牌顾问机构国际导师木元哲；复旦大学管理学院刘杰教授；赫尔曼·西蒙《隐形冠军》中文版译者邓地；泰山管理学院马方院长；《开讲啦》创始人、中国电视制播分离第一人杨晖女士。在此，我再次对他们的大义担当和辛勤付出，报以深深的敬意！

虽然，我们首届评选的场面规模，还比不是那些独角兽们的万众瞩目，一方面说明了当下中国的现实，一方面也促使我们产生了更大的动力。回想一下，1921年，中国共产党在刚起步时，只需区区一张桌子、一条小船就全部装下了。但是他们都是种子，在仅仅28年后就生根发芽开花结果，缔造了新中国！因此，参与本次首届评选工作和莅临大会的每一家企业、每一个人，都是催生中国隐形冠军企业争相闪亮新时代、未来绽放全世界时的宝贵种子！

《中外管理》会与所有中国隐形冠军企业一起，为了心中的价值，坚持到底！

做独角兽，还是做隐形冠军？

想过把瘾就死，还是要基业长青？

文：中国造隐形冠军发起人
中外管理传媒社长、总编 杨 光

"你是选择做独角兽？还是做隐形冠军？"

中国传统文化的圆融，会使得我们更多愿意选择和表达中和的态度。但是我作为媒体人，观察者，宁愿选择一个非黑即白的主张。当前中国社会的客观现状，也本来如此。

我认为和我呼吁，中国制造业应该选择做隐形冠军。

德国与日本，凭什么始终有底气？

如果中国真的想要实现从制造业大国向制造业强国转变，拥有一大批隐形冠军企业，便拥有了不可或缺的根基；如果中国真的想要实现精益求精工匠精神的回归与弘扬，拥有一大批隐形冠军企业，便拥有了浑然天成的摇篮。

德国从19世纪低劣品质的代名词，到20世纪两次世界大战废墟上的迅速崛起，再到21世纪在金融海啸中的岿然不动且一枝独秀，都来源于其拥有世界上最庞大的隐形冠军集群。日本从二战一片瓦砾中仅用20年便反弹至世界第二，接着在经济泡沫猝然破灭后依然保持强大的制造业实力，在总量输给中国后依然有底气说中国制造没什么了不起，同样因为其拥有世界上最庞大的百年老店集群。他们的企业，都不知名，都不炫目，都不赶时髦，都独立于风口，但他们都很挣钱，都很从容，都不屑跑银行，都能在自己的一亩三分地里说了就算，因而都能在经济周期的时间轴上泰然而立，笑傲江湖。

反之，独角兽呢，又特别是中国式的独角兽呢？

他们今天要挟要颠覆，明天高唱羊狗猪；他们像中年祥林嫂一样地念叨着客户数据，而不是过硬产品；他们像特异功能者一样推崇模式创新，而不是扎根技术。于是从政府到企业更到传媒与民众，被他们忽悠得真以为21世纪的企业发展不存在规律，不需要常识，于是不谈互联网、不谈流量、不谈上市，便不好意思说自己创业。

可是，时间，最冷静也最诚实的时间，自会检验一切价值。

我们不难发现，这些风口行业基本上以四年为一个周期。从PPT，到融资，到铺天盖地，到说死就死，也就四年。企业与行业层面皆然。于是，资本潮汐一退，乐视恶名昭彰，滴滴命案接连，OFO濒死黯淡，马蜂窝造假自欺，比特币断崖崩盘，美团更是巨亏千亿……而依然风光无限的抖音呢？不过是将国人的"无聊"，助长成为"沉迷无聊"——而四年后，有谁敢拍着胸脯说四年后的抖音们，一定还活着？除非是当初那些坚信乐视会碾压苹果的"预言家"。

试想一个行业寿命才四年，业内企业又能如何？人常言：十年树木，百年树人。行业与企业如此短命，又怎么可能实现合格地造物造人，并支撑国家可持续发展？德国隐形冠军可以四代人长青，日本百年老店可以四百年传承，其工匠精神更实现了千年不辍。而我们，一共才四年，幼儿园都没毕业。不过是"过把瘾就死"，有什么可得瑟的？

让中国式独角兽，不只会跑！

而当美国人随便拿起一枚芯片说事时，我们一方面千亿企业立即休克，一方面那些数据、流量、估值，也都成了黄粱一梦中的云烟情节。不错，估值，令中国新锐企业最魂牵梦系的估值，其实字面上就已经告诉我们：这都是拍脑袋想象出来的——你们怎么就当真了？一个依靠凭空估值而非扎实品质、快进快出而非百年沉淀的所谓产业蓝海，不是空中楼阁又是什么？于是，中国式的独角兽，永远就比看谁跑得快——像贾跃亭一样跑得快，像朱啸虎一样跑得快。而不论资本还是民众，套牢都是概率最大的结局。埋单的，则是全社会。

按理说，这些事实足以让一个理性的民族开始反思过去的道路，以正本清源。但中国目前，主流层面依然只是"有机会"反思，而没有事实上的反思，更没有切实的修正。

让中国隐形冠军，不再孤独！

这就是我和我们《中外管理》坚定选择和呼唤"隐形冠军"的原因。因为我们没有丧失我们的专业良知。歌手齐秦曾说："孤独不同于寂寞。寂寞是一无所有，而孤独是无法分享的拥有。"是的，我们就是要让靠专注、靠技术、靠品质、靠可持续的竞争力来造物又造人的中国隐形冠军企业，不再孤独。

互联物联时代，永远不缺彩虹独角兽；但现代化中国，永远需要单色隐形冠军！

支撑中国未来的"和"与"核"："中国造隐形冠军" 证明了什么？

越是"战"，越要"和"与"核"！

2020年，不论贸易，还是技术，乃至军事；不论冷，甚至热，"战"都成为了我们不可回避的"现在时"与"未来时"。

但辩证地看：越是迫不得已"战"在眼前时，也才更需要彰显"和"的智慧，与"核"的价值。

日前闭幕的十九届五中全会上，再一次明确了如下重要判断："当前和今后一个时期，我国发展仍然处于重要战略机遇期……和平与发展仍然是时代主题，人类命运共同体理念深入人心"。因此，看起来剑拔弩张时的2021年，我们所有人都需要通过更高智慧的"和"，从而赢得时机强化我们更关键的"核"。

"和"，是思维大格局；"核"，是产业硬实力。"和"，是命运共同体；"核"，是时代护身符。

当战略博弈箭在弦上时，"和"是更高的智慧。当战略转型不可避免时，"核"是更硬的筋骨。

所以说："和"，在引领"核"；"核"，又在保障"和"。没有"和"，"核"是无源之水；但没有"核"，"和"就是一厢情愿。

"关键核心技术突破"的"核"在哪里？

那么，作为能够支撑"和"得以持续的"核"，具体到我们未来的经济发展中，究竟是指什么？

党的十九届五中全会公报在2035年目标的设定中明确指出："我国经济实力、科技实力、综合国力将大幅跃升，经济总量和城乡居民收入将迈上新的大台阶，关键核心技术实现重大突破，进入创新型国家前列。"这就是我们的"核"目标。

那么实现以上"核"目标的"核"，又是什么呢？

我们知道，宏观经济发展依托的不是经济理论，不是经济学家，而是大批量创新实干的微观企业，是以企为家的企业家。而实现"关键核心技术实现重大突破"的，看起来应该是我们的大型企业集团，其实本质上不是。

诚如我上一期卷首语中提到的，华为作为龙头企业，其核心技术创新，不只是自身长期巨额的基础研发投入，还需要更多供应链上的高精尖"鸡蛋"，与之呼应与支撑——也就是高科技含量的高端供应链系统。又诚如我以前多次讲过的，德国作为全球首屈一指的制造业强国，其依托的看起来是奔驰、西门子、巴斯夫这些豪门巨头，其实是他们多达2000多家的在各自细分全球市场里高居第一的中小企业集群——也就是我们所说的"全球隐形冠军"！

是的，是"隐形冠军"，而不是所谓"独角兽"。

因为独角兽群体中，真伪芜杂。那些伪独角兽，并没有过硬的核心技术，在供给侧更谈不上关键核心技术的重大突破，他们更多是在消费侧依靠商业模式及其抄袭实践获得的高估值。而高估值来自他们的市场，而非他们本身。他们没有过硬的科技研发能力，甚至没有研发意识。因此他们的估值或市值光环里泡沫成分很多，在歌舞升平时怎么看都很美，但一旦风云乍起则怎么看都很空。很显然的事实是，为什么焦虑中国崛起的西方政客，会失态失格地恐惧华为、打压华为，而怎么不去恐惧美团、打压美团呢？不需要动用智商也明白：5G与外卖，在真正较劲的综合国力博弈中，别如云泥。

真独角兽当然是存在的。美国的微软、苹果、谷歌与特斯拉，都是货真价实的独角兽。但是这类成色十足的独角兽，在我们国家还不多。而且即便这些真独角兽，他们的起点与现实，也都是依托高质量、高科技中小企业集群。一则他们的出现，正是在大批科技型中小企业集群中大浪淘沙百里挑一出来的；二则他们的成长，往往是依托于对大批科技型中小企业的并购而实现的。

所以独角兽的"核"，依然是来自那些规模不大、名气不响但却拥有关键核心技术的中小型"隐形冠军"。

"金山"与"青山"的"核"是什么？

那么，中国的"隐形冠军"企业有多少呢？

可以类比的是国家工信部的"制造业单项冠军"名录。单项冠军，是指在全球细分市场里位居前三的中国企业。那么，我们有多少呢？400多家，而德国是2000多家。我们还只是世界前三，而德国必须是世界第一。这就是我们与全球顶级制造业强国的"核心差距"。这也是为什么同为全球化贸易的最大获益者，我们在遭遇西方蛮横制裁，而德国却不担心遭遇制裁的原因之一。被制裁和被打压，客观上就说明我们还不够强大。

为此，要想顺利完成十四五规划，进而实现2035年的宏伟目标，中国就需要发现、培育、扶持更多我们自己的"中国造隐形冠军"。

"隐形冠军"对于中国进一步抓住战略机遇期和平发展的重大意义，就在于"隐形冠军"的另一个重要特征，就是立足可持续。与独角兽需要迅速在资本市场上让投资方获得溢价进而离场不同，"隐形冠军"更加关注可持续的价值，也就是寻求基业长青。而寻求基业长青，也就意味着实现十四五规划中的两大主题。

第一是"金山银山"。任何立足长远的企业，其发展逻辑就决定了必然关注长远价值，而非短视投机。因此在今年疫情期间，他们不会贸然去下注做口罩，而是关心疫情前后市场都始终关心的那些核心价值。因此，也就决定了他们会关注高品质的持续发展，以及扎实的盈利提升。

第二是"绿水青山"。任何立足长远的企业，都会关注周边环境对其持续发展的承受力。环保，永远是"纸包不住火"，无可逃避。事实上，几乎全球的"隐形冠军"，大多身处安静祥和的小城镇。在那里，任何风吹草动都会引起轩然大波。所以"隐形冠军"注定愿意而且能够与周围的环境与社区长期维系双赢关系。这也就是：尊重自然、顺应自然、保护自然。

中国的发展，既要金山银山，也要绿水青山，那就需要更多的"中国造隐形冠军"。

"中国造隐形冠军发展联盟"：因"核"而"和"！

《中外管理》发起的"中国造隐形冠军"评选，从2017年到2020年，已成功完成三届，并已然选出了27家实至名归的"中国造隐形冠军"，和一批正在冲击冠军之巅的"时代匠人"企业。其中，2020年9月19日在山西侯马揭晓颁奖的"第三届中国造隐形冠军"9家获奖得主中，同时也是工信部"制造业单项冠军"的就有4家。

通过三届评选，我们感到真正最有意义的是这三点：第一，"中国造隐形冠军"的评选标准，始终立足于"中国细分市场第一"。而中国作为全球最广阔、最活跃、最具成长性的市场，牢牢成为"中国第一"，就意味着大概率日后成为"世界第一"。第二，迄今所选出的27家"中国造隐形冠军"，在今年突如其来的新冠疫情冲击下，全部安然从容度过，无一面临生存之忧，其中不少反而获得了逆势成长。第三，27家"中国造隐形冠军"，虽然不少涉及机械或化工行业，但在这几年严格执行的环保风暴下，无一在环保方面出现污点，反而还有些在环评上走出了提前量，成为行业标杆。

因此，越是异乎寻常的风浪冲击拍打之下，反而越证明我们矢志于开拓与倡导的"中国造隐形冠军"之路，对于中国成为世界经济强国，和人类命运共同体的建设者，是必要和正确的。因此，由我们《中外管理》倡议发起的"中国造隐形冠军发展联盟"，未来将会更好地推动"隐形冠军"事业的发展。

有了更多的"中国造隐形冠军"，中国经济的高质量可持续发展，就有了"核"的底蕴，进而也就有了"和"的资本。

有了"核"，何愁不"和"？

首届
中国造隐形冠军
评选获奖企业名单

2018年5月23日,由《中外管理》发起主办的首届
"中国造隐形冠军"长青峰会暨颁奖典礼在青岛举行
9家企业获得"中国造隐形冠军"殊荣

获奖企业分别是
(排名不分先后)

义乌市双童日用品有限公司

全球吸管行业领导者,开发出国内首款全自动艺术吸管成型机。拥有150多项专利,掌握了全球吸管行业近2/3的专利,主导制定了行业标准、国家标准以及ISO国际标准。

广东华兴玻璃股份有限公司

国内日用玻璃制品占比第一,中国大陆及亚洲均居首位,世界排名第三位。国内同行领先掌握瓶罐三滴料生产技术、小口压吹技术、轻量化技术、窑炉节能技术,专利技术65项;参与制订国家标准6项、行业标准4项。

哈尔滨森鹰窗业股份有限公司

放弃与木头无关的不节能窗产品，专注铝包木窗行业，学习和实践来自德国的节能保温理念和美国的聚焦定位理论，是中国最优秀的铝包木窗企业之一。

青岛海佳机械有限公司

细分市场占有率连续15年中国第一和4年全球第一。20年专注于无梭织机领域，是集研发、生产、销售、服务为一体的国内无梭织机专业生产企业。

远大住宅工业集团股份有限公司

提供装配式建筑整体解决方案，包含装配式建筑PC构件产品及技术咨询服务，成为集研发设计、生产制造、工程施工、运营服务于一体的，拥有逾100城基地发展规模的综合型新型建筑制造企业。

南通富美服饰有限公司

通过互联网模式取得连年线上市场销售第一。拥有国内一流水平的帽饰设计师团队，已经成为中国帽类公司中综合竞争力排名前列的企业。

长沙和捷实业有限公司

金属管材冷挤压环连接技术，基本替代了进口同类产品，在国内冰箱环连接市场占据95%份额，市场占有率全国第一。

杭州之江有机硅化工有限公司

通过研发和先进制造技术引领建筑用密封胶行业潮流，建立世界领先的研发生产基地，引进十八条国际领先的自动化流水线设备，为客户提供一流品质的产品。

济南金达药化有限公司

创建中国最规范原料药制造平台，五次通过美国FDA认证，把呋喃妥因做到全球第一。

杨光
避免联想式尴尬，我们需要他们！

文：中国造隐形冠军发起人
中外管理传媒社长、总编 杨 光

尊敬的中国造隐形冠军，和他们未来的粉丝们，尊敬的中国企业联合会、全国工商联、中国中小企业协会，以及青岛市企业联合会、青岛中德交流合作协会、青岛西海岸新区民营经济发展局的各位领导，尊敬的大会联合主办、协办及支持单位，以及各位中外官产学媒的来宾朋友们，大家早上好！

用如此冗长的开场，是因为我要以此来表达我此刻内心的激动与感恩。

大家注意到，我刚才提到我们今天的主角，也就是我们中国的隐形冠军企业时，还提到了一个一般企业论坛不大会出现的名词，也就是粉丝，而且是未来的粉丝。为什么？

因为我们中国的隐形冠军企业配得上拥有更多的粉丝。说到粉丝，就不能说那些独角兽企业。他们是当今中国社会的明星，他们可以凭借一个风口一夜之间翻云覆雨，他们可以在资本估值涌动下上下翻飞，但然后又不知道哪天，就会偃旗息鼓，甚至烟消云散。不是吗，独角兽企业的代表特斯拉，至今还徘徊在濒临破产的阴霾之下；而乐视，已经成为失信黑名单上的笑柄。但我们的隐形冠军企业，在他们10年、20年甚至更久的时间轴上，用默默耕耘，获取了在细分市场上牢不可破的遥遥领先。他们拥有技术，他们制定标准，他们创造利润，他们拥抱可持续的长青，是他们在坚实支撑中国经济的全面腾飞！他们，应该拥有大量的粉丝，和来自粉丝的掌声！

但是，长期以来直到此刻，他们又极其缺乏应有的粉丝。他们的产品其实无处不在，但他们的名字我们闻所未闻。他们的技术支撑着行业的发展，同时守护着我们的品质，但我们可能对他们这个行业都非常陌生。他们太低调了，他们太不酷了，他们也无法满足资本一本万利的胃口，无法满足媒体制造热点的本能。于是，他们生生就在我们眼前，消失了！是的，被我们视而不见。因此，他们本应拥有的粉丝，他们本应有的掌声，他们本应获得的理解、尊重与支持，还没有大批量到来。直到2018年5月23日开始。

他们的粉丝在未来。因为他们铸就了过去，也正在创造未来。但这个未来不再遥远。2018年，中兴通讯遭遇到美国政府的一纸罚单，让我们骤然明白："我的企"，还不够厉害！进而通过"我的国"的据理力争，中兴通讯的复活反而衬托了他的孱弱。而随后联想在5G投票门中的扑朔迷离，又让我们回想起了23年前那场关于"贸工技"还是"技工贸"的激烈争端。只不过，23年后，这个问题的答案在惨痛的现实面前，已不再存在争议！没有中国企业的自主技术储备以及持续创新，中国梦就依然是脆弱的，甚至是虚幻的。

而中国企业的自主技术创新，缺不了华为，但绝不能只靠华为，甚至说作为整体而言，主要不是靠华为。日本与德国这两个名副其实的制造强国的经验告诉我们，一个国家制造业的强大，表面上是一批龙头企业的强大，比如德国的西门子、巴斯夫，日本的松下、丰田，但实际上，他们依靠的都是他们整个产业集群，也就是中小企业的强大，简言之，就是他们隐形冠军企业的强大！

这就是我们《中外管理》杂志联手大家一起，在中国改革开放40年之际的今天，举办这样一个评选，并将矢志坚决办下去的原因。这是我们由衷的社会公益，更是我们必备的专业良知。我们就是要矢志于让这些中国企业乃至中国经济的根基与脊梁，在2018年中国改革开放40年之际，"闪亮新时代"！

2018年，中国的隐形冠军企业正在越来越多地涌现，在一个信息的时代，一个资本的时代，一个品牌的时代，一个剧烈变革的时代，他们需要从隐形走向显形，需要从低调走向聚光灯，闪亮发光。而我们这次评选的目的，并不是为了炫耀，不是为了虚荣，这对已经耕耘了十几年甚至更久的隐形冠军们，都是无意义的浮云。而是为了通过我们这个平台，让我们官产学媒各界一起，更好地认识他们，并进而为我们的隐形冠军如何走好下一步，共同建言献策，提供扎扎实实的支持与帮助！为此，我们这次论坛的名字叫作"长青论坛"，就是一切为了着眼未来，一切为了着眼可持续。因此说，支持和帮助我们中国的隐形冠军，就是为了避免中兴式危机，避免联想式尴尬，就是帮助我们各行各业的可持续发展，就是为了企业基业长青！

基于这样一个朴素而坚实的愿景，我们在今年，在首届，非常有幸邀请到了来自国内外的6名知名权威专家和我一起，带着一颗火热而严谨，热情而专业的心，组成了本次评选的专家评审委员会。

经过两个月紧张的评审工作，最终我们严格根据评委们的背对背选票，从24家入围企业中脱颖而出了9家获得超过半数以上评委选票的佼佼者，成为了首届中国造隐形冠军的获奖得主！在此，恭喜这9家企业！此刻，他们依然还在隐形，马上我们将会邀请他们逐一登台显身！诚如我们的主视觉创意，一顶破水而出的亮丽王冠，闪亮登场！

今天，除了王冠，我们看到背后的屏幕上还有一抹紫色，我今天也专门挑选了一条紫色的领带。因为紫色，在中国传统文化中，就代表着祥瑞，代表着王者，代表着权威，代表着在最高端的平台上登堂入室，代表着紫气东来，这也正是我们中国隐形冠军们和他们未来光明前景的象征！

在此，让我们对我们更多依然默默无闻的中国隐形冠军们，表示深深的敬意和深深的祝福！并呼吁中国更多的隐形冠军企业，在来年更踊跃、更出彩地走到我们这个平台上来，共同闪亮发光！

虽然，我们今天的场面规模，或许还比不是某些独角兽们的万众瞩目，一方面这说明了当下中国的现实，一方面也促使我们产生了更大的动力。回想一下，1921年，中国共产党在刚起步时，只要区区一张桌子、一条小船就全部装下了。但是他们都是种子，在仅仅28年后就生根发芽开花结果，解放了全中国！因此，今天在座的每一位，你们也都是催生中国隐形冠军企业争相闪亮新时代、未来绽放全世界时的宝贵种子！

我们《中外管理》会与所有中国隐形冠军企业一起，为了心中的价值，坚持不懈！我们《中外管理》会与所有中国隐形冠军企业一起，为了心中的价值，坚持不懈！

张云
做500强不如做500年！

演讲：里斯伙伴（中国）品牌战略咨询公司总经理 张 云

在中国这个商业环境和社会环境下诞生和成长起来的隐形冠军，大家习惯性称之为"中国式隐形冠军"，实际上没必要提"中国式"概念。

无论是日本、德国、还是中国的隐形冠军，大家的特质是差不多的。当然有一点区别就是，在中国这个巨大的市场，任何一个领域里的冠军体量都会比日本、德国更大。

在赫尔曼西蒙的"隐形冠军"定义里，提出了三个标准。

一、某一个细分市场的绝对领先者，以市场占有率衡量，它们是世界市场的老大或者老二，或者至少是中国市场的老大。

二、年销售额一般不超过10亿元（除了少数的例外，样本企业中只有4.4%的企业超过这个额度）。

三、公众知名度低，很多这类企业的产品都是不易受人觉察的或者看不见的。

其实，若严格按照赫尔曼·西蒙的要求，中国的很多隐形冠军都"不达标"，最核心的原因在于很多中国的隐形冠军，还没有成为全球隐形冠军。目前在中国，全球化量级的隐形冠军较少，大多都是基于中国市场。中国的隐形冠军必须走全球化道路，面对全球化的市场。将来十年、二十年、三十年之后，中国会成为全球最有消费力的市场，这也要求我们必须做到全球化。

聚焦，国际通用法则

在市场环境、文化土壤不尽相同的背景下，中国的隐形冠军企业如何做到世界级？

中国的传统文化宣扬"不要把鸡蛋放在一个篮子里"，是支持"分散风险"而非"专业主义"的文化。这样的观念会影响企业家的战略决策和企业的发展。中国的市场经济是一个不断完善的过程，很多企业往多元化走，是基于这个企业在某个地方的影响，比如政商关系，资源优势等，往往企业获得了某些竞争优势，因此也有更多机会向多元化发展。但随着全球化的逐步深入，要遵循世界的标准、世界的原则，企业才会最终走向专业化。

这就好像在小市场里会诞生杂货店，在大市场里诞生专卖店。中国的隐形冠军如果不把目光放在全球市场，那最后只会发展成杂货店，因为为了增长，会生产更多产品，进入更多的领域。但全球的空间很大，所以企业会有专注发展的空间。企业必须聚焦、必须专注，必须放眼更窄的品类。

隐形冠军的原则和"品牌定位"原则（定位理论，由美国著名营销专家艾·里斯与杰克·特劳特于20世纪70年代提出）有很多相近，定位里有"聚焦"的战略，企业聚焦，才能更好地去往全球市场走。其实隐形冠军提供了一个很重要的范例，就是企业保持专业化，保持聚焦，保持创新，保持专注，这样的企业在一个领域里做到第一，做深做透，自然也会有比较好的利润。

关键不是隐形，而是成为冠军

隐形冠军是企业发展的一个过渡阶段，还是企业的终极目标？

西蒙在做隐形冠军企业命名的时候，有一处定义对外界、对企业产生了误导，就是"隐形"，其实，这些冠军企业并不是隐形的，它对公众来讲可能是隐形，但是对于它的客户来讲（尤其在toB端）是大名鼎鼎，数一数二的。

我接触中国企业家比较多，当这个企业很有名之后，受到外界的干扰越来越多，诱惑也越来越多，企业家就会利用这个知名度，探索多元化。从这层意义看，隐形有一个好处，就是不为人所知，可以专注地做一件事情。

所以从这个意义上看，隐形冠军战略不是一个阶段性的。因为隐形冠军背后的商业原则，本身也适用于非隐形冠军企业，比如聚焦、专注、创新。隐形冠军的企业可能需要一种价值观：做500强不如做500年，如果西蒙让我命名隐形冠军的话，我不会叫隐形冠军，我会叫"长寿冠军"。

"隐形"+"冠军"这是企业的长期战略，不是阶段的。当然你企业体量很大了，变得不隐形了，但你还是冠军，所以我说隐形冠军的关键不是隐形，而是成为冠军。

企业可以多元化，但品牌必须专业化

放眼望去，行业里多数隐形冠军企业是中间原件的产品商，而且都是代工、贴牌性质，品牌是否会成为该企业发展的一个障碍？更长远地看，中国式隐形冠军发展的最大的桎梏又是什么？

中国隐形冠军的最大障碍，首先是文化和理念的挑战，因为要聚焦很难。中国传统文化不是专业主义文化，不是聚焦的文化，而是多元化，是分散风险的文化，所以企业每天会遇到很多挑战。尤其要把中国的隐形冠军做成全球的隐形冠军，一个重要的挑战就是全球市场扩展经营的能力。

隐形企业的品牌并不是隐形的、不知名的，它做到了在行业领域里面数一数二，它在客户那里肯定是知名的。

有一天隐形冠军成为全球第一了，它要不要再增长？当然还是要再增长，要多元化。对企业而言，一个重要的认知是：企业可以多元化，但品牌要专业化。

解开隐形冠军的多元化之惑

论坛嘉宾： 王忠明 中国造隐形冠军评委、全国工商联原副秘书长
中国民营经济研究会常务副会长兼秘书长
楼仲平 义乌双童日用品有限公司董事长
孙建华 南通富美服饰有限公司董事长
张 旭 杭州之江有机硅化工有限公司副总经理
主 持 人： 邓 地 中国造隐形冠军评委、中国隐形冠军研究专家
《专注——解读中国隐形冠军企业》作者

隐形冠军公司都是聚焦专注的公司，但它们也避不开多元化带来的机遇和困惑，因此就有了这样的问题：如何在变化中实现"坚守的价值"？

不确定环境下的隐形冠军之痛

邓地：显而易见隐形冠军公司都是聚焦、专注的公司，如果说多元化是聚焦的反面的话，那么，隐形冠军企业究竟应不应该多元化？这确实是个非常有意思的话题。

赫尔曼·西蒙：多元化企业更多出现在新兴市场国家，比如，中国、墨西哥、印度、土耳其这样的国家。关于多元化问题，我想先问的是，在我们中国这块土壤上，为什么各位要做专注？或者说你们是不得已才做得专注吗？

王忠明：我们一直在讲"顶天立地"和"铺天盖地"，顶天立地的是大企业，铺天盖地的是小企业，这是相辅相成的，这是一种企业生态。

你是知名的大企业、大品牌，还是成为隐形冠军？或者做成小微企业？

这都是一个市场竞争的结果。

但是，我们现在这个发展阶段，还没有到企业自主选择做隐形冠军的时候。因为还不像日本或欧美发达国家，经过了几代人的洗礼之后，从人们对于财富的认识，到整个营商环境、政商关系，都已经让企业有了更多的自主选择。

到了那个时候，出现的隐形冠军或许就是企业非常自愿的一种选择。它已经有基因，有传承，有在这个领域中的品牌积累。它可以沉住气去做，安静地去做隐形冠军，它不需要有更多的财富积累，不需要有更多的对竞争风险的承担。我觉得这与我们现阶段所谓的隐形冠军，在相当程度上是不一样的。

我们今天的隐形冠军在很大程度上面临着不确定性，被不确定性、不稳定性和许多变量所包围着，隐形冠军是脆弱的。所以在这个意义上，我们可以体会为什么很多企业在一个特定的阶段需要多元化经营。

产业内寻找第二增长点，是必迈的一步

邓地：非常感谢两位专家的回应，接下来的问题给其他三位隐形冠军企业家。事实上两位专家的意见都包含这样一个意思：专业化聚焦是阶段性的，未来的隐形冠军公司，尤其是中国隐形冠军公司一定有一些会走到多元化阶段、拥有更多产品品类这样的道路上去。

我想请问三位企业家，你们是否同意这样的观点，接下来打算怎么走？

楼仲平：非常认同王秘书长的观点，我们选择专注，选择细分领域，是一个市场发展过程中的自然分工。不是说企业想怎样，或者某个人想怎么样。

从我个人创业来讲，1979年开始一直到1994年，其间我做了20多个行当。去年有个电视剧叫《鸡毛飞上天》，就是反映的义乌创业者，其中的男主角陈江河的原型大部分来源于我个人的创业经历。创业过程说明什么问题呢？我们今天的极致专注、细分发展，实际上是一个不断选择和妥协的过程。我要在市场环境里，选择一个更小更细分的领域，才能发力、积累，形成自己的优势。

到底要不要多元化？从个人角度来讲这是个伪命题。企业本身就像个生命体，它天然地希望不断成长、更大更多。但站在我的角度，我深刻认识到选择太多、太大的时候，其实没有能力（把握），所以我选择专注，选择不断地一点一点去积累。

但这有阶段性，只能说这是现阶段的一个正确选择。如果有发展空间，作为一个企业创始人，我肯定要去探索、开发第二个增长点。熊彼特说过一句话：一辈子坚持做一个产品的企业，是很难成为百年企业的。

这句话，我这些年一直在体会，但还没有跨出去，如果企业规模壮大到一定程度后，有机会可能在本产业范围内开发增长空间，还是会去探索。

多元化突破需要创意和跨界

孙建华：我是赞成在本行业里多元化的。但如果楼总跟我聊，我会提出一个观点：能不能开发一种能吃的吸管？多元化突破是需要创意和跨界的。就像我一直说钢铁行业如果只是卖钢铁，那只是卖出钢铁的价钱，但如果与艺术结合，把钢板做成一件艺术品，价格是完全不一样的。

说到我自身的产业，我是专业化做帽子的，但如果我再突破一点的话，帽子还有很多品类。有布的、有草的、有毛毡的、有针织的，品类完全不一样；还有孩子的、老人的；另外还有优雅的、经典的、时尚的、户外的……至于其他品类你能不能做好，我的想法是，如果这个市场足够大，而我又想做，那先伸一点进去，如果好，另外一只手再快速跨界。

当然，除了品类外，还有一种多元化：你是做外销的，那可以做内销，可以做自己的品牌，也可以做网络电商。切入不同的市场也是一种多元化。

记得有一个德国管理者说：如何定义业务决定你企业的发展空间。在本行业、本系统里通过创意和跨界重新定义业务是一个很好的选择，并且要深耕。

在变化中实现"坚守的价值"

邓地：刚才两位企业家讲到不抗拒"相关多元化"，其实我们说的相关多元化也有两种可能性：一种是针对同样的客户群体开发不同的产品，另外一种是把你的核心技术延展到不同的行业。我想问一下，之江公司对于相关多元化的看法是什么样的？

张旭：每个企业在发展的不同阶段会有不同的思考。之江公司1990年成立，到成立10年时，取得了中国名牌称号和中国驰名品牌商标认证。但是在市场份额越来越大的时候，我们也在思考之江该如何走。

在这个过程中，我们有幸"结识"了《隐形冠军》这本书，因为当时的中国房地产业发展非常迅猛，我们所受到的诱惑是很大的，我们是不是也可以往另外一个领域发展？当时之江公司的创始人何永富先生觉得还是应该沉下心来，专注于我们擅长的领域。

所以，在之江公司成立15年的时候，我们把传统制造业如何与隐形冠军理论结合，与邓地教授合作了一本《坚守的价值》；到之江20周年的时候我们又与蓝狮子吴晓波出了一本书叫《小而美的成长》，同样在把隐形冠军理论与传统制造业结合。

隐形冠军的特色就是专注，说到隐形冠军的多元化，第一，我叫产品的多元化。比如，我们虽然聚焦于胶的技术，但开发多元化产品，应用到建筑领域、工业领域、汽车领域等等；第二，是营销模式的多元化，从原来的代理商模式，到直销模式，以及现在的网销模式，实现营销模式的多元化；最后，是人才的多元化，我们根据不同的产品体系，匹配不同的专家和人才。这就是我们之江在做的。

邓地：感谢各位嘉宾的回答，不抗拒多元化，但多元化又是一个水到渠成的过程。聚焦于某一个领域不代表着固守于某一个特定的产品，也许产品的形态会变化，使用的技术会变化，面对的客户会变迁，但是做好某一个领域的事情，这个初心不会变化，我想这就是大家对待多元化基本的观点。

第二届
中国造隐形冠军
评选获奖企业名单

由《中外管理》、湖南省工业和信息化厅
联合主办、德中友好协会参与协办的第二届
"中国造隐形冠军"颁奖典礼暨长青峰会，
2019年5月在长沙远大城拉开帷幕
最终有9家企业获得"中国造隐形冠军"称号

它们分别是
（排名不分先后）

湖南艾华集团
铝电解电容行业冠军（全球市场占有率8%）

这家企业一直专注于铝电解电容，没有拓展到其他领域，专注带来了丰厚的利润。多年来，其利润率始终维持在行业第一。其出色表现的背后，是该公司对员工的持续投入，让其共享企业发展壮大的硕果。过去几十年，它相继打造了星级公寓、星级餐厅、幼儿园、学生托管所等，设立了用于关爱员工的爱心基金，留住人才的同时，更激发了员工的无限潜能。

灵通展览系统股份有限公司
环保展览系统行业冠军（国内市场占有率90%）

一个展会的结束，就是一个垃圾场的诞生。这家企业研发的环保型循环可利用展览系统，终结了这样的局面。在中国专业场馆领域，灵通展览占据全国90%的市场份额。在国际市场，其产品已经销售到全球103个国家和地区。它在1990年代与德国企业合资，却又快速独立出来，重新走上了自己的品牌创建之路，目前它是中国会展行业唯一一个中国驰名商标。

湖南飞沃新能源科技股份有限公司
风电叶片"预埋螺套"行业冠军（全球市场占有率70%）

每年供应给全球风电装备巨头的超过百万件的紧固件产品，做到每一件不断裂、不生锈，满足25年的使用寿命要求，在风电叶片"预埋螺套"全球细分领域超过70%的市场份额，且实现近20%的净利润率，实属不易。而它白手起家，从零起步，七年时间将年产值飙升到5亿元。

中联重科环境产业有限公司
环卫装备行业冠军（部分核心产品国内市场占有率65%）

这家企业在环卫装备产业领域，建立了绝对优势的龙头地位，它是中国环卫装备行业首家突破90亿的龙头企业，2018年净利润将近12个亿。产品在行业市场占有率连续19年排名全国第一，20余款产品占有率达65%以上。数十年下来积累了800余项专利，发明专利占比60%。这一切都源于战略的前瞻性和研发创新的持续投入。

江苏联测机电科技股份有限公司
动力测试系统行业冠军（国内市场占有率30%）

它是中国动力测试品牌引领者，在新能源动力测试系统领域占据绝对领先地位，是国内航空、船舶军工测试领域提供测试台架的重要供应商。和国外同类产品相比，它的产品可靠性相差无几。公司通过量产模块化产品结构，服务贴近客户降低服务成本，性价比远高于进口品牌。中美贸易战后，它成为国内第一家为航空航天领域提供进口大功率高转速水力测控台架系统服务保障的民营企业。

威海拓展纤维有限公司
军用碳纤维行业冠军（国内市场占有率70%）

从2002年注册公司到现在，这家公司把碳纤维系列化生产，目前已经拓展到了航空航天、休闲渔具等领域。不仅如此，它是我国第一家供应军品碳纤维的民营企业，在军用碳纤维领域占据了70%的份额。它不仅主持起草了《聚丙烯腈基碳纤维》国家标准，更荣获了国家六部委习总书记颁发的"高新重大突出贡献奖"。2019年3月，其开发成功的500米/分钟级纺速生产高性能碳纤维的纺丝技术，被鉴定为"国内率先突破，总体技术达到国际先进水平"。

广东品胜电子股份有限公司
充电宝行业冠军（国内市场占有率第一）

这家企业十余年来，一直聚焦3C数码配件产品。因为行业变化太快，同时起家的企业早已不知所终。更不为人知的是，它曾是充电宝的发明者，在面对跨界者小米的打劫时，它义无反顾地选择跟上时代：以服务制胜，全渠道让品胜获得好评无数。同时创立的"产品+服务"一体化的模式，日后成了搭建手机维修产业互联网服务平台"千机网"的基础。"千机网"从手机维修切入，打开了一个全新的发展局面。

安徽新远科技有限公司
环氧树脂活性稀释剂行业冠军（全球市场占有率20%）

它做的是大公司不愿意做，小公司又做不了的市场。2004年切入市场时，就首先填补了国内空白。如今它是亚洲排名第一的稀释剂企业，销量约占全球30%~40%的市场份额，产品毛利率始终维持在20%以上。它不仅主导了五项行业标准的制定，更是顺应时代，持续创新，仅在2018年由创新带来的收益提升就高达15%。

衡阳市金则利特种合金股份有限公司
电磁阀用铁素体不锈钢行业冠军（国内市场占有率50%）

它的创始人是小型水平连铸工艺的第二代传人，依托这项技术优势，他研发了软磁不锈钢产品，打破了国外垄断，占据了全国50%的市场份额。创始人从一开始采取的就是差异化战略定位，做大型钢铁企业不愿意做，不好做，小的乡镇企业又不能做，做不好的东西。这家公司充分激活组织，发挥管理效能。公司现有员工300余人，工序长以上骨干皆为公司股东，享有表决权。过去两年，其增长均在20%以上。

在此次评选中，还有19家企业
成功入围并获得了评委高度评价
被授予 **明日之星** 荣誉

（2020年更名为 **时代匠人**）

北京华夏力鸿商品检验有限公司

公司成立于2009年1月，在国内主要从事检测服务，鉴定服务，见证及辅助服务等，是具有从事进出口商品检验鉴定资格的第三方检验鉴定机构。2011年被认定为"国家高新技术企业"和"中关村高新技术企业"，获发CNAS实验室认可证书及检查机构认可证书。2015年，公司在煤炭检测及检验服务行业领域，收入水平达到全国领先位置，市场占有率连续三年位列同行业第一。

威海东兴电子有限公司

公司成立于1996年3月，是山东省高新技术企业。公司拥有专利124项，其中授权发明专利10项、7项产品获得了国家和省科技成果鉴定。公司成功开发了智能滑频跳变电子镇流器，为世界首创，拥有发明专利3项。无极灯电源产品被国家科学技术部、国家质量监督检验检疫总局，国家环境保护部、商务部四部委联合认定为"国家重点新产品"。两个系列产品被认定为"山东名牌产品"。参与无极灯电源国家标准的制定工作。连续十年以上获威海市纳税先进企业；获市劳企合作先进单位；市科技创新先进企业；市精神文明建设先进单位。是威海市电子信息产业协会副会长单位。

湖南华联瓷业股份有限公司

公司成立于1994年，是一家从事陶瓷制品设计、研发、生产与销售的专业陶瓷集团公司。秉承"日用陶瓷艺术化，艺术陶瓷生活化"的产品理念服务客户，累计海外客户200余家，遍布全球40多个国家和地区。据中国陶瓷工业协会统计，公司日用陶瓷出口规模连续10年在国内同行业中排名第一。获得了"国家认定企业技术中心""中国出口名牌""国家技术创新示范企业""国家知识产权优势企业"等殊荣。

湖南万容纸塑包装有限公司

创建于1991年，是一家专业提供食品包装服务与包装材料制造的民营企业。2014年公司发明新型平底纸塑杯，申请十三项国家专利，引进全自动生产线二十余条，实现产品全自动上杯、超声波焊接、贴合成型、在线监测等各项动作，采用自重自由落体堆垛成条、自动计数等一系列非人工操作完成。专业三十年，万容管理团队一直致力于为客户提供专业的产品设计、生产制造、产品仓储、物流配送等系统解决方案。

卡本复合材料（天津）有限公司

卡本品牌创立于2009年，专注于结构加固、路桥养护、建筑及桥梁工业化等领域新型材料及配套技术和产品研发、生产、销售业务，旗下公司先后被评为高新技术企业、瞪羚企业。公司为建筑结构加固材料领导品牌，潜心十年将中国加固材料提升到世界先进水平，申报了200多项专利，五款产品科技成果鉴定为"国际先进"。卡本2019年年销售收入10193.29万元。

醴陵华鑫电瓷科技股份有限公司

醴陵华鑫电瓷科技股份有限公司办公室地址位于中国老工业基地——株洲，于2003年在株洲工商局注册成立，注册资本为4800万（万元），在公司发展壮大的14年里，始终为客户提供好的产品、良好的技术支持、健全的售后服务，公司主要经营高压电瓷、复合绝缘子、高压电瓷电器及配套设备的制造、销售；原辅材料销售；上述商品及技术的进出口业务。公司是株洲行业内知名企业。

美亚高新材料股份有限公司

美亚高新材料股份有限公司，前身为淮南矿务局合成材料厂，原煤炭部支护材料定点生产企业，国家水煤浆工程技术研究中心淮南生产基地。2016年2月，经国家工商总局核准，更名为美亚高新材料股份有限公司。2015年4月，公司股票挂牌新三板，证券简称：美亚高新，证券代码：832263。作为树脂锚固剂行业标准主要起草(修订)单位之一，目前拥有自主核心技术自动化生产线十条，具备年产1亿支锚固剂能力，其工艺技术、装备、规模等均属国内一流、世界先进，曾荣获国家科技发明三等奖、国家科技进步三等奖、煤炭部科技进步一等奖和首届中国青年科技成果博览会金奖，为中国驰名商标、安徽省高新技术产品、安徽名牌和安徽工业精品。

上海锦湖日丽塑料有限公司

公司是具有国际石化和聚合技术背景，中国本土最专业的PC/ABS、ABS合金及工程塑料改性厂。由世界著名石化企业韩国锦湖石油化学株式会社和中国上海日之升新技术发展有限公司共同投资组建。专业从事塑料改性、工程塑料合金、树脂混配着色造粒以及热塑性弹性体的研究、开发、生产、销售、服务的科技型企业。凭借先进技术和科学管理，公司已通过ISO9001（2008版）和ISO/TS16949:2009版质量体系认证，被授予"上海市高新技术企业""上海市科技小巨人企业""上海市创新型企业""上海塑料行业名优产品"等荣誉称号。

深圳市明源软件股份有限公司

明源软件股份有限公司成立于2003年，总部位于深圳，属于信息传输、软件和信息技术服务业，主营行业为软件和信息技术服务业，是目前国内最大的房地产应用软件及解决方案供应商。

天津重钢机械装备股份有限公司

（简称"重钢机械"，股票代码：430274）成立于2002年4月29日，2007年12月26日改制为股份有限公司，总资产约4亿元。公司是一家主要面向国际市场的非标机械装备定制服务商，主要产品有矿山机械、港口机械、造桥机械、旅游设备等大型连续搬运装备以及节能环保设备、冶金设备、起重机械等，年综合生产能力达3万吨以上。公司保有一批国际知名的高端客户，产品出口到美国、德国、澳大利亚、巴西、日本、南非、加拿大、丹麦、韩国等四十多个国家。

大午种禽公司

公司是一个集养殖业、种植业、加工业、工业、教育业为一体的大型科技民营企业，是全国500家最大私营企业之一。

岩土科技股份有限公司

公司于1999年03月18日在杭州市市场监督管理局登记成立。岩土科技股份有限公司由上海城投、浙大创投及一些行内专业人士组建。公司具备国家建设部门审批颁布的结构设计甲级资质及特种专业工程承包（结构补强、纠偏平移）资质，同时兼有地质灾害甲级资质、桥梁一级资质、公路养护一类甲级资质、建筑防水一级资质、地基与基础一级资质、隧道二级资质、古建筑保护等资质。是一家专业性强、技术性高、施工经验丰富、实力雄厚的高科技特种工程公司。

中山新特丽照明电器有限公司

中山新特丽照明电器有限公司隶属于香港新特丽国际投资有限公司，新特丽照明始创于1996年，在中国的投资已突破叁仟万美元，占地近120亩，员工逾千人，具国内一流条件的生产厂房及办公大楼面积超过11万平方米，是中国较具规模的灯饰研发制造商之一。

株洲时代金属制造有限公司

公司始建于1993年，系铁道部定点生产企业。从创建到兴盛，从单一冷却器生产，到集冷却系统、制动系统、机车门窗、钣金屏柜、油箱等压力容器于一体的多元业务拓展，今天的株洲时代金属制造有限公司，已发展成为轨道交通装备制造领域最具竞争力的科技型企业之一，是湖南省醴陵市规模最大、产能最高的机械制造企业，湖南省高新技术企业，湖南私营企业百强，国家铁道部冷却器标准制定单位之一。

江苏迈能高科技有限公司

江苏迈能高科技有限公司原名"江苏光芒科技发展有限公司"，是行业知名的原始设计制造商（ODM）和原始标准制定商（OSM），公司专业从事太阳能、空气能等多能源承压储热水箱的研发、设计和生产制造，是国内产学研相结合，科工贸一体化的新能源旗舰企业。

山东水泊焊割设备制造有限公司

公司前身是梁山电焊机厂，创建于1995年。公司专注于从事焊接切割设备、数控系统、数控机械、焊接电源等机电一体化产品的生产及销售，产品广泛用于造船、钢结构、锅炉、专用车等行业。2005年，成功研制出国内第一台异形罐体环缝自动焊接机，正式进入专用车改造行业。目前公司各种专用车制造设备已获得CE认证，市场占有率为国内之最。其中自主开发的异形封头旋边机填补了国内空白，替代了进口，为我国专用车制造设备国产化作出了应有的贡献，被认定为山东科技成果转化项目。在激烈的市场竞争中始终傲立于焊接切割行业之首。

威海万丰镁业科技发展有限公司

隶属于万丰奥特控股集团。是万丰奥特控股集团以"产学研"结合的模式组建的股份有限公司。公司与一汽集团，吉林大学，沈阳工业大学，中国有色金属研究院，德国阿化工业大学等科研院所共同协作，承担了国家科技部十五"863"计划和国际科技合作计划镁合金项目中"高强高韧镁合金材料的研制及其在汽车上的应用"课题攻关。公司成立于2002年，位于威海高新技术产业区。

地平线控股（苏州）有限公司

一家集功能性纤维研发、家居产品生产、国际供应链管理和贸易等业务的集团公司。地平线控股（研发中心）管理地平线集团旗下多家新材料研发子公司。研发中心含括纳米材料、催化剂材料、功能纤维材料、纳米纤维材料及各类应用的二次开发。研发中心拥有来自日本和国内多名顶级材料专家，并与清华大学、中科院、南京大学、南京工业大学、同济大学、上海交通大学等多家单位的合作及联合研发项目。其中多项技术处于全球领先地位，特别在纳米纤维领域解决了工业化规模生产的难题，形成了一系列优质的下游高性能产品。

秒针信息技术有限公司

总部位于北京，是中国领先的全域营销数据与技术服务提供商。公司经营范围包括研发网络信息技术；研发、生产计算机软件产品等。是中国领先的第三方营销数据技术公司，通过提供客观的数据和创新的技术解决方案，致力让企业的营销更加高效。公司成立于2006年，在上海、广州、烟台、新加坡、日本、美国设有办事处，是国家级高新技术企业和"双软"认证企业。

杨光
互联网时代永远不缺独角兽
但中国更需要隐形冠军

文：中国造隐形冠军发起人
中外管理传媒社长、总编 杨 光

今年我写过一篇卷首语，题目是《做独角兽，还是选择做隐形冠军？》，这是中国制造业的选择题，但是做选择的不只是企业家，还包括政府、传媒，都应该来思考这个重要的战略话题。

特别是今年、此刻、当前，我们受到了西方反华势力很霸道的打压，我们举国正在同仇敌忾，我们都在为华为助威，又在为只有一个华为扼腕。

为了中国制造业发展方向的思考，同时也是围绕中国未来的思考。在此背景下，我在此呼吁中国制造业企业应该选择成为隐形冠军，当我们有华为，却只有一个华为的时候，我们就不难理解：如果中国真的想要实现从制造业大国向制造业强国转变，拥有一大批隐形冠军企业，便拥有了不可或缺的根基；如果中国真的想要实现精益求精工匠精神的回归与弘扬，拥有一大批隐形冠军企业，便拥有了浑然天成的摇篮。

德国从19世纪低劣品质的代名词，到20世纪两次世界大战废墟的迅速崛起，再到21世纪在金融海啸中的岿然不动且一枝独秀，都是来源于德国拥有世界上最庞大的隐形冠军集群。日本从二战一片瓦砾中仅用20年便反弹至世界第二，接着在经济泡沫猝然破灭后依然保持强大的制造业实力，同样因为日本拥有世界上最庞大的百年老店集群。他们的企业，都不知名，都不炫目，但他们都很挣钱，都很从容，都不屑跑银行，因而都能在经济周期的时间轴上泰然而立，笑傲江湖。

当我们这个月带领73位企业家到访日本的时候，听到索尼在日本只是个"小弟弟"级企业时，我们不能不感慨，当我们真正用时间轴来衡量看待我们如今所做的事情，我们都会作出与我们当下，也包括过去几年截然不同的决断与选择。

过去几年，我觉得我们的主流太过于追捧那些独角兽公司，又特别是我们中国式的独角兽。他们今天要挟要颠覆，明天高唱羊狗猪；他们像中年祥林嫂一样地念叨着客户数据，而不是过硬产品；他们像特异功能者一样推崇模式创新，而不是扎根技术。于是从政府到企业更到传媒与民众，被他们忽悠得真以为21世纪的企业发展不存在规律，不需要常识，于是不谈互联网、不谈流量、不谈上市，便不好意思说自己在创业。可是，时间，最冷静也最诚实的时间，自会检验一切价值。

我们不难发现这些风口行业基本以4年为一个周期，资本潮汐一退，这些风光企业纷纷原形毕露。而现在依然活跃的那些独角兽企业，谁还敢保证他们在4年之后都还活着？即便那个时候它们还活着，当外部力量掐住我们脖子的时候，这些企业又能贡献什么力量？试想，一个行业寿命才4年，业内的人又如何？十年树木，百年树人，行业与企业都如此短命，又怎么可能实现合格的造物与造人，进而支持国家的可持续发展呢？德国隐形冠军可以4代人长青，日本百年老店可以400年传承，其工匠精神更实现了千年不辍。而我们，一共才4年，幼儿园都没毕业。所以"过把瘾就死"的价值导向着实是误国误民。

基于我们的价值情怀与社会良知，有一个哲人是这样说的：孤独不同于寂寞，寂寞是一无所有。我们就是要让靠专注、品质来切切实实实现造物又造人的中国隐形冠军不再孤独。

互联网时代永远不缺独角兽，但现代化中国永远需要单色纯种的隐形冠军，让我们中外精英一起携手，共同将培育打造中国隐形冠军，并与更多更优秀的全球隐形冠军互通有无，将基业长青的使命进行到底。

王忠明
隐形冠军，除了要天道酬勤还要"天道酬善"

演讲：中国造隐形冠军评委、全国工商联原副秘书长
中国民营经济研究会常务副会长兼秘书长　王忠明

这是由一家负有盛名的媒体到一家负有盛名的企业——远大集团来举办第二届"中国造·隐形冠军"长青峰会，我认为这体现了一种眼光，一种志向，一种抱负，所以我们也可以预测这个论坛未来也将负有盛名。

根据我的研究和观察，我们现在来关注隐形冠军这个群体，实际上在一定程度上体现了中国市场经济趋于成熟，因为没有庞大的民营企业的群体，就不可能有我们今天来关注隐形冠军成长的可能。所以说，我们可以看到因为中国已经盛产民营企业，我们全国工商联统计，目前有2700万家企业，7000多万个体工商户，正是这么大的一个群体，才能够为隐形冠军的出现、成长和发展提供一个基础。

换个角度看，我们也可以看到在高速增长阶段，中国一定盛产民营企业。我们现在强调要从高速增长阶段转向高质量发展阶段，那么我们可能就会更多地来关注一些企业成长的规律，包括隐形冠军成长的规律。未来可能会更多地来注意稳健发展的这些力量。我想我们今天的视角更多放在隐形冠军上，应该是看到一种时代的必然，一种历史的必然，它反映出了从高速增长到高质量发展的必然性，关注支持和尊重隐形冠军一定程度上也折射出了我们正在进军高质量发展。从研究的角度来讲，我们也提供了一个非常丰沃的土壤。

昨天见到日本经济大学经营学院院长、日本长寿企业研究领域第一人后

藤俊夫先生，根据他的调研，日本有1万多家隐形冠军。在它的背后一定是有数亿、几十万计中小企业或者我们俗称叫民营企业，这个群体是非常可爱，非常可敬的。它的成长规律应该是什么？特别是我们现在都强调"中国特色"，中国特色的隐形冠军的成长规律，它们所体现出来的精神特质是什么？行为表现是什么？我想它们一定跟联想、华为、远大等这些一开始就特别有志成为世界级企业有很大的区别。

有一些隐形冠军是激烈竞争之后，沉淀下来的一种无奈的选择，而有一些隐形冠军却是出于一种非常自觉的选择。假如是后者的话，他们体现出来的行为特征会更加平和。周放生他们在拍隐形冠军的片子，其中提到了隐形冠军特别强调天道酬勤，后来我加了一句"天道酬善"。他们没有强烈的市场扩张欲望，心无旁骛非常专注地去做某一点，这种行为特征一定会体现在社会责任的担当等方面。所以他们会更加去履行天道酬勤这种儒家文化的理念。我觉得举办这么一个论坛对于我们搞研究的人来讲，一定会提供一种新的视角。

另外我觉得隐形冠军是不是也更能够体现出作为一家企业，它更应该具备的一些特质，比如说我们现在特别强调专业、专注，没有专业是不可能成为隐形冠军的。另外还要敬业，有专业不一定敬业，恍恍惚惚地到一定时候就被其他诱惑了，不能把专注贯彻到底。还有，不能够乐业，安居乐业。刚才来的路上，木元哲先生讲了一句话，除了创业的辛苦，企业家也应该让孩子看到创业的喜悦和乐趣，这是责任所在。这些感悟都是从日本几十年、上百年市场经济发展当中领悟出来的，特别值得我们学习。

我们现在为什么二代不愿意接班，我们过度渲染了艰难，但是创业的成就感呢？财务自由呢？支配呢？我们不去宣传，这当然是由于这个社会氛围有时候对于民营企业不够尊重，我们需要用渲染苦难的方式来获取同情，这是不可靠的。我们需要浑然一体宣传创业，创业者的整个精神状态和收获。

你既然那么苦，你有什么理由让二代去接班呢？我们创业明摆着就是要让他们少吃一些苦，所以说我们在接班难的问题上，体现出来的是宣传教育的某种失败。最近我读了一本书叫《毫无保留》，是万豪酒店的二代接班人，你看他的书充满了接班的喜悦，正是这么一种完整的精神状态、价值判断才使得万豪能够在全世界遍地开花，而且是世界第一，服务质量世界第一。全球现在6000多家万豪酒店，在中国现在已经有300多家，而且正在兴建的有300多家。在不同肤色、不同语言、不同宗教、不同国度全世界的各个地方都能看到万豪，这才是真正的跨国公司，而且经历了很多波折。像我们华为，孟晚舟事件其实只是迈向跨国公司的开始，你经历不了磨难的话，你成不了跨国公司，这是我们应该清醒认识的。

今天到了远大，我特别想说一下远大，虽然我们的隐形冠军目前在很多方面还不够"远大"，但是远大的精神气质等方面的东西是值得我们去学习的，你不学习这些东西，你也成不了隐形冠军，今天很多成功的隐形冠军其实都有某种共同的价值观。这些精神法则我认为是非常值得学习的，像远大"永远第一"的追求，"幸福的农场法则"，你要有什么收获，就要有什么付出。做隐形冠军是很不容易，就是因为不容易，我们要做太多东西，要恪守道德底线是很不容易的事情。我们经常把发展的希望寄托在侥幸上，今天偷点税，明天偷点懒，这样是不行的。隐形冠军的追求，是"永远第一"的追求，希望我们都能全面彻底地来遵守这些法则。

卢秋田
面对百年未遇之大变局，
我们该如何站稳脚跟？

演讲：中国人民外交学会原会长、中国首任
驻德大使、中外管理顾问　卢秋田

  首先祝贺第二届隐形冠军长青峰会成功举办。我想这次会议是在一个重要的时刻，提出了一个重要的主题，做一件重要的事。重要的时刻是我们遇到了百年未遇的大变局，有很多不确定性。最近政治生态正在发生大变化。所以在这个大变局中间，我们又处在新旧动能转化的时机，所以这是一个重要的时刻。

  重要的主题是"战略定力"，通俗地讲是站稳脚跟，冷静观察。如何站稳脚跟呢？有三个要素，第一个是理性的、冷静地来分析我们当前所面临的形势、挑战和机遇。第二个是自信，尤其是文化自信，没有高度的文化自信，就没有中华民族的伟大复兴。我觉得"战略定力"的第三点就是要以实力来支撑，这个实力表现在硬实力、软实力和巧实力。对企业来说就是要提高自己企业的核心竞争力，所以我们"战略定力"在当前的时刻提出来是很有现实意义的。

  要做一件重要的事，就是要眼观全局。我曾经去德国考察过，我对隐形冠军的定义，是从文化角度，并不是从技术和商业的角度，是一颗"强心"，就是要着眼于长远，强心就是不断进取。1887年的时候，英国通过了议会决议，凡是从德国引进的产品，都要打下"德国制造"，因为德国制造是劣质的，这对德国来说是奇耻大辱，所以德国从那时候开始自强不息，就是要做企业的远征将军，他知道会碰到很多艰难险阻，但不怕，因为他用事业的角度来做企业。另外需要两个情怀,第一个情怀就是在自己从事的热爱事业中,把它作为生命价值的体现;第二个情怀,我认为产品质量必须得精益求精,不断追求。

三个把关,第一当然是把好产品的质量关,第二是管理关,第三是人才培养关。但我觉得德国的隐形冠军或者工匠精神来说,还分不开四个人文素质,第一是诚信,诚信是境界,不是方法,诚信是一种无形资产,所以一个企业要做强,第一就是要诚信,诚信就是基础。第二个是法治,第三是创新,第四是专注,经得起寂寞,也经得起诱惑。

陈春花
领先企业都在坚定地做四件事

演讲：中国造隐形冠军评委、北京大学国家发展研究院BiMBA商学院院长 **陈春花**

在过去27年，我在做一个长期的研究——中国本土企业的成长方式。1992年，我曾从3000家企业中筛选出5家来做研究。这5家企业今天已成为绝对领先的中国本土企业，它们分别是：华为、海尔、联想、TCL、宝钢。

但如果把时间退回到27年前，我们就会发现在那个时间，它们其实是规模非常小的企业。为什么经过了近30年，它们能成为今天行业里的佼佼者？这其中有一些基本的规律。

这些企业在过去的发展历史中，有四件事情是做得非常坚定的。

第一件：推动行业进步，培养和发展人

一家企业想成长为行业领袖，有两个维度的要求。第一，持续推动行业进步，当你可以推动行业进步时，就可以有更大的成长空间；第二，能够真正地培养人，发展你自己。

企业在发展过程中有两个最根本的障碍或者说最根本的动力，都和人相关。一个障碍和企业家本人相关。老板可能就是企业的天花板，如果你能不断地发展自己、变革自己，就可以让企业有无限的成长可能性；另一个障碍或者局限性就是团队或者叫员工，他们的成长性和团队能力是否能真正被打造出来。

所以，我们回到这五家企业的起点去看，它们第一步做的就是企业家本人或者领导者本人能够推动行业的进步以及人的成长，包括自己成长。

第二件：打造组织能力

一个企业发展过程中，很重要的一个部分就是组织的力量是不是可以支撑企业的进步。在组织支撑当中，最重要的是组织可不可以持续地因环境的变化、战略的调整、行业的进步去成长。

一个企业在持续发展中，对它产生局限性影响的是什么？其实很大程度上是它的组织能力没办法跟上去。所以，团队建设、组织能力的打造和运行，以及内部管理模式的锤炼是非常关键的。也就是说，怎么才能找到最好和最适合的组织运行模式，让组织效率和组织发展能够真正推动企业进步很关键。

但我们今天遇到的一个挑战是，组织能力不仅来源于内部，还必须看在组织外部能不能跟合作伙伴达成一个更高的效率。

今天组织能力的打造比1992年的难度要大很多。即便如此，组织能力的打造、组织持续变革、持续成长能力的推进也是必须要做的。

第三件：回归顾客价值

在今天，回归顾客价值其实更依赖于技术的帮助。有人问我：要不要去做数字技术？要不要去运营互联网，做自己的互联网战略？我想这并不是要与不要的问题，而是你必须要有数字驱动的能力，要真正面向互联网去做转型。

为什么一定要做？整体上来讲，我们所处的时代，有一个很重要的转变是顾客的成长性有可能已经超过了企业的成长性，所以这些领先企业做的第三件事情就是回到顾客这一端。我希望大家能够借助于数字、移动和互联网技术，帮助自己很好地理解顾客。当你能够为顾客创造价值的时候，就能够真正持续成长起来。

有一段时间我对很多人说：生意就是生活的意义，商业得以永续的原因是因为生活是永续的。我们一代又一代的人不断地追求人类的美好生活时，其实就给商业带来了持续的可能性。但问题是，你跟顾客是不是真的能组合在一起，这就决定了你是不是能够真正领先和持续成长。

第四件：坚守长期主义

企业基本假设和使命追求是什么？其实就是一个长期的假设，我称之为"长期主义"。我们坚守长期主义，是因为只有长期主义才是一个具有持久和持续发展可能性的支撑点。

过去的企业中，有些可能是机会主义者，有些可能是阶段性的胜利者。而那些真正能够引领行业变化，并能持续存活下去的企业，一定是以长期主义作为导向的。当以长期主义作为导向时，才可以保证企业真正创造价值，并能够抗御或者超越环境所带来的波动和变化。

长期主义，通俗一点儿说就是对顾客、员工甚至股东，包括利益相关者，你能付出责任、承诺和爱心。当你有爱、有承诺、有责任的时候，企业的价值观是可以帮助这个企业持续成长的。

这四件事情就是中国本土企业持续成长背后的驱动力量。希望我们把这四个要素更好地持续保持，并能够根据时代和技术的变化产生出新的内涵。

用危机意识打造具有未来能力的企业

在过去，我们会关注自己的核心技术、核心能力、拥有的成功、行业地位和优势。如今，如何让企业具有面向未来的能力，是我们不得不面对的一个命题。

而面向未来的能力，必须要由真正的危机意识来推动。我们之所以赞赏华为，不仅仅因为华为今天的竞争力和行业地位，也不仅仅因为它表现出来的强劲增长力，主要还是因为它是一个具有未来能力的企业。当它推出5G技术的时候，它其实已经让行业具有了进入下一代发展的可能性，这是一家企业被赞赏的真正原因。

我们评判一家企业时，实际上是看企业是否有面向未来的能力。要具备这种能力，需要企业真正对自己做出挑战——放弃所熟悉的优势、经验，甚至放弃已经固有的核心能力。

面向未来，共勉的三句话

当我们有目的、有组织地放弃这些的时候，其实就需要企业能够真正地激活自己，面向未来寻找新的可能性。这里有三句话和大家共勉。

第一，拥有学习力，才具有真正的成长性。

从之前关心企业的规模和成本，到关心技术和人才，再到关心拥有的顾客和所在的领域。那么，接下来，如果想具有面向未来的能力，就需要非常关心学习能力。因为只有拥有了学习能力，才会有机会创新，有机会跟顾客一起不断地成长，有机会找到新的需求。

第二，协同和价值创造。

之所以非常强调协同和价值创造，除了是互联网技术带来的万物互联这一根本要求外，还因为在共生时代，不能只是利己，更要利他。今天的利己必须在利他之下，如果我们没有能力利他，没有能力为整个社会、行业、市场、顾客，为利益相关者去做价值贡献，其实你的利己也是没有办法实现的。

所以，所谓利他的要求就是协同与价值创造。你能够做到时，你就能够真正找到新的成长机会。

第三，把自己放在一个更长久的价值追求、更广泛的价值贡献、真正帮助自己、推动社会进步的视角下，来开展所有的商业活动。

人类走到今天，技术推动我们不得不去改变自己，但是技术也带来了另外一件事情，就是让我们以更宽的视野、更大的可能性去包容更多，这本身就是商业与生命的意义。万物互联和万物共生的自然状态中，以更宽的视角、更广泛的价值贡献去推动自己进步的时候，我们才可以在未来的发展过程中拥有更大的可能性。

后藤俊夫
长寿企业大国日本的秘密

演讲：中国造隐形冠军评委、日本长寿企业研究领域第一人 后藤俊夫

自1999年开始对长寿企业的研究，20年来，我统计出了全球领域的百年企业，对日本2万多家长寿企业进行了深入研究，得出了诸多有价值的结论。

关于长寿企业大国日本的秘密，我想谈三个主题，第一，日本长寿企业概况；第二，成功因素；第三，核心思想。

全球长寿企业日本最多

在日本有25321家经营了100年以上的企业。在世界范围内，一共有136个国家有他们的百年老店。其中按照数量多少排名，前十位分别是：日本、美国、德国、英国、瑞士、意大利、法国、奥地利、荷兰、加拿大。

世界最古老企业的前十位中只有一家是德国的，其余9家都是日本的，并且全是家族企业。在日本有260多万家公司，其中百年老店25321家，200年以上的长寿企业有3939家，300年以上的有1938家，而500年以上的有147家。令人惊讶的是1000年以上的长寿企业竟然也有21家。

其中排名第一的企业叫作金刚组，是一家木结构建筑公司，由金刚家创立于公元578年，是现在世界上存续历史最悠久的一家企业。从创业历史来看，它已经有超过1440年的历史，也因此入选了吉尼斯世界纪录。

金刚组的历史也是一部日本企业史的缩影，透过金刚组，我们也能找到

那些长寿企业身上的共通性。创立于公元578年的金刚组，一直专注木造寺院的建筑，它的家规是专注本业。但在1980年代，随着金刚组把钢筋混凝土技术运用到寺院建筑以后，公司又把业务扩大到房地产建设上，由于竞争激烈，导致公司出现大量的赤字，几乎破产。在高松建设的支援下，金刚组成为该公司的子公司。为承担责任，金刚家退出了公司经营。所以金刚组现在不是家族企业，但还是世界上最古老的企业。

这一案例告诉我们：一，应该利用本公司的强项去发展事业。二，长寿企业是否能持续安稳谁也不知道，所以绝不能掉以轻心。

为什么日本会有这么多长寿企业？

部分学者认为，日本是一个岛国，没有受到过外来的侵略，并且内乱非常少，所以才会诞生这么多的长寿企业。

我对此一半赞成一半反对，为什么？虽然日本是岛国，并且未被他国侵略，内战较少是事实，但也要认识到日本是一个频繁发生地震、海啸、台风等自然灾害的国家。如果企业想要成为长寿企业，长久地存续下去，必然要面临着自然环境的严峻考验。

在这样的大背景下，为什么日本还有这么多的长寿企业呢？

第一，长远观点、长期管理。曾经有一位长寿家族企业的经营者说过这样一句话："短期10年，中期30年，长期100年。"这非常有道理，具体来说，短期10年是决定后继人员的准备时间，中期30年是自己作为一个经营者行使自己责任的一段时期，长期100年是为后代长远计划的一个时期。从100年时间来看，不仅仅要考虑到自己的下一代，还要考虑到整个家族的第三代。

第二，不追求短期的快速增长。长寿企业的使命就是可持续的发展，它们最大的目标就是要传承家族的事业。不追求短期的急速增长，这点很重要。因为短期内飞速发展缺乏韧性和持续力。不要超过自己本身的能力，不过分扩大自己的经营，这在日语中有专门的说法，叫做"等身高经营"，也就是在中国所说的"量力而行"。

第三，强化核心能力。近年来，日本从欧美引入了经营学当中的重视核心竞争能力的经营手法。事实上，日本的长寿企业几百年以前就已经开始了这样的实践——构筑并发挥自己的强项。100年的长期发展过程中，市场环境、顾客需求都会发生相应的变化。为了企业长久生存和健康发展，就要不断加强自身建设，培育企业的核心竞争力。

第四，重视利益相关者长期的关系。在长寿企业中，有很多是祖孙三代在同一家公司长期一起工作，家族企业所属的这个区域社会，都重视三代以上的长期的亲密关系。长寿企业非常重视员工、顾客、供应商、地区社会之间的利害关系，强调在其中建立信赖关系，因此才能长寿。长寿企业宁肯牺牲自己的利益，也不愿意牺牲合作伙伴的利益，这点很重要。

第五，风险管理。企业有了风险管理，只是成全其长寿经营的一个重要要件。在财务上，要充实自己的资本；在经营管理上，要确保企业的独立性。不要把自己的利益都分配给股东，应尽可能将它留在企业的内部，这是为了应对未来不可预期的风险，为了企业将来的长期发展考虑。如果从金融机构借款也要让公司上市的话，就会从属于并受制于他人的资本，家族企业应尽可能避免这样的情况发生。

其实，企业最大的风险就是经营者意识不到风险。

第六，强烈的家族继承意志。意大利的家族企业一旦获利后会倾向于尽快地将自己的企业出手。在朝鲜半岛，大家认为长时间地经营商业，或者自己的家族企业存续时间太长，是一种耻辱。与此相比，日本文化里有一种强烈的意志，要把自己的家族企业存续下去、传承下去，这就是日本长寿企业如此之多的最大要因。

这种非常强烈的家族继承意志与三个宗教密切相关。佛教、儒教和神道教。佛教和儒教都是1500多年前从中国传入，神道教（简称神道，是日本大和民族和琉球族的本土宗教，分为大和神道和琉球神道），是日本自古就有的一种宗教。儒教和神道教都崇尚重视家庭的观念，这种思想造就了日本人强烈的家族继承意识。这三大宗教的融合，使得日本人拥有了要传承自己家业的意识。

利他之心，企业长寿的又一关键因素

日本企业的长寿，除了以上六个因素，还有重要的核心思想——利他之心。

松下幸之助和稻盛和夫在世界各地备受推崇，虽然他们的方式略有不同，但两者都有利他之心，利他主义在日本有1500多年的历史，其中利他主义哲学有大约500多年的历史。

300年前，石田梅岩（1685-1744，日本商人学者）融合佛教、儒教和神道教，提出独特的"商人道"思想，否定商人获取暴利和不正当利润的行为，确立起"以营利为善"的伦理价值概念。

日本的近现代化是从1868年明治维新之后开始的，对日本近现代化贡献非常大的人叫涩泽荣一（1840~1931），日本明治和大正时期的大实业家，拥有"日本企业之父""日本金融之王""日本近代经济的领路人"等一项项桂冠。涩泽荣一协助建立了500多家日本现代企业。他写了一本非常有名的书叫《论语与算盘》，论语就是要讲究商人的义，算盘即求利，也就是说在400多年以前，以利他之心的理念来指导企业的经营就已经开始了。

日本企业的经营哲学"利他之心"其实都是从中国学过去的，比如，松下幸之助，他认为虽然一开始用自己的资金来创业，但是这个钱是神给的。所以经营者的责任就是用这些有限的资金把公司做大，创造更大的价值来回报给社会。

稻盛和夫先生，是现代企业家当中用利他之心来做企业经营的代表人物，他对佛教非常推崇，他的很多经营思想都是从佛教和儒教中思考得到的。

另外，日本的经营哲学中有一个非常重要的思想叫天道经营，也是从中国学来的。

还有，在百年以上的长寿企业当中，几乎都有自己的家训。我非常喜欢其中一个家训是《荀子·荣辱》篇当中讲的"先义而后利者荣"，有非常多企业就是用这样的儒家思想作为经营指引。例如，创立于1717年的日本大丸百货店，它的创立者指定的家训就是先义后利，仁义礼智信，修身齐家治国平天下，还有勤俭节约，这全都是来自于中国的儒家思想。

可以说，日本这么多的长寿企业，都是中国传统思想和日本本土精神的有效结合。

传承工匠精神 重视永续经营

日本将工匠精神视为国宝。日本企业非常重视永续经营，而要做到永续经营，就必须将社会责任和顾客价值作为最重要的部分，同时用极致的工匠精神来经营企业，正因为将工匠精神和永续精神两者结合得非常好，所以日本才有那么多长寿企业。

日本跟中国是一衣带水的关系，这种关系应该是相互学习和相互尊重的。未来中国还会出现更多的世界级品牌。

中国经常说一句话叫"富不过三代"，其实企业可以富过三代，因为大量的日本长寿企业从中国的国学文化当中得到指引就已经做到了。中国改革开放以来，诞生了非常多的民营企业，现在我们的企业也面临着新的事业经营问题。在研究日本长寿企业的过程当中，我发现企业经营最重要的就是要有长期眼光，你至少要提早十年去规划公司的下一代经营，期待通过向日本长寿企业的学习，中国也能涌现出更多的长寿企业。

张跃
成功的企业家，
就是按照自己的愿望做事

演讲：远大集团总裁 **张 跃**

此次《中外管理》把这么重要的会议安排在远大城，是对我们一个非常重要的鼓励。远大表面看仅仅是一个工厂而已，但是我们这里的生活质量其实比五星级酒店还要高。我们吃的食物绝大多数是有机的，我们室内的空气比室外干净100倍以上。

远大是一个什么样的企业？名声很大，但是规模不大，产品很先进、很独特，但是没有成为像华为那样的企业。其实20年前，我们跟华为差不多。其实做一个好的企业家，一个成功的企业家，我觉得最重要就是你做了自己想做的事情，不要让其他事情干扰你的基本愿望，我就做到了这一点。

我们公司经常有不同的声音，某一样东西要扩张，某一样东西要放开原则，但是我还是坚持了这一点，坚持了这一点并不会影响你真正变大。我觉得一个好的企业家是按照自己的愿望去做，可能是一代人或者两代人，甚至几代人，最终会把自己的企业做大。最终有没有幸福感就是看是不是按照了自己的愿望。

首先看你是不是有社会抱负。远大的抱负就是环境，如果没有社会抱负，不会追求更多的方便性，只会更多的及时享受，我们追求的是整体，包括地球环境对我们这一代人的健康，对下一代子孙后代的安全，我们强调的就是这一点——我们的社会。

其次就是看你自己的乐趣，我们喜欢机械产品，那我们就要做好我们的机械产品。由于我们发现建筑更具有未来性，也包括现在能耗最大的地方，所以我们要去做建筑，我们把建筑也当机械去做，所以远大一天能建3层建筑，新方舟宾馆就是一个星期建造起来的。我们就觉得应该做这样的东西，这个是基于我们的社会抱负，当然也基于我们的专长，我们对机械了解，我们把建筑当作机械来做。基于自己的兴趣去做的事情，谈不上辛苦，企业家不要总谈自己的辛苦，你可能看到大家谈辛苦谈得多，但是如果是自己感兴趣的事一定不感到辛苦。

第三条也很重要，你感觉到很平安。你自己的事业、支出和回报至少是平衡的，盈利还过得去，平安很重要。当然社会上各种社会关系的平安也很重要，如果你在企业运作上没有一种安全感的话，不可能把产品做好的，别说做隐形冠军，甚至不可能成为一个正常企业。

以上我是可以把控好，但是近三年有一件事情我就没有把控好。我21年来一直没有向银行借过钱，保障了名誉上的安全。但这三年我在做特别重要的事情，我希望大家到远大城开会，不只是看看我们的花花草草，而是能看一下我们的不锈钢芯板，这个东西真的是一个奇迹。简单形容一下，就是一块普通钢板，当我们用它做成芯板以后，增加6、7倍厚度，但是重量没增加，强度增加了上百倍，用这种材料造房子的话，材料用得非常少，但是造价并不比传统混凝土多，而且它百年不腐。

还有一个问题，不只是财富的问题，60年以后，这个城市的垃圾往哪里堆？所以我们发明了这个材料，对于建筑业是一个非常大的革命。同样有一个革命就是在交通，在汽车、飞机上使用就可以大幅度减轻材料，最重要的一条就是它很便宜，所以过去三年我们在开发这个产品上付出了巨大的人力、财力，把公司经济上搞得很紧张。但是我们有这样的社会理想，加上又符合我们的专长，所以我们就把这件事情做好了。

其实传统的那几个产品也都是在我们的专长里面，我到现在没有丢掉一个产品，永远是在利用富余的技术力量做更好的新产品，所以在远大是可以看到作为一家企业能够达到的创新程度，我们企业只有3000人，但是可以做改写人类历史的事情，包括现在很多的隐形冠军，都是在为改写人类历史，为提高人类生活质量做贡献。

第三届
中国造隐形冠军
评选获奖企业名单

由《中外管理》发起主办的第三届"中国造隐形冠军"评选颁奖典礼暨长青峰会,在新冠肺炎疫情的冲击下,依然坚持进行并顺利完成,并于2020年9月19日在山西与侯马市政府联袂隆重举办。

获得第三届"中国造隐形冠军"称号的9家企业分别是

(排名不分先后)

广东思沃精密机械有限公司

思沃仅用了5年时间,就把被称为电子工业之母的PCB贴膜机做到了全球第一,把最强劲的日本对手远远抛在了身后。行业60%以上的大中型客户都在使用思沃精密的设备。它直接或间接服务了华为、OPPO、VIVO、苹果等公司,向中国航天、中国兵器工业集团、14所、54所等科研机构提供装备。

在过去15年，凭借个性化的产品研发策略，思沃积累了150余项专利。且每年至少有50%~60%的专利在迭代中。与同行相比，它把产品交付做到了极致，思沃一举打破行业平均4个月的交付周期，把时间缩短近1/4。与国外同行相比，思沃能做到高出其一倍到两倍的产能。

除了贴膜机，思沃还在致力于解决PCB黄光制程一站式综合解决方案，经过潜心钻研，终于在激光成像系统领域，取得重大突破，让国产设备走出受制于国外厂商的窘境，弯道超车击败国外竞争对手。

东莞市凯格精机股份有限公司

在一款电子产品中，锡膏印刷机的性能好坏占据线路板组装（PCBA）品质好坏60%的比重。中兴、联想以及军工单位甚至明文规定：这个环节是关键工序，建议使用进口装备。这样一款关键设备，在2005年前，欧美企业曾占据了80%的市场份额。十几年后，一家名叫凯格精机的中国企业，自主研发出了SMT全自动锡膏印刷机，不仅带领中国实现了零的突破，还一举占领全球第一的市场份额。不仅是销量，凯格精机在全球市场也声誉斐然，即使在中美贸易战越演越烈之际，凯格精机出口到美国仍旧是零关税。连全球排名第一的缝纫机制造商日本JUKI都愿意为其代理，帮助凯格把产品销售到日本、欧洲、美国。

董事长邱国良虽然是技术出身，但却紧紧抓住用户需求。他利用中国庞大的用户群体，不断找企业试用、改善、再试用、再改善，无数次循环后，凯格精机终于生产出了最适合企业的产品。此后，直销模式也被凯格一直沿用下去，凯格深信：每一个客户都能帮助凯格更好地完善产品。

陕西斯瑞新材料股份有限公司

1995年，中国全套从德国西门子引进一种叫铜铬电真空触头的材料，从西安交通大学毕业的王文斌，立志研发制造一种新材料，解决这款产品的原材料、设备、工艺国产化的问题。

如今,他创立的陕西斯瑞每年生产1000万片铜铬电真空触头材料,占据国内市场70%–75%、全球50%的市场份额,客户遍及西门子、ABB、施耐德、东芝、伊顿,它是GE、庞巴迪等公司的最佳供应商。

除了在市场份额外,斯瑞在技术研发、知识产权方面同样位列全球第一。在全球范围内检索该领域的专利,43%的发明专利出自斯瑞。而在过去20年,这些专利还主要来自德国西门子和日本东芝。

在电力板块方面,斯瑞已经成为全球最大的中高压开关(10~100万伏)用电工触头材料研发制造基地,是行业标准、国家标准的起草者和制定者。在医疗设备研发方面,斯瑞攻克了我国在高端CT机内核心材料和部件的制造不足,填补了国家空白……

太平洋精锻科技股份有限公司

在中国,如果一部汽车上没有装太平洋精煅科技的齿轮,它就不是一部好车。太平洋精煅的客户遍及全球各地,按董事长夏汉关的话说:国内主流外资合资品牌汽车100%全部配套、国际一线品牌,奔驰、宝马、奥迪、大众、丰田全部配套。在中国市场,太平洋精煅占有率超40%,全球市场占有率达12%,产品利润排名全球前三。2019年,太平洋精锻获得了大众汽车全球集团奖,全球只有8家公司获此殊荣。

在中国的精密成型领域,涉及到相关产品国家标准,均由太平洋精锻牵头指导。同时,太平洋精煅是全国锻造、模具、热处理,齿轮、差速器5个标准化国标委的委员单位。它是当之无愧的行业龙头。

湖南松井新材料股份有限公司

十几年前,日本电子化学占据了全球市场。一家名为松井的中国公司,花了两年时间,研发出了一款具有自主知识产权的涂料产品。本着"创新是第一驱动力"的理念,凭借持续创新,松井很快在3C电子领域涂层领域占有一席之地,市场占有率位居全球第四位。客户遍及科技巨头苹果、谷歌、微软、三星、戴尔,以及国内的联想、华为、小米等。目前松井已经成为苹果主开发供应商,iwatch表带独家供应商。依靠交互式的研发模式和高度定制化的解决方案,松井获得了高于行业平均水平3倍的高毛利率。2020年6月,松井股份在科创板上市,被称为中国"科创板UV涂料第一股"。

臻越自动化技术(上海)有限公司

臻越自动化自主研发的"基于智能机器人的汽车顶层高柔性制造的成套装备",为首次国产化,实现了以6轴机器人上下的移动平台、自动喷胶技术、机器人高压水切割、顶棚的强度检测、工业视觉的检查,全自动包边以及MS追溯系统的综合柔性制造平台。这项技术已经在奔驰、宝马、奥迪、大众等国内的主机厂推广使用,填补了国内的空白,并在国内市场占有率达到80%以上。

之所以得到宝马、奔驰和奥迪等主机厂的认可,在于臻越的工艺制造水平可以和欧洲企业并肩。强大的研发能力和创新能力是其核心竞争力。结合国产化的要求,消化吸收国外先进技术,臻越研发出了适合本土要求、高性价比的智能装备,并在实践中不断尝试和,实现新的突破,最终克服技术难题,取得了设备国产化的巨大成功。

疫情期间,臻越自动化实现了同比25%的增长。

51WORLD

这原本是一家地产公司的一个内部孵化项目,但在短短几年时间里,却实现了连谷歌也无法实现的"克隆地球"。在WORLD建立的高度仿真1:1的孪生数字世界里,每一栋楼宇都有ID,汽车在奔跑,河水在流动,日月星辰、风霜雨雪。还原一座鲜活的城市,只需要12个小时不到。

在自动驾驶领域,这种仿真测试甚至能帮助人们感知到道路上反射的光照,乃至地面的摩擦系数。在园区规划与管理领域,中国大量新区都将其作为城市底板，比如雄安新区、重庆两江新区……小到楼宇管理，大到城市治理，该技术带来城市的可视、可控、可管，可模拟，可仿真。

晨光生物股份有限公司

在没有资金，没有技术，没有人才，更没有原料优势、市场优势的华北平原，诞生了这样一家企业——晨光生物。它用10年时间，把辣椒红色素做到了全球第一，也带动了中国辣椒产业迈向世界第一的舞台。创始人把以劳动密集型为主的农产品加工业，做成了高科技产业。

据国家发改委发布的农业产业化国家重点龙头企业国家企业技术中心2019年的评定结果显示，这家企业位列第二。它不仅掌握了植物提取的核心技术，还自主研发了技术设备，以保证核心技术牢牢掌握在自己的手里。如今，这家企业生产的辣椒红色素、辣椒精、叶黄素三大品类已经成为世界第一，未来他们要进一步在植物提取领域做到10个世界第一。管理

西安陕鼓动力股份有限公司

2017年，陕鼓动力自主研发的轴流压缩机被中国工业和信息化部、中国工业经济联合会评为制造业单项冠军产品。2019年，陕鼓自主研制的高炉鼓风机煤气余热余压透平发电同轴机组，荣获世界制造大会"创新产品金奖"。能源互联岛、特大型高炉鼓风关键工艺等多项技术填补了国内外空白，为世界首创，达到世界先进水平。不仅如此，陕鼓动力连续十五年行业利润第一，人均利润超过竞争对手GE和西门子。从2005年开始，陕鼓开始从一个传统的制造业、装备制造业向系统解决方案转变，从单一产品制造商向分布式能源解决方案商和系统服务商转变，从产品经营向品牌经营和资本经营转变。

在入围的20家企业里
有11家企业以多年如一日的
坚守和持续的专注、聚焦
赢得了评委们的由衷尊重

荣获**时代匠人**奖

他们分别是
（排名顺序无先后）

国术科技（北京）有限公司

国术科技（北京）有限公司是科技馆展品和博物馆互动展示的一站式服务提供商。公司致力于对历史文化和科普知识的深度解读，并以优秀的创意及先进的展览展示技艺将其精彩呈现。已为中国科技馆、中国地质博物馆、天津博物馆等众多科普场馆提供过专业服务。国术科技研发了多项知识产权与发明专利，也得到了政府部门以及协会的肯定，获得了优秀集体、最佳设计师等数十项单位、项目和个人奖项。

卡本复合材料（天津）有限公司

建筑结构加固材料领导品牌，潜心十年将中国加固材料提升到世界先进水平，申报了200多项专利，五款产品科技成果鉴定为"国际先进"。卡本2019年年销售收入10193.29万元。

北京致远互联软件股份有限公司

总部设立在北京，全国有30多家分支机构，始终专注于企业级管理软件领域，是一家集产品的设计、研发、销售及服务为一体的高新技术企业，为客户提供专业的协同管理软件产品、解决方案、平台及云服务，是中国领先的协同管理软件提供商。2019年10月31日，致远互联正式登陆上海证券交易所科创板A股上市。

上海锦湖日丽塑料有限公司

上海锦湖日丽塑料有限公司是由韩国锦湖石油化学株式会社和上海日之升新技术发展有限公司于2000年共同组建的中外合资企业。同时也是国内实现塑料改性，染色"一步法"工艺的专业ABS及塑料改性，染色工厂。企业于2002年通过了ISO/TS16949：2002版质量体系认证。产品并通过北美UL安全认证。UL认证编号为：（E65424和E254819）。产品通过SGS测试，并于2005年荣升改性塑料行业前三甲。公司现占地11000平方米，现有员工190余人，专业技术人员超过40%，现有生产能力2万吨/年，2005年二期工程扩建为4万吨/年。

苍穹数码技术股份有限公司

改性塑料技术领先者。从PC/ABS、ABS国家发明专利数第一，到塑可丽、材先胜引领品类创新，帮助客户在选材上获得竞争优势。2019年锦湖日丽年销售136513.5万元。

碧沃丰生物科技（广东）股份有限公司

于2009年05月06日成立。公司经营范围包括：生物化工产品的研发、生产（限分支机构经营）与销售；环保技术、生物技术的研究、开发，环保节能设备、材料的研发、生产（限分支机构经营）国内贸易，货物或技术进出口（国家禁止或涉及行政审批的货物和技术进出口除外）等。

深圳好博窗控技术有限公司

公司成立于2013年01月28日，经营范围包括一般经营项目是：指纹门锁、指纹门锁控制系统、门禁系统设备、门窗控制系统、五金制品、电子计算机软件）；国内贸易，货物及技术进出口。

上海紫泉包装有限公司

主要提供：铁瓶盖生产，根据生产经营需要，设有多个部门。面对复杂的外部形势和艰巨的生产经营任务，凝聚全员智慧，奋力攻坚克难，取得了骄人成绩。目前属于国内最大的皇冠瓶盖专业生产企业。2019年销售额：4.1亿。

深圳市佳音王科技股份有限公司

公司于2001年04月16日在深圳市市场监督管理局龙岗局登记成立。公司经营范围包括家用电器、音响器材、通讯器材、电子元器件的购销等。是全球领先致力研发、生产与销售古典的、高品位的文化科技类家居产品的国家高新技术企业；是全国中小企业股份转让系统首批进入"创新层"上市公司（股票代码：831491）；2013年荣获"广东省全国名牌—最具成长性企业"称号；2016年6月，获评"新三板百强企业"；2016年10月，被评为深圳市龙岗区重点文化企业。

宁波宝工电器有限公司

宁波宝工电器有限公司创建于1999年，是一家以专业生产工业取暖设备、工业除湿设备，工业制冷设备为主导的空气处理设备的自营出口型企业。目前拥有年产230余万台的生产能力。宝工产品远销欧洲、澳洲、北美、南美、西亚、北非、中东、中亚等30多个国家和地区。

山东世纪开元电子商务集团有限公司

成立于2001年3月9日，是国内最大的数码照片网上冲印网站，2013年升级后成为国内大的设计师平台。世纪开元定制平台在2003年初投入巨资购买了国际水平的富士激光数码冲印设备，同时推出了数码照片网上冲印服务，属于国内早开通网上冲印服务的网站，并很快风靡全国。在整个互联网印刷行业影响力和实力是国内第一。2019年上半年营收3.3亿元。

杨光
成为不怕被他国制裁的制造业强国！

文：中国造隐形冠军发起人
中外管理传媒社长、总编 杨 光

尊敬的来自黄河金三角的各位领导和来自全国的各位专家，尊敬的来自晋陕豫以及全国各地的企业家朋友、媒体朋友，请允许我在此代表我们"第三届中国造隐形冠军"评选组委会，及评选倡议发起者——创办29年、国内最具影响力的企业管理专业传媒及服务平台《中外管理》杂志，在本次评选即将揭晓前一刻，就本次评选的情况，做一简单介绍。

17人的"中国造隐形冠军"评选评审团

2017年的这个时候，我们《中外管理》就意识到，中国制造要想从制造业大国变成制造业强国，中国企业要想实现高质量可持续发展，就必须要做强、做优、做久我们的中小企业集群。放眼全世界的工业强国，所有真正的独角兽，所有长期的巨无霸，都是依托于强大的中小企业集群，才得以实现的，甚至得以从中涌现出来的。

而中小企业集群中，在一个细分行业里占有极高市场占有率，获利能力极强，核心技术创新能力突出，进而行业话语权很强的那一部分企业，正是支撑我们中小企业乃至整个中国制造的真正强悍基石。与此同时，又因为他们大多从事的细分行业属于工业配件，而又往往并不为社会大众所熟知。对此，我们借用了德国著名企业研究学者赫尔曼·西蒙轰动全世界的研究成果，称之为"隐形冠军"。

德国因为拥有2000多家位居世界第一的隐形冠军企业，而成为一个不怕被他国制裁的制造业强国。中国制造要想追上、赶超德日美等制造业强国，不受制于人，就必须拥有、发现和培育更多的隐形冠军企业。

为此，我们从2017年年底，开始筹备"中国造隐形冠军"年度评选。无独有偶，我们的评选，正好与国家的方向和节奏完全吻合，也正是在我们发起"中国造隐形冠军"评选的前后，国家工信部先后发起了"制造业单项冠军"与"专精特新小巨人"企业的申报评审工作。可以说是殊途同归，相得益彰，遥相呼应。

我们的评选理念和国家工信部的标准完全一致，而核心标准又正好无缝链接。专精特新小巨人企业是在国内行业名列前茅，单项冠军是全球行业高居前三，而"中国造隐形冠军"的核心标准，则必须至少是国内行业第一，进而上攻到全球行业第一。

可以说，"中国造隐形冠军"与专精特新小巨人，与单项冠军，既是它们上下居间的链接，又同时与它们各自形成了交集。也就是说，"中国造隐形冠军"的营业规模下限，符合专精特新小巨人，同时它们的行业实力上限，又符合制造业单项冠军。而更重要的是，中国坐拥世界最广阔、最活跃、最具成长性与开放性的市场，成为稳固的"中国造隐形冠军"，也就意味着未来大概率有机会成为全球第一！

与此同时，"中国造隐形冠军"与专精特新小巨人和制造业单项冠军，在契合、链接之余，又形成了互补关系。也就是《中外管理》充分发挥自己29年历史所沉淀出的品牌效应，能够链合中外顶尖资源，立足和突出"国际化"的视野和标准，来审视、评估、赋能我们中国的隐形冠军企业。为此，我们评选的国际化，主要体现在我们专家评委团的构成。我们从2017年至今，我们已先后邀约到了：

陈春花　　北京大学国家发展研究院　BiMBA商学院院长
曹仰锋　　北京大学光华管理学院教授、管理X.0创新实验室创始人
杨　晖　　《开讲啦》创始人、中国电视制播分离第一人
吴晓波　　浙江大学求是特聘教授，博士生导师
刘　杰　　复旦大学管理学院教授
王忠明　　中国民营经济研究会常务副会长兼秘书长

周放生	中国企业改革与发展研究会副会长
马　方	泰山管理学院院长
邓　地	赫尔曼·西蒙《隐形冠军》中文版译者
王廷富	兴富资本董事长
苗兆光	华夏基石管理咨询集团高级合伙人
高　岩	德国蒂森克虏伯(中国)投资有限公司CEO
李　平	宁波诺丁汉大学国际企业管理领域 李达三首席教授
后藤俊夫	日本长寿企业研究第一人
木元哲	日本松下中国前总裁,日本产业界资深人士
Jorn Block	德国特里尔大学管理学教授 赫尔曼·西蒙的合作伙伴
杨　光	中外管理传媒社长、总编

共同组建了17人的"中国造隐形冠军"评选评审团。

评审团每年上半年不仅要认真研读所有参评企业翔实的相关资料,而且从2018年第二届开始,我们采取对所有经过筛选得以入围的企业,逐一采取"视频答辩"的直接而严格的方式,进一步获取和评估企业的参评实力。最终评委们通过严格背对背、一人一票、对所投企业要加以点评的刚性原则,从得以入围的企业中评选出"时代匠人企业",又进而再根据获评票数必须过半的刚性原则,最终选出9家当年的"中国造隐形冠军"企业。

"中国造隐形冠军"评选,秉持公益原则,全程不向参评企业收取任何费用,同时秉持专业良知、公正透明的原则,确保每一家获评企业都是实至名归,每一家落选企业皆可查证心服。至今我们三年走来,包括现场揭晓的9家,已经评选出了27家在各自细分行业里,在国内乃至国际上鹤立鸡群的隐形冠军企业。

第三届"中国造隐形冠军"的评选标准

今年,适逢新冠疫情突然暴发,我们发现,过去两年已评选出的18家隐形冠军企业,在这场百年未遇的风浪之下,都能够泰然自若,甚至逆势成长,可以说极大地证明了隐形冠军及专精特新这条道路的正确。

当然受到疫情的影响，我们的第三届评选进程有所延后，但我们的标准和企业的热情，和参评的品质，反而都在强化和提升。在此我们公开我们第三届的评选标准：

1. **市场地位**　前一年主营业务在细分行业至少居中国市场占有率第一。
2. **企业规模**　前一年主营业务收入 1亿~300亿元人民币。
3. **成立年限**　不低于10年。
4. **治理结构**　独立工商法人。
5. **盈利能力**　成为不怕被他国制裁的制造业强国，之前连续三年主营业务收入保持增长，且利润在细分行业居前三位。需提供连续三年营业收入、营业利润及纳税证明。
6. **技术实力**　有原创技术或技术专利，且无专利纠纷。参与行业核心技术标准者优先。需提供专利及参与国内外行业标准制订证明。
7. **推　荐　信**　每家企业都要提供有深入了解行业及企业的专家推荐信。

于是，基于我们的国际化评委和国际级标准，经过评委对今年66家参评企业的认真评审，在今天，我们将要欣慰而兴奋地揭晓我们本届的11家"时代匠人"企业和9家"中国造隐形冠军"企业。

在揭晓花落谁家之前，请允许我感谢我们三届评选以来，热情支持我们这项公益与功德事业的各位专家评委，以及包括各省工信厅、省市中小企业局在内的各级政府、各个机构。

今年，在新冠疫情和各种突发情况不断的情况下，临汾市人民政府、山西省小企业发展促进局、临汾市中小微企业发展促进中心、中共侯马市委、侯马市人民政府、侯马市中小企业服务中心，均对我们的评选给予了巨大的支持与充分的便利，使得我们第三届评选揭晓及长青峰会，能够在9月19日这个吉祥的日子，有幸和"第二届晋陕豫黄河金三角（侯马919）民营经济恳谈会"联袂举行。在此，一并致以深深的谢意！

最后，预祝我们国家未来能涌现出更多的隐形冠军企业，和专精特新小巨人企业，《中外管理》将在第30年，竭诚为培育和服务隐形冠军和专精特新企业的成长，持续赋能！

印建安
IBM去哪儿啦？

演讲：首届国家制造强国建设战略咨询委员会委员
原陕鼓集团董事长 印建安

服务型制造将是制造业下一轮发展的方向和产业机会。

为何这样说？服务型制造是什么，应该做点儿什么，怎么做？我想从以下四个方面阐述我的想法和认识。

为何"服务型制造"是必由之路？

欧美工业、产业经济发展的途径和现状值得中国企业像小学生一样认真学习。中国制造业想要"弯道超车"，风险非常大。陕鼓集团这么多年的发展经验也让我们深刻体会到，欧美工业制造业的今天可能是我们的明天。

最近各国政府都在讨论关于制造业发展的途径和路径。前段时间首届国家制造强国战略咨询委员会也提到，制造业的未来基本有两个方向：一是大规模个性化定制，二是服务型制造。

服务型制造并不是一个新的概念，它是欧美制造产业经济发展已经走过的历程。

从现有的欧美经济总量看，欧洲的GDP总量里70%是由第三产业构成。美国2018年的经济数据也显示，第三产业的总量已经达到经济贡献总量的80%。试问，欧美的第二产业到哪里去了？曾经像IBM这样的制造业大牌企业去哪了？

作为制造业的领军企业，IBM做了两件事。第一，它把低端制造环节转卖了出去。欧美很多制造业的低端环节转移(卖)给了中国。中国现在的制造业也在发生新一轮转移，比如中国的中西部正在承接中国东南部转移过来的制造环节。

而中国制造业很多环节又在向印尼、东南亚地区转移。这是第二产业发展过程中的一个规律或者是趋势。

那么，制造业是不是转移完了(低端环节)就结束了？不是！

这就是IBM要做的第二件事情，把它在制造业中的高端环节进行升华和转型，成为了为第一、第二产业进行赋能的服务业，或称为生产性服务业。比如，世界500强里面差不多有超过50%以上企业都在用的企业经营管理智能软件SAP。作为全球两大软件服务商之一的SAP，就是三位创始人从IBM离职之后创办的。

而实际上整个制造业市场上，2/3以上的价值是通过服务来实现的。

中国制造业正面临着三方面变化

中国制造业内外部正面临着三方面的变化：

第一个变化来自于C端，即老百姓的消费升级；第二个变化来自于制造业本身产业升级带来的新需求；第三个变化来自于政府领导治理水平的升级。这三方面的需求都呼唤着服务型制造业的出现。

现在的消费观念、消费方式发生了巨大变化，尤其90后这一代，崇尚拿着钱买时间、买服务，物质消费更多的转为精神消费。英国一个智库做过研究，未来人们收入40%以上将用于精神消费，而不是直接的物质消费。

疫情之后消费趋势也发生了一些变化，从汽车销售数据看，老百姓的消费需求可能由硬到软，需要一种更好的解决方案。以全球知名的汽车制造商丰田为例，近年来，丰田也宣布了全面战略转型，从汽车制造商向移动出行服务商转变，为客户提供自动化的移动出行服务。

再来看制造业，中国新一轮经济发展的过程中，制造业有如此大的存量，过程升级和产业升级的需求迫切。但中国服务型制造达不到目前中国产业升级的需求，致使制造业尚无法按照自己的意图实现升级。

另外，从制造业生产服务者的角度来看，一类是传统的制造业，卖出去的是一次性产品，与客户做的是一次性的买卖。一类是服务型的制造业，它会向客户提供系统解决方案，和客户保持终身的黏性。

对此，我总结为两个"凡是"：凡是开拓服务型制造企业，或者享受服务型制造带来红利的企业，现在日子都普遍比较好过。凡是延续传统的单一制造模式，大而全，小而全的企业，日子现在普遍都非常难过。

当然还有第三类的需求，就是未来随着政府治理方式的改变，所谓小政府大社会，通过第三方专业化服务来完善提升政府的服务和管理职能。

所以，消费市场的升级和产业升级的需求，加上目前技术和商业环境的变化（最大的商业环境和技术变化就是以5G为代表的移动互联网时代的到来），以及资本市场的认同，服务型制造将应运而生。

而且，中国第三产业总量刚刚超过50%，美国经济总量里第三产业的总量是80%。中国未来产业经济发展的空间在哪里？就是由第二产业转型升级出来的服务型制造业，这是我们未来的方向，未来有很大增长空间。

服务型制造是欧美制造业走过的路径，是面向制造的服务和面向服务的制造协同发展的新业态。现在中国制造业要升级，必须通过服务型的制造来形成制造业新的升级动力。

中国制造业在服务型制造业发展的过程中有两个路径可以选择。第一个路径：可以像IBM那样实现升级，把低端制造业放弃掉，从事制造业高端环节。充分享受服务型制造给制造业带来的赋能，聚焦自己的核心高端，充分用好别人的钓鱼能力，最后提升我们的能力。第二个路径：选择依靠像IBM的服务业制造企业，来实现你的升级。

而且，服务型制造现在延伸下来可以2C，也可以为政府提供一些相应的服务。它一定是互联网和现代服务业、现代制造业的融合。它的特点是，将来的制造和服务完全是分布式、本地化。

中国隐形冠军的转型怎么做？

服务型制造的核心是理念认识的变化。

制造业都在讨论为什么好产品卖不出去？最重要的就是要从关注你自己转向关注客户。在企业发展的过程中对于企业产业链要进行全价值链分析，聚焦核心业务，把非核心的环节通过轻量化、减量化，实现轻装上阵，这非常重要。

另外，每个行业都会在这个行业中产生"外星人"，制造业将来一定会死于"外星人"。"外星人"是谁？就是了解客户需求，产品和服务能够颠覆传统制造业的那些异军突起的行业。比如，作为服务型制造业，在向客户提供全生命周期服务的过程中，得到的最大收获是数据。掌握这些数据就可能颠覆传统行业。

陕鼓现在就在做一件事，为第三方提供所谓工业品的采购服务。陕鼓一直也在探索服务型制造的路，从2005年开始转型，现在服务型制造已经占到销售收入80%以上。

我一直讲"外星人"来了，像阿里巴巴这样的以第三方身份进入服务型制造领域的企业，和我们的角度完全不一样。但我们第一要防的敌人是自己，第二个要防的敌人就是这些"外星人"。

中国这轮经济发展，老百姓的消费升级、产业升级和政府治理水平升级是一种需求，这种需求是消费侧倒逼供给侧带来的新问题，我们产业的发展和成熟度将推动社会成熟度进一步的完善。

最后，希望大家能够考虑，如何享受服务型制造给制造业带来的赋能机会；以及，如何通过制造业自身的升级，成为服务型制造业。

曲道奎
数字化变革与智能制造势不可挡!

演讲：国家制造强国建设战略咨询委员会委员、
新松机器人自动化股份有限公司董事长 曲道奎

　　全球处在百年不遇的大变局中，今年又有一个更大的变局，就是疫情。疫情给大家带来生产、生活等一系列的变化，但是疫情之后肯定有报复性的反弹。可怕的是疫情让不确定性更加严峻，世界正在形成一个新的国际规则，新的全球化圈层。

　　数字时代已经到来。最典型的是人类社会的进化与发展，正从物理时代往数字时代演进。今天，我们已经处在数字空间里。

　　相比较过去，工业时代更多的是处在物理空间的变化，不管是产品，还是消费、产能，都只在物理空间发生，都存在发展的"天花板"。

　　今天，数字空间里对应的是数字产品，它们的构成，用数学理念理解就是0—1。相对于传统经济时代，数字时代的消费有天花板吗？试想，你可以一天看十个抖音和你也可以一天看二十个、三十个，看多少都没有限制。

　　我们正在由物理空间往数字空间跨越，产品也可以不断通过软件来提升、迭代，传统产业正经历数字化。数字化时代的典型特征：第一是开放，第二是连接，第三是数据。

数字化时代改变了什么?

　　改变了距离，也就是空间，改变了时间，改变了知识。

现在知识对大家已经没有意义了。有意义的是创造力和思想。我们的生产方式也有很多改变，比如，很多企业不用在办公室上班，因为通过网络办公就解决了日常工作。既然通过网络也可以办公、学习，这样一来，未来开发区的意义在哪儿？大学存在的价值和意义又是什么？进而可见，国家的教育也要改革。

如何理解数字时代，具体来看：

一、数字经济有三大定律。

第一是摩尔定律；第二是梅特卡夫法则（指网络价值以用户数量的平方的速度增长，网络价值等于网络节点数的平方）；第三是达维多定律（达维多认为，任何企业在本产业中必须不断更新自己的产品。一家企业如果要在市场上占据主导地位，就必须第一个开发出新一代产品）。

数字时代独有的非竞争理念，很容易形成资源的快速积聚。

二、制造模式大变革，现有制造模式已不可持续。

全球制造业面临的挑战有：劳动力短缺；劳动力成本急剧上升；全球、全行业产能过剩；市场需求呈现个性化、定制化；劳动力正在经历大变革，数字劳动力的比重会越来越高。

三、数字时代，智能制造对人力生产要素呈现"挤出效应"。

从工业革命的进化对经济的影响看，第一次工业革命是实现了机械化，由蒸汽革命带来的机械化生产，实现了机器代替人类。第二次工业革命是电气化，由电气技术带来的大规模流水线生产，提高了效率降低了成本。第三次工业革命是自动化，时代进入了电子和信息技术带来的自动化阶段。第四次工业革命是智能化，核心是工业信息、物联网。

但中国改革开放40年，至少35年都是短缺经济时代，那时候是企业家的天堂。在当时的生存法则下，寡头、龙头企业、小微一一崛起。用马克思经济学原理来解析，短缺经济时代的鲜明特征是：勤劳致富、多劳多得，剩余价值。

但现在可能是：多劳不一定多得，勤劳不一定致富。举例看，美国中小企业平均寿命是7年，大企业平均寿命是40年。中国中小企业平均寿命2.5年，大企业平均寿命7-8年。更关键的是，在这个周期内很难做强、做大，未来企业进入快速更迭期。

机器人智能时代来临

奥巴马在2016年的总统经济报告中谈道："机器人对美国经济来说和蒸汽机的问世一样重要。"

人们生活在无处不在的智能环境下，有智能工厂、智能生产、智能物流、智能服务、物流及仓储、智能服务类机器人。人机共融的社会，享受着智能安防、教育娱乐、教育家居及安全监护系统、智能生活辅助、康复医疗、情感交互等。

以新松机器人与智能制造为例：

新松机器人自动化股份有限公司（下统称新松），成立于2000年5月，并拥有机器人（股票代码300024）第一股。

公司总体业务架构——生态平台企业，有创新平台、金融平台、教育平台、软件控制平台。公司技术族群——人工智能、Iot(物联网)、云、大数据、机器人、智能制造、智能软件控制平台。

新松的工业机器人系列，包含负载范围在3–500kg的系列工业机器人产品。机器人可以做电焊、装配等工作。移动机器人+工业机器人可运用在智能物流、仓储领域。此外还有协作机器人系列、洁净真空机器人系列、特种机器人——消防机器人、巡检机器人、蛇形臂机器人、外骨骼机器人。

智能时代引爆新一轮革命与颠覆

机器人，在过去只是工具和手段，今天却能实现人机共舞，它们也变成了我们的合作伙伴。机器人正由"机器"向"人"进化。

在新加坡一个全球最大的码头，有很多"搬运工"就是机器人。它们设置有安全防护系统、导航系统、行驶系统等等。在国内很多乒乓球运动训练室，原先的人工陪练，也可以替换为精准地对打训练机器人。智能制造时代，同样会出现机器人生产机器人的数字化工厂。

我们必须接受一个事实：智能时代引发新一轮的革命与颠覆。这其中包含网络化、数字化、智能化，以及智能制造。产品变革、模式变革是必然的趋势和方向。

总之，我们已经进入全新时代，今天企业家们不仅仅要做好原来的产品市场，还要懂得在这个时代里哪些是具有高附加值的，知道了这些，企业才能不断发展。

常修泽
培育"专精特新"
关键在"四线"与"三化"

演讲：国家发改委宏观经济研究所教授、
清华大学中国经济研究中心研究员 **常修泽**

培育"专精特新"，有三个关键问题，第一是谁来培育？第二是推进保护和激发民营企业活力。第三是关注中国下一步的"三化"，即生产要素市场化、部分公共资源市场化和民营投资的顺畅化。这是我们可以看到的最新的一些趋势，在2020年的后半年，特别是在明年将会逐步地显示出来。

培育"专精特新"的主体是谁？

中国的改革有个问题，就是排斥性太强，你排斥我，我排斥你，且根深蒂固。马克思说过：世界是千姿百态的，玫瑰花和紫罗兰都是鲜花，我们不能要求玫瑰花散发出和紫罗兰一样的芳香，各有各的香味。"国有"与"民营"都应该看成共和国的"亲儿子"，相得益彰，共同发展。

经过改革开放40年的发展，中国已经形成"五、六、七、八、九"的格局，50%以上的税收，60%以上的GDP，70%以上的企业创新成果，80%以上的就业，90%以上的企业，主体都是来自于民营企业，这是客观事实。

要用两只眼睛看中国的所有制结构：一只眼睛从运行角度，看民营经济的"五、六、七、八、九"，已经远远超过了半壁江山。另一只眼睛从资产角度看，如今的民营企业已经达到3000多万家，个体工商户8000多万家，民营企业全部的存量资产大约是100万亿元人民币。而国有资产估算大约是500万亿到

600万亿。中国还是一个国有资产比重占主体地位的国家。

在这种背景下,我曾给有关方面提出两个报告,其一是保护产权,各个方面的产权都要保护,防止国有资产流失的同时,民营产权更应该得到保护。其二是保护和激励民营企业家,上一个是"保产",这一个是"保人"。共写了七条意见上报给国家有关方面,两个多月之后中共中央即发出一个了文件——《激发和保护企业家精神》。

2018年11月1日,中共中央召开民营经济座谈会有两个重大判断。第一个判断是:"民营经济是我国经济制度的内在要素"。这里面有两个关键:一个是我国经济制度是社会主义经济制度;另一个是"内在"。今天有很多人还把民营看成是外在的,是圈外的,是体制外的,实际上中央政府已经认为民营企业是内在的,是圈内的。而且后面用的是"要素",不是因素,这个词用得很准。

第二个判断更重要:"民营企业和民营企业家是我们自己人"。今后大家可以用"内在要素"和"自己人"这两句话,来衡量一切言论和一切行动,这意味着"国有""民营"都是"亲儿子"。今年9月16日,中共中央下发文件,再次强调民营经济是我国重要的经济基础,是社会主义市场经济的重要组成部分。

民企有活力,要靠"四条线"

第一条线,通过政策纾困。今年受疫情影响,受中美贸易摩擦的影响,受中国结构性变动的影响,日子比较艰难。当务之急,从中央政府到省市县各级政府要纾困,帮助企业解决困难。通过财政政策更加积极有为地减税降费。国家已经决定拿出1万多亿帮助企业纾困,不惜超过了国际上3%赤字率的警戒线。然后用金融政策来解决贷款的问题,现在关键是要防止金融部门"跑冒滴漏"。银行水龙头流出来的水要像滴灌一样滴到每一个干枯的企业,急需资金的企业,要滴灌。

第二条线,靠市场决定,其中要害在"决定"。中国的资源配置,中国的经济活动要由市场决定。虽然在1983年提出"市场决定论",但到今天这个问题并没有完全解决,还有很多模糊的认识。今年中央政府下了"三道金牌"推动生产要素市场化:4月9日专门下发了推进要素市场化的文件。5月18日政府改革决定里继续讲要素市场化。5月22日李克强总理在政府工作报告里明确部署要素市场化配置改革。"中央三道金牌"里面有很多精彩，是2020年的一个靓丽之处。

第三条线是靠创新，主要包括技术、市场、管理和体制四个方面的创新。"隐形冠军"企业都属于创新型企业。

第四条线是靠开放。说这个好像老生常谈，但现在很有针对性。因为现在有人误解了"双循环"的格局，以为以国内大循环为主体，好像要淡化全球化，淡化开放共赢。国际国内双循环平行就误解为走封闭的老路。千万不要把最新的提法理解成走封闭的老路。我们还是要参与全球化，还是要大有作为。

要特别关注"三化"

第一个是生产要素市场化。劳动、土地、资本、知识、技术、管理和数据，这就是我们人类从一开始经过几万年的积累到2020年确定的七大生产要素。尽管我们搞了40年的改革，商品的市场化已经达到97%，但是生产要素的市场化程度还很低。下一步改革的重点就在于这七个要素要逐步走向市场，进行市场化运作，而不是权力运作。

这会给民营企业带来很多机会，每一个都值得解开，每一个里面都有"好戏"。比如技术，将来很大一个变化就是职务发明，国有企业的技术人员或者国有高校、国有科研机构的技术人员利用职务发明的科研成果，产权是谁的，怎么样界定，怎么评估，怎么作价，需要详细科学的界定。

尤其是管理要素的市场化，企业家的身价要变成财富。今年6月1日，李克强总理到了山东烟台讲了一句很重要的话：作为中小企业，在没有土地、房产和更多资产做抵押的情况下，企业家可以用身价来作为银行授信额度的依据。这是个很大的突破。

第二个是部分公共资源市场化。比如，土地作为自然资源要逐步实现招拍挂制度。某些社会资源，比如公共工程的承包经营权应该从政府拿出来，从国有企业拿出来，进行市场交易。还有，公共设施的维护管理权也可以拿出来交易。除此之外，供水、供气、供热、污水处理、垃圾处理等等，属于社会性的资源也可以拿出来推向市场，有些地方已经开始实行了。

最后一个是民营企业投资顺畅化。改革40年，在很多垄断性行业里，民营企业投资占比一直是比较低的，这是不应该的。最近国务院常务会议，明确地提出把铁路作为下一步民营资本投资的重要领域。要改变民营资本投资比重过低的情况。一些垄断性行业要逐步放开，这里面的投资机会更多，利润也更丰厚。

未来 培育"中国隐冠森林"

中国制造要想从大到强,必然要打破"卡脖子"钳制,必然要追求进口替代,必然要实现产业链供应链的现代化。为此,必然需要从追逐泡沫横飞的"独角兽"幻象,走向培育脚踏实地的"隐形冠军"集群。而中外管理基于家国情怀与专业良知,是国内最早高举"中国造隐形冠军"旗帜的组织。进而耐住寂寞在"隐形冠军"事业上艰难践行了3年,并已取得日渐被各界认可的丰硕成果。在未来,中外管理将持续把"隐形冠军"和"准隐形冠军",作为未来的核心服务群体;将发现、培育、赋能、共享"隐形冠军"和"准隐形冠军",作为未来的核心事业。最终,培育耕耘出一片茂密的"中国造隐形冠军森林"。

为此,中外管理2020年11月在安徽黄山正式启动了"中国造隐形冠军发展联盟",其中涵盖了27家"中国造隐形冠军"企业,及21家紧随其后的"时代匠人"企业,并由6家隐形冠军企业家作为首届执委,共议大局。

2021年,中外管理将会继续将第4届的"中国造隐形冠军评选"事业作为前端,以公益化、国际化为特色,为中国中小企业集群实现"专精特新"高质量可持续发展,贡献自己独特的力量。同时,我们将把"中国造隐形冠军发展联盟"平台作为后端,互助性、系统性地为"中国造隐形冠军"和"时代匠人"打破自身成长的"天花板",而多维度、可持续赋能,实现多赢价值。

最终,中外管理将邀约一批三观一致、更懂匠人精神,抑或本身就是隐形冠军的产业资本,结合志同道合的专业金融资本,共同选择、投资、扶持一批优质的"隐形冠军",让这些中国富强的坚实脊梁,民族复兴的底蕴基石,在时代变幻中更加如虎添翼,实现基业长青!

"中国造隐形冠军"评选作为利国利民利企的公益事业,中外管理将会持续举办,将该评选打造成中国最专业、最具公信力和最可持续的企业评选之一。祝我们的中国制造业越来越强大,让越来越多的中国隐形冠军走向世界!